中国沙漠旅游发展研究

刘海洋 著

中国社会科学出版社

图书在版编目(CIP)数据

中国沙漠旅游发展研究/刘海洋著. -- 北京：中国社会科学出版社，2024.2
ISBN 978-7-5227-3107-0

Ⅰ.①中… Ⅱ.①刘… Ⅲ.①沙漠—旅游业发展—研究—中国 Ⅳ.①F592.3

中国国家版本馆 CIP 数据核字(2024)第 040707 号

出 版 人	赵剑英
责任编辑	车文娇
责任校对	周晓东
责任印制	郝美娜

出　　版	中国社会科学出版社
社　　址	北京鼓楼西大街甲 158 号
邮　　编	100720
网　　址	http://www.csspw.cn
发 行 部	010-84083685
门 市 部	010-84029450
经　　销	新华书店及其他书店

印　　刷	北京明恒达印务有限公司
装　　订	廊坊市广阳区广增装订厂
版　　次	2024 年 2 月第 1 版
印　　次	2024 年 2 月第 1 次印刷

开　　本	710×1000　1/16
印　　张	18
插　　页	2
字　　数	259 千字
定　　价	108.00 元

凡购买中国社会科学出版社图书，如有质量问题请与本社营销中心联系调换
电话：010-84083683
版权所有　侵权必究

序

  中国是世界上沙漠资源丰富多样、沙漠面积较大和分布较广的国家之一。包括沙漠、戈壁、风蚀地、沙地和沙漠化土地的干旱地带，呈一条弧形绵亘于中国的西北、华北和东北西部，面积约有164万平方千米，占国土总面积的17%以上。其中，沙漠总面积约81万平方千米，占国土总面积的8.4%。中国狭义沙漠的面积仅次于澳大利亚（约114万平方千米）和沙特阿拉伯（约86万平方千米），居世界第三位。

  对于很多人来说，沙漠是未知、充满挑战的神秘之地。长期以来，由于自然条件严酷，加之交通、通信条件的局限性，关于中国沙漠的基础性科学问题，一直未能得到透彻的探明。尤其对沙漠内部的探索不够全面、系统和深入，很多问题停留在感性认识阶段。近30年来，随着科学技术的不断进步和交通、通信条件的改善，广泛深入的考察研究表明，中国北方沙漠并不像《佛国记》《大唐西域记》或《大慈恩寺三藏法师传》所渲染的那样令人却步，它并非什么"上无飞鸟，下无走兽，复无水草"的不毛之地。沙漠地区的自然条件固然有其严酷的一面，诚如《居延汉简》中"地热、多沙、冬大寒"的记载，但绝非荒凉得毫无生机。出乎一般人的想象，干旱沙漠地区有取之不尽、用之不竭的风能和太阳能，生长着多种特有的野生动植物，蕴藏着数量可观的矿产、石油和天然气资源。

位列"中国最美的五大沙漠"之首、正在申报世界自然遗产的巴丹吉林沙漠，无疑具有典型性。这里广袤的流沙、高大的沙山和众多的沙地湖盆景观，构成了独特、奇异的自然景观。尽管气候干旱，但是该沙漠腹地和东南部分布着星罗棋布的湖盆洼地与大小不同的天然绿洲，成为巴丹吉林沙漠最醒目、最具生命力的精华所在。"沙中水草田，好似仙人岛"，无疑就是其真实写照。众多的湖盆、泉水点，不仅常有鸟兽出入，为荒凉的沙漠景观增添了勃勃生机，还是放牧牲畜不可或缺的饮水点。凡有淡水的地方，必定有一处丰美的牧场，还有上百处史前人类活动的游牧遗存。在巴丹吉林沙漠东南缘的雅布赖山，不仅分布着许多河道水线植被景观，更有数以千计的岩刻画和手形岩绘画，是弥足珍贵的史前文化艺术。凡此，都是具有重要开发价值的沙漠旅游资源。

探索沙漠地区的自然机理、促进沙漠地区社会经济的可持续发展，是兰州大学地理学科科学研究的重要领域，也是几代兰大地理人为之奋斗的使命担当。本书作者刘海洋是我的博士研究生，在其攻读博士学位期间正是中国沙漠旅游高速发展的时期。旅游产业在沙漠及其毗邻地区生态环境保护、产业结构调整、乡村振兴、城乡融合发展等方面发挥越来越大的作用。基于此，刘海洋博士以"沙漠旅游"作为其学位论文的选题，并获得了"中央高校基本科研业务费专项资金"的资助。博士毕业后，他一直进行区域发展方面的相关研究，发表相关论文多篇。这本书不仅凝聚了他博士期间的大量心血和研究成果，对一些重要问题也做了系统的延伸研究。闻悉此书将由中国社会科学出版社出版，我十分乐意和读者分享一下读后感，以作书序。

作者在这本书中对中国沙漠旅游进行了深入的研究和探讨。从沙漠旅游地兴起的条件与背景入手，系统地研究了沙漠旅游发展模式、沙漠旅游地气候舒适度、沙漠游客行为、沙漠旅游地生命周期等理论问题，还对中国各沙漠毗邻地区的发展潜力进行了评价，提出了沙漠旅游发展政策支持措施，同时也对沙漠旅游产品创新发展提出了许多有价值的建议。这本书不仅具有很高的学术价值，对于旅游行业的实践者来说，也有很强的指导意义。

通读本书，我认为其具有以下几个显著的特点。首先，作者在研究中充分运用了实证研究方法，使得书中的结论具有说服力。作者数次进入巴丹吉林沙漠、腾格里沙漠，在宁夏中卫沙坡头景区、阿拉善左旗通湖草原景区、阿拉善右旗巴丹吉林景区开展学术调研，对包括游客在内的沙漠旅游利益相关者进行访谈和问卷调查，获得大量第一手资料。其次，作者在分析问题时，逻辑清晰、观点明确，使得读者在阅读时能够一目了然。"培养问题意识、坚持问题导向"，是兰州大学地球系统科学研究所开展研究生人才培养的基本经验。本书各个章节都坚持从问题出发，用定量与定性相结合的研究方法分析问题，用图表等更为直观的形式表达观点，增强了全书论证的严谨性和结论的科学性。最后，作者在探讨中国沙漠旅游的发展时，不仅考虑了经济利益，还充分考虑了社会效益和生态效益，表现出强烈的社会责任感。随着全球气候变化引致生态问题的日益严峻，沙漠旅游的发展更应注重生态环境的保护和可持续发展。

展望未来，这本书的研究成果对于中国沙漠旅游的发展具有重要的启示作用。从国内与国际局势上看，中国正经历"百年未有之大变局"，区域经济结构、产业发展水平、城市化进程、"双循环格局"、大众消费习惯、社会文明程度都在发生深刻的变化，在中国式现代化的伟大历史实践中，旅游产业将发挥更大的作用。面向流动性范式和文旅融合实践探索，该书将引起旅游行业及相关领域的广泛关注，对于推动中国沙漠地区旅游产业的绿色健康发展、提升沙漠旅游产品质量具有重要的现实意义。

总之，《中国沙漠旅游发展研究》是一本既有学术价值又有实践指导意义的专门研究成果。通过阅读该书，读者不仅能够深入了解中国沙漠旅游的现状与问题，还能够获得关于未来发展的有益启示。我相信这本书将对中国的旅游研究与实践产生深远的影响，并推动中国沙漠旅游走向更加绿色、可持续的未来。

最后，希望刘海洋博士在未来的学术生涯中继续保持勤奋、专注和创新的探索精神，在旅游研究领域取得更多的优秀成果。同时，我也希望其他读者能够从这本书中获得启发和借鉴，共同推动中国旅游行业的繁荣发展。

2023 年 9 月于兰州大学观云楼

目 录

第一章 绪论 …………………………………………………（1）

第二章 国内外沙漠旅游研究进展 …………………………（11）
  第一节 国外沙漠旅游研究进展 ……………………………（11）
  第二节 国内沙漠旅游研究进展 ……………………………（29）

第三章 典型沙漠旅游资源及特征 …………………………（49）
  第一节 世界主要沙漠旅游资源 ……………………………（49）
  第二节 中国主要沙漠旅游资源 ……………………………（59）
  第三节 典型沙漠旅游地发展历程与特征 …………………（67）
  第四节 沙漠旅游地初期发展特征评述 ……………………（84）

第四章 沙漠旅游兴起与发展模式 …………………………（87）
  第一节 沙漠旅游兴起的原因 ………………………………（87）
  第二节 中国沙漠旅游地发展模式 …………………………（105）

第五章 沙漠旅游气候舒适度研究 …………………………（122）
  第一节 沙漠区域与气候舒适法 ……………………………（122）
  第二节 沙漠旅游气候舒适度分析 …………………………（125）
  第三节 不适游天气对气候舒适指数的影响 ………………（130）

第四节　沙漠旅游区气候舒适度判断 …………………………（134）

第六章　沙漠旅游游客行为特征 ……………………………………（136）
　　第一节　旅游者社会人口学特征 ………………………………（137）
　　第二节　旅游者出游行为特征 …………………………………（143）
　　第三节　沙漠旅游客流时间特征 ………………………………（147）
　　第四节　沙漠旅游客源空间特征 ………………………………（154）
　　第五节　沙漠旅游者行为总结 …………………………………（159）

第七章　基于利益相关者视角的沙漠旅游地生命周期特征 ………（162）
　　第一节　旅游地生命周期理论 …………………………………（162）
　　第二节　沙漠旅游地利益相关者分析 …………………………（170）
　　第三节　典型沙漠旅游地生命周期 ……………………………（181）
　　第四节　沙漠旅游地旅游产品设计新思路 ……………………（195）

第八章　沙漠旅游地发展潜力评价 …………………………………（202）
　　第一节　评价区域与评价方法 …………………………………（202）
　　第二节　沙漠旅游地发展潜力评价模型构建 …………………（209）
　　第三节　数据来源及其标准化 …………………………………（220）
　　第四节　沙漠旅游地发展潜力评价 ……………………………（224）
　　第五节　沙漠旅游地发展潜力分区与对策建议 ………………（228）

第九章　沙漠旅游地开发思路与模式 ………………………………（233）
　　第一节　沙漠旅游共生发展模式研究 …………………………（233）
　　第二节　沙漠旅游地民俗旅游产品开发研究 …………………（241）
　　第三节　乡村振兴背景下沙漠旅游地产业调整 ………………（251）

附　录 ………………………………………………………………（262）
参考文献 ……………………………………………………………（272）

第一章 绪论

一 研究背景

中国是世界上沙漠分布最广的国家之一，沙漠面积80.89万平方千米，约占国土总面积的8.4%，仅次于澳大利亚（113.60万平方千米）和沙特阿拉伯（86.22万平方千米），位列世界第三[1]。沙漠广袤千里，绵亘于中国北方广大的干旱和半干旱地区。在相当长的时间里，浩瀚的沙海不仅阻碍了人们的交通，而且还不断侵蚀人类有限的生存空间。沙漠地区干旱少雨、自然条件恶劣，因此，"人口稀少、经济落后、生态脆弱"成了大多数沙漠地区的普遍特征，沙漠地区的经济、社会发展也相对缓慢，"神秘"是沙漠留给人们的最初印象。但无论科学技术处于何种水平，为更好地服务于人类生活，人类从未停止对自然世界的"改造"，面对广袤的沙漠，人们更是没有停下这种脚步，展现了极大的勇气与智慧。了解沙漠、治理沙漠、利用沙漠，是几代沙漠研究者的共同愿望和不懈努力的目标。

近代以后，在中国主权不断遭受西方列强蚕食的背景下，西北干旱、半干旱地区的战略地位日趋重要，一些爱国知识分子开始对中国

---

[1] 吴正：《中国沙漠及其治理》，科学出版社2009年版，第20—23页。

西北地区的沙漠进行科学考察。20世纪30年代以后，中国地理学家如黄文弼、陈宗器、袁复礼、黄汲清、叶良富及李承三等，也先后对中国西北沙漠地区的地质、地理进行了研究，并发表了不少专门的著述，对一些科学问题提出了有重要学术价值的新见解。这些成果为后来的沙漠研究提供了宝贵的资料。但是受到当时科学技术水平的限制，这一时期的沙漠考察缺乏系统性，也很少有对沙漠进行全面而综合的科学论述成果。可以说，直到1949年，中国对沙漠的科学研究仍然是一片空白。

新中国成立后，百废待兴，能源问题成为新中国面临的巨大挑战，为了石油勘探和水土资源的开发与利用，科技工作者开始向沙漠地区进军。一批高质量的资源勘探记录逐渐揭开了沙漠地区神秘的面纱。为了更好地改造沙漠、防风固沙，1958年11月，在呼和浩特召开西北六省区治沙规划会议，沙漠科考也随之全面启动，时任国务院副总理乌兰夫还提出了"向沙漠要财富，使沙漠为人类造福"的宏伟想法[①]。

改革开放以后，科研工作者开始进一步探索沙漠地区的发展之路。1984年5月，时任国防科工委科技委副主任的钱学森，在中国农业科学院作学术报告时提出了"沙产业"的概念。他认为，21世纪将会发生人类历史上第六次产业革命，沙产业作为农业型知识密集型产业之一也在其中。钱学森还提出了"沙产业"的构想：用"系统思想、整体观念、科技成果、产业链条、市场运作、文化对接"来经营管理沙漠资源，实现"沙漠增绿、农牧民增收、企业增效"良性循环的新型产业[②]。可以说，沙产业构想为沙漠地区的开发提供了理论支持，为沙漠地区的生产方式指明了方向。在沙产业理论的指导下，沙漠地区的基础设施建设和食品供给能力不断加强，这为以后沙漠旅游产业的发展提供了坚实的保障。

---

① 乌兰夫：《向沙漠要财富 使沙漠为人类造福——乌兰夫副总理在内蒙古和西北六省区治沙规划会议上的讲话摘要》，《内蒙古林业》1959年第2期。

② 钱学森：《创建农业型的知识密集产业——农业、林业、草业、海业和沙业》，《农业现代化研究》1984年第5期。

中国的旅游业起步较晚，改革开放以后才出现真正意义上的商业旅游接待活动。受整体经济状态的影响，中国旅游业走出一条"先发展入境旅游，再发展国内旅游，最后发展出境旅游"的道路。在中国极度缺少外汇储备的历史时期，入境旅游接待为中国赚取了大量的外汇，中国旅游业也在这个过程中不断地成熟、发展。1997年亚洲金融危机爆发，并在以后几年里持续发酵，中国主要客源国——日本、韩国、俄罗斯及东南亚各国，纷纷陷入经济衰退的泥潭，这直接影响了中国入境旅游的增长。为防止金融危机蔓延，中国政府没有效仿其他国家采用货币贬值的方式来转移危机，而是承诺"人民币不贬值"，以一个负责任的大国形象来应对这场危机。在出口受阻的背景下，为保证经济平稳快速增长，中国政府提出了"扩大内需"的经济发展策略。一方面，加强国内投资，一些大型基础设施建设工程上马，广大西部沙漠地区的基础设施特别是交通状况得到了明显改善，这对解决沙漠旅游的可进入性问题将发挥重要作用；另一方面，鼓励国内消费，通过居民消费来拉动经济增长。旅游业供给链条较长、牵扯行业甚多，因此促进经济增长的乘数较大。此外，旅游业又属于劳动密集型产业，可提供大量就业机会。经过多年的发展，国内旅游接待能力和国民旅游意识都得到了明显提升，提出促进国内旅游发展相关政策的时机已经成熟。

1999年9月18日，国务院公布了《全国年节及纪念日放假办法》，决定将春节、"五一"、"十一"的休息时间与前后的双休日拼接，从而形成7天的长假。在1999年国庆第一个"黄金周"，全国出游人数达2800万人次，旅游综合收入141亿元，假日旅游热潮席卷全国。"黄金周"制度极大地促进了国内旅游的发展，也成为中国启动国内旅游的重要标志之一。七天假期使东部经济发达省份的旅游者有足够的时间到西部旅游，这当然也包括广阔的沙漠地区。

2000年1月，国务院组成了朱镕基总理任组长、温家宝副总理任副组长、国务院和中央19个相关部委主要负责人参加的西部地区开发领导小组，由此吹响了中国"西部大开发的号角"。西部大开发是一项规模宏大的系统工程，其重点工作包括：加快基础设施建设、加强生态环境保护和建设、积极调整产业结构、发展科教加快人才培养、加大改革开放力度。基础设施建设可以提高沙漠旅游地的交通通达性，提高沙漠旅游地的接待能力；加强生态环保可以改善西部的生态环境，有利于沙漠生态旅游区的建设；调整产业结构有利于促进旅游业发展政策的出台，并引导投资、人力向旅游产业转移。西部大开发不仅使西部沙漠旅游景区建设进入了一个高速阶段，还促进了西部经济的发展，有利于沙漠旅游本地客源市场的形成。

2009年12月，《国务院关于加快发展旅游业的意见》（以下简称《意见》）正式出台，旅游业的定位实现了历史性突破；《意见》第九条要求：培育新的旅游消费热点。大力推进旅游与相关行业的融合发展，支持有条件的地区发展特种旅游。沙漠作为中国西部重要的地貌类型，对旅游者有很强的吸引力，在《意见》的指导下，新疆、甘肃、宁夏、内蒙古等各西部省份都针对辖区内的特征加强了特色旅游景区的建设。在这样的背景下，中国沙漠旅游景区建设也迎来了一个高峰。2013年1月10日，时任国家旅游局局长邵琪伟在全国旅游工作会议上说，《国民旅游休闲纲要（2013—2020年）》即将颁布实施。这将促使中国旅游产业迎来又一次发展高峰，使其大众化趋势更加明显。2013年4月25日，十二届全国人大常委会第二次会议审议通过《中华人民共和国旅游法》，同年10月1日该法正式施行。中国旅游市场秩序将更加规范，旅游资源利用与开发将更加合理，旅游产业发展将更加健康、有序。对于旅游产业发展相对落后的沙漠地区来讲，这无疑是一次自我提升的绝好契机。

2013年1月，国务院批准实施《全国防沙治沙规划》，提出"有条件的地方建设沙漠公园，发展沙漠景观旅游"。沙漠公园是以沙漠景观为主体，以保护荒漠生态系统、合理利用沙漠资源为目的，在促进防沙治沙和维护生态功能的基础上，开展公众游憩休闲或进行科学、文化、宣传和教育活动的特定区域。国家沙漠公园是防沙治沙事业的重要组成部分，对创新治沙新模式、促进区域社会经济可持续发展具有积极意义。《国民经济和社会发展第十三个五年规划纲要》明确要求加大对风景名胜区、森林公园、湿地公园、沙漠公园等的保护力度，适度开发公众休闲、旅游观光、生态康养服务和产品，扩大生态产品供给。为科学指导国家沙漠公园的建设和发展，国家林业局相继颁布了《国家林业局关于做好国家沙漠公园建设试点工作的通知》（林沙发〔2013〕145号）和《国家沙漠公园试点建设管理办法》（林沙发〔2013〕232号）。2016年8月，为了规范国家沙漠公园建设和管理，合理布局国家沙漠公园，促进其健康持续发展，根据《中华人民共和国防沙治沙法》以及有关规划文件要求，在认真分析中国沙区资源基本情况的基础上，国家林业局组织编制《国家沙漠公园发展规划（2016—2025年）》，计划到2020年，重点建设国家沙漠公园170个，总面积约67.6万公顷，约占可治理沙化土地的2.4%；到2025年，重点建设国家沙漠公园189个，总面积约75.1万公顷，约占可治理沙化土地的2.6%。

从这些文件中，我们可以发现：中国沙漠旅游的政策导向性明显，国家促进沙漠地区进行旅游产业转型的力度非常大，沙漠旅游产业必将随着中国旅游产业的蓬勃发展而逐渐走向成熟。

沙产业理论为沙漠地区的发展勾画了美好的前景，在全国旅游产业高速发展的时代背景下，沙漠地区结合自身特点大力发展沙漠旅游项目。旅游产业已经成为沙漠地区经济的重要组成部分，为沙漠地区的产业结构优化、农牧民增收、生态环境保护等工作做出了重要贡献。然而，目前国内关于沙漠旅游的相关研究成果还比较少，且研究方向比较单一，无法为沙漠旅游的发展提供必要的政策参考和智力支持；国外也没有相对成熟的沙漠旅游理论，更多的是将其视为生态旅游或探险旅游的一种特殊形式来进行研究。因此，如何利用旅游地理学的基本理论对中国沙漠旅游的发展进行梳理，对中国沙漠地区的旅游开发潜力进行评价，并针对不同地区的特点提出相应的发展策略，是本书的基本出发点。

二 主要内容

本书从沙漠旅游地兴起的条件与背景、主要的沙漠旅游资源与沙漠旅游发展模式、沙漠旅游地的气候舒适度研究、沙漠旅游地的游客行为分析、沙漠旅游地生命周期研究五个方面分析中国沙漠旅游的特征,在此基础上对全国主要沙漠地区的旅游发展潜力进行评价,针对沙漠地区的旅游开发提出具体思路和建议。

从本书的内容上看,系统回答了以下几个问题。

第一,沙漠旅游资源与典型沙漠旅游地的发展历程。旅游资源是旅游产业发展赖以生存的基础,是旅游活动的客体,因此在旅游研究中有重要的意义。国外沙漠旅游开发较早,沙漠旅游景区建设也比较成熟,本书对国外典型沙漠景区进行了简要介绍,并对中国现有沙漠旅游地开发情况,特别是沙漠旅游资源的类别做了详细的分析。在此基础上,提出中国五种典型沙漠旅游地的开发历程。

第二,沙漠旅游兴起的背景与条件。沙漠旅游属于特种旅游的范畴,其兴起的条件与背景有别于其他的旅游类型。本书从经济发展、国家政策、社会思潮等不同层面对沙漠旅游高速发展的深层原因进行分析,为沙漠旅游景区的市场开发提供必要的理论依据。经济发展为沙漠旅游活动开展提供了现实可能性;沙产业理论为沙漠旅游地提供理论指导;后现代主义思潮是沙漠旅游地发展的社会心理动机;国外生态旅游的风尚对沙漠旅游的发展有一定的示范作用;旅游产业大发展是沙漠旅游地兴起的宏观环境。

第三,沙漠旅游的游客行为与时空特征。旅游者是旅游活动的主体,沙漠旅游作为一项特种旅游项目,其旅游主体一定具有同传统旅游项目相比不同的特征。本书利用景区调研的一手数据,分析沙漠旅游者的性别、年龄、文化程度等人口学特征以及出游方式、交通工具选择、旅行费用等旅游行为特征;结合几年的月度平均数据,分析沙漠旅游客流的时间特征及其原因；利用客源地的比例数据，分析客流的空间特征及其原因。

第四，沙漠旅游的利益相关者与生命周期。将利益相关者理论引入沙漠旅游社区研究，首先辨别沙漠旅游利益相关者的构成及其利益诉求，分析不同的利益相关者对沙漠旅游景区发展的不同影响，提出不同旅游利益相关者之间的协调机制；利用旅游地生命周期理论，以沙坡头景区为例，分析沙漠旅游的生命周期，并提出延长生命周期的具体对策和保障措施。

第五，沙漠旅游地发展潜力评价。旅游资源向旅游产品转化，需要一定的条件。本部分从旅游资源禀赋、旅游交通区位、旅游接待能力、天气状况四个方面对沙漠旅游地发展条件进行分析，建立沙漠旅游地发展潜力评价体系，并详细阐述中国沙漠旅游地的气候舒适条件；利用 AHP 法对各沙漠旅游地发展潜力评价指标进行赋值，并根据各沙漠地区的基本情况对其进行评价，再根据评价结果，提出中国沙漠旅游空间布局构想。

第六，沙漠旅游地发展模式与融合开发思路。在对沙漠旅游主体（旅游者）、客体（旅游资源）研究的基础上，从时间和结构两个维度对中国沙漠旅游地的发展模式的特征进行了总结，并从旅游资源所有制、旅游产业认知、旅游资源评价标准、旅游者消费心理四个角度论述产生这种模式的原因。

三 研究价值

沙漠毗邻区旅游产业的发展实践对沙漠旅游的相关研究提出了更高的要求。

从旅游研究的学术层面看，本书研究具有以下价值：第一，探讨沙漠旅游兴起的深层原因。沙漠地区与传统意义上的"旅游胜地"有很多差别，其兴起的原因不仅有旅游产业大发展趋势的影响，更多的应该是后现代主义思潮对社会心理层面产生的影响。第二，对沙漠旅游者行为的时间、空间特征进行归纳，并分析其产生的原因，通过客流变化规律对气候条件之间的响应关系，对旅游景区的属性进行探索。第三，探索沙漠旅游景区的演化规律，将利益相关者理论引入沙漠旅游景区的研究，分析不同利益相关者在沙漠旅游景区不同阶段中的作用。第四，对中国沙漠旅游的发展模式进行归纳。通过对典型沙漠旅游景区进行研究，分析中国沙漠旅游发展的几种模式，构建中国沙漠旅游景区的基本模式类型。通过这些工作，总结中国沙漠旅游的发展特征，完善其作为特种旅游项目的旅游地理学规律性研究，通过沙漠学、沙产业理论、社会学、旅游地理学等多学科的相互渗透、交叉研究，扩展沙漠旅游研究的学术视角，有利于新学科增长点的产生。

从旅游产业发展的现实需求看，本书研究具有以下意义：第一，对国内外沙漠旅游资源开发情况进行梳理，一方面对中国沙漠旅游建设提供基础性统计数据，另一方面介绍国外沙漠旅游景区的建设情况，为国内相关规划提供参考。第二，总结中国沙漠旅游景区客流的季节性和地域性特征，对沙漠旅游景区制定季节性促销策略、营销资源的地域投入、重点目标客源市场的开发等相关市场营销活动提供必要的参考依据。第三，对沙漠旅游开发的条件和沙漠旅游的经济、社会影响进行分析，其结论可以用在沙漠旅游景区规划前期的可行性论证方面，也可以对旅游项目投资风险进行预测，并最大限度地提升项目的科学性。第四，对中国沙漠旅游地发展潜力进行评价，促进中国沙漠旅游景区整体规划及沙漠旅游带建设，有利于沙漠旅游景区的科学建设、避免景区同质化，为沙漠地区选择可持续发展之路提供论证的理论依据。

四　核心概念

（一）沙漠旅游

在其他学者研究的基础上，本书将沙漠旅游定义为，以沙漠本身或沙漠内的其他事物为吸引物,在沙漠地域内开展的以观光、探险、求知、体验、疗养、休闲、体育等为主要内容的旅游活动,其中,其他事物包括湖泊、动植物、天象、建筑、遗存、文化活动等。这个定义从三个方面对沙漠旅游做了界定:第一,明确沙漠旅游的吸引物是沙漠本身或沙漠内的其他事物;第二,明确沙漠旅游的活动范围就是沙漠及其毗邻区;第三,明确沙漠旅游活动的主要内容包括观光、探险、疗养、休闲等。

从沙漠旅游的定义出发,可以进一步对沙漠旅游资源的内涵进行阐释。沙漠既是可以对旅游者直接产生旅游吸引力的旅游资源,又是一个可以容纳其他旅游资源的空间范围。沙漠旅游活动既包括以沙漠为核心吸引力的旅游活动,又包括在沙漠范围内进行的以其他事物为主要吸引力的旅游活动。因此,沙漠旅游资源应该有广义和狭义之分,广义的沙漠旅游资源既包括产生旅游吸引力的沙漠本身,又包括沙漠范围内的其他旅游吸引物,如沙生植物、历史建筑、民风民俗等;狭义的沙漠旅游资源仅指产生旅游吸引力的沙漠本身。鉴于本书主要探讨沙漠旅游地的发展模式及潜力评价,旅游发展本身的复杂性决定了本书对沙漠旅游资源的广义理解。

(二)沙漠旅游地

旅游地是指旅游活动的开展区域。在这一区域中,不仅有对旅游者产生核心吸引力的旅游资源,还有为旅游活动提供各种支持的接待设施和服务人员。当然,不同的旅游活动对接待设施和服务人员的要求条件也不相同,因而不同的旅游地也会有不同的主要目标市场。根据旅游者的核心需求,旅游地可以分为观光旅游地、度假旅游地、探险旅游地、疗养旅游地、购物旅游地等;根据旅游者活动的空间,旅游地又可分为冰雪旅游地、海滨旅游地、温泉旅游地、冰川旅游地等。此外,作为旅游地的区域还需要有旅游者可进入的交通设施,以及适合旅游活动开展的自然条件。

沙漠旅游地就是可以为旅游者提供开展沙漠旅游活动的地理空间。

当沙漠地区具备了开展旅游活动相关条件的时候，随着旅游者的到来，当地开始进入旅游地生命周期。理论上，所有的沙漠地区都有进行旅游开发的可能性，只是开发的成本和旅游的条件不同而已，所以现实中不是所有的沙漠地区都可以转化成沙漠旅游地。沙漠作为一个复合型的区域，可以满足旅游者的需求也是多方面的，如观光、度假、探险、娱乐等。

（三）旅游地发展模式

旅游地发展模式就是指某一类型地区旅游产业发展的总体方式和共性规律。对旅游地发展模式的把握应该包括旅游地发展的背景、旅游资源的特征、旅游者的特点、旅游地的发展规律、旅游地的发展方向等内容。任何模式都有其特定的条件，只要在其条件具备的前提下，模式是可以被模仿、借鉴或推广的。所以说，认识旅游地发展模式必须建立在系统地认识旅游地发展环境和发展阶段各要素之间的内在关系的基础上。

本书对沙漠旅游地的探讨就建立在对沙漠旅游地发展背景、沙漠旅游地客源特征、沙漠旅游的发展规律、沙漠旅游地发展方向的整体把握上。这种沙漠旅游地发展模式是否适合所有的中国沙漠地区，还需要进一步的论证。

（四）旅游地发展潜力评价

旅游地发展潜力评价就是利用旅游地现有基础条件对旅游地未来发展前景做出展望，其目的不是对发展规模和速度的预测，而是对发展方向、发展模式的宏观把握。发展潜力评价包括三个方面的内容：第一是从评价因子和因子权重两个角度建立评价模型；第二是利用评价模型对收集到的旅游地数据进行分析评价；第三是利用量化的评价数据结果对旅游地的发展方向进行分析。

第二章 国内外沙漠旅游研究进展

第一节 国外沙漠旅游研究进展

国外学者对沙漠旅游研究较早,研究区域遍及中东、北非、澳大利亚、北美等地区,其研究内容、研究方法、研究视角都值得认真总结和梳理。从研究内容上看,国外沙漠旅游研究的焦点主要集中在旅游开发的必要性与可行性、沙漠旅游地的演化模式及客流特征、沙漠旅游的可持续发展等核心问题。从研究方法上看,国外沙漠旅游研究通常综合使用典型案例解析、数据定量建模、区域对比讨论等研究方法,来揭示沙漠旅游发展的规律性特征。研究视角也比较广泛,如利用社会学理论来组织问卷和访谈,使用经济学原理来阐释旅游产品供求,使用地貌学和考古学来分析资源价值,使用气候学规律来分析客流变化,使用人类学和民族学理论来分析旅游对当地社区的影响。对国外沙漠旅游相关研究成果进行梳理,有利于拓展国内沙漠旅游的研究思路,为沙漠旅游产业的健康发展提供有益参考。

在国外旅游产业的实践过程中,沙漠旅游更多的是被划归生态旅游或探险旅游[1]的范畴内,并没有作为一种独立的旅游类型加以研究。

---

[1] Jere, W. A., ed., *Extreme Tourism: Tourism, Mountain, Desert*, EQU Press, 2011, pp. 14–15.

沙漠既作为一种旅游吸引物而存在，又是旅游活动开展的空间范围，沙漠与其范围内的湖泊、生物、建筑、民俗等自然文化事项共同构成了沙漠旅游资源。因此，国外沙漠旅游研究更多地出现在沙漠地区的"可持续发展"和"生态旅游"的文献里。这说明：在国外旅游研究体系中，"沙漠旅游"是沙漠地区发展的途径，而不是按图索骥的成熟旅游开发项目。这种认知对于国内沙漠旅游的产业发展和理论研究，具有重要的借鉴意义。

一 沙漠地区进行旅游开发的讨论

（一）对沙漠旅游开发必要性的探讨

沙漠地区一般人口稀少、交通闭塞、生存条件恶劣，发展旅游产业需要进行大量的人力、物力投入，因此，"是否有必要对这样的地区进行旅游开发"是沙漠旅游发展中第一个需要明确的问题。朗斯代尔（Lonsdale）等对这一问题有详细的讨论[1]，首先，对这类地区进行规划与开发应该是"国家职责"，商业机构很难承受类似项目的开发风险，也没有这样的开发义务；其次，这类地区是人类较少涉足的纯净之地，是吸引旅游者的重要自然旅游资源；再次，这类地区农业土地稀少、生存压力较大，发展旅游娱乐产业是这类地区有限的选择之一；最后，这类地区在地缘政治或军事国防等方面可能具有重要的战略地位。所以，各国必须重视对干旱地区的开发，即便这些地区可能在开发条件方面并不尽如人意。朗斯代尔的研究不仅明确了沙漠地区旅游开发的必要性，更重要的是他将旅游开发与国家职能联系起来，凸显了旅游产业发展的社会效益。"发展旅游娱乐产业"的规划构想更是成为众多沙漠地区开发旅游产业的首选项目。

---

[1] Lonsdale, R. E. and Holmes, J. H., eds., *Settlement Systems in Sparsely Populated Regions: The United States and Australia*, Pergamon Press, 1981, pp. 94 – 95.

2006年澳大利亚查尔斯达尔文大学沙漠知识合作研究中心（The Desert Knowledge Cooperative Research Centre）的报告中也对开发沙漠旅游的必要性做了深入的探讨。旅游行为与自然、社会和文化环境有着极其复杂的联系，沙漠地区特殊的自然环境和人文社区都是重要的旅游吸引物。[①] 无论偶然的沙漠探险，还是有组织的沙漠观光，都会为沙漠社区居民提供必要的谋生手段。[②] 相对于传统的产业方式，发展旅游业更为容易，对增加当地居民收入的作用也更好。查玛丽格（Schmallegger）等还以澳大利亚中南部的弗林德斯社区为例，讨论了内陆干旱地区旅游发展的目的地创新系统，以及政府和旅游组织在推动旅游发展过程中的作用[③]。可以看出，旅游业成为沙漠地区发展经济、解决就业、促进文化交流的重要途径之一。沙漠知识研究中心还为澳大利亚沙漠地区的旅游开发提出了多项政策建议，这使得该研究中心成为澳大利亚最重要的沙漠开发研究中心，其沙漠旅游研究文献的产出数量也是世界同类研究机构中最多的。

与澳大利亚等发达国家相比，沙漠地区的发展中国家对于旅游产业的渴望则更加强烈。维格赫费（Vaghefi）等对沙漠地区各个国家的经济发展进行了研究，认为这些国家正面临一种传统资源型经济的困境[④]。具体表现在"经济发展对能源的依赖较高"和"政府对经济事务的管理能力较差"两个方面，这直接导致边境冲突、贫困加剧、粮食不安全等重大社会问题。这就迫切需要寻找一条"节约自然资源、

---

① Tremblay, P., *Desert Tourism Scoping Study*, Report 12, Desert Knowledge CRC, Feb. 2006.

② Tremblay, P., "Scoping Desert Tourism—Findings and Research Priorities", in *CAUTHE 2006 - Proceedings of the CAUTHE Conference*: "to the city and beyond…", Victoria University Press, 2006, pp. 1653 - 1663.

③ Schmallegger, D., Taylor, A. and Carson, D., "Rejuvenating Outback Tourism through Market Diversification: The Case of the Flinders Ranges in South Australia", *International Journal of Tourism Research*, 2011, 13（4）.

④ Vaghefi, N., Siwar, C. and Aziz, S. A. A. G., "Green Economy: Issues, Approach and Challenges in Muslim Countries", *Theoritical Economics Letters*, 2015, 5（1）.

创造大量就业、改善居民福利、减轻社会贫苦",能够可持续发展的绿色经济之路,以改善这些国家的现实问题。旅游观光及其所带动的会展、酒店、交通、娱乐、购物等庞大的产业群,正是这些沙漠地区国家渴望发展的绿色产业,当然还需要调整相关的政策、法规,并出台一些细致的激励措施。撒博客哈依(Sabokkhiz)等的研究也详细论证了"旅游业是沙漠地区可持续发展的重要途径",并利用 SWOT 分析法对伊朗中部的沙漠地区旅游业发展提出了一些战略性建议①。这种发展思路一方面受到了 20 世纪 80 年代朗斯代尔等②观点的影响,另一方面也吸收了联合国环境规划署(United Nations Environment Program)③ 在促进可持续发展方面的具体思路,这对阿联酋、沙特等国家的沙漠旅游开发具有重要的指导意义。

(二) 对沙漠旅游开发可行性的探讨

沙漠地区有着特殊的地理条件,其是否适合发展旅游业也是国外学者研究的一个重点。阿米兰(Amiran)和威尔逊(Wilson)对此问题做了深入的研究④。他们认为干旱区发展经济的途径有三条:旅游产业、加工制造业和集约生态农业,因为沙漠地区特殊的自然、人文条件,旅游业未必是其最好的选择。沙漠地区的特点包括:干旱缺水,自然条件恶劣;远离经济中心,可进入性差;经济落后,基础设施不完善;人口稀少,缺乏旅游服务人员。如果沙漠地区想发展旅游产业,必须充分考虑自身特点,克服如上不足。因此,不同沙漠地区的旅游

---

① Sabokkhiz, M. and Sabokkhiz, S., "Sustainable Development through Desert Tourism Planning: A SWOT Approach", in Brebbia, C. A., Pineda, F. D., eds., *Sustainable Tourism IV*, WIT Press, 2010, pp. 359 – 366.

② Lonsdale, R. E. and Holmes, J. H., eds., *Settlement Systems in Sparsely Populated Regions: The United States and Australia*, Pergamon Press, 1981, pp. 94 – 95.

③ UNEP (United Nations Environment Program), *Towards a Green Economy: Pathways to Sustainable Development and Poverty Eradication—A Synthesis for Policy Makers*, Nairobi Kenya UNEP, 2011.

④ Amiran, D. H. K. and Wilson, A. W., eds., *Coastal Deserts: Their Natural and Human Environments*, University of Arizona Press, 1973, p. 207.

发展之路也应有所不同，克服如上不利因素的难度是沙漠旅游开发可行性分析的主要内容。

在对沙漠旅游开发的可行性研究中，韦沃尔（Weaver）的研究成果很有代表性①。他认为，可开发旅游的沙漠地区必须具备如下属性：有吸引力的地质条件和适合的气候特征、零散的植被分布、有地域代表性的大片可观赏植物、车辆或徒步的可进入性、有原住民及特色社区文化、可供休息的绿洲、对沙漠环境进行保护的机制。韦沃尔对沙漠旅游属性的分析，可以作为开展沙漠旅游的可行性条件。其结论可以带给我们两点启示：不是所有的沙漠都适合开发旅游产业，应结合地区特点审慎对待；发展沙漠旅游必须重视环境保护，走生态可持续发展的道路。

沙漠能否成为旅游吸引物，传统的观光、休闲型旅游者是否会接受沙漠旅游目的地，国外学者对此也进行了深入的探讨。塞登（Seddon）和库拉（Khoja）对沙特阿拉伯的旅游模式和旅游者的态度进行了问卷调研，研究显示山体、海滨和城市仍然是最受欢迎的旅游资源，沙漠旅游增长较快，对旅游者产生强烈的旅游吸引力，特别是在一些环境良好、降水充分、气候凉爽的地区②。文章认为，自然景观将成为沙特最重要的旅游资源，而沙漠无疑是其中最重要的组成部分。文章显示，自驾车正在成为旅游的主要交通方式，其国内游客私家车旅游比例高达87%，这说明在促进沙漠旅游的过程中，交通基础设施建设将发挥更大的作用，这一经验对于蓬勃发展的中国沙漠旅游具有更深的指导价值。

在沙漠旅游资源开发潜力评价方面，国外学者引入定量的评价方法。比较有代表性的是弥撒杰尔（Mirsanjari）等的研究③。为了沙漠

---

① Weaver, D. B., "Deserts, Grasslands and Savannahs", in Weaver, D. B. ed., *The Encyclopedia of Ecotourism*, Wallingford: CABI Publishing, 2000, pp. 251–263.

② Seddon, P. J., Khoja, A. R., "Saudi Arabian Tourism Patterns and Attitudes", *Annals of Tourism Research*, 2003, 30 (4).

③ Mirsanjari, M. M., Naghizadeh, M. and Farzamfar, N. et al., "Assessment of Scientific and Additional Values of Sustainable Ecotourism for Desert Areas by Using Pralong Method (Case Study: Khor and Biabanak, Iran)", *Advances in Environmental Biology*, 2013, 7 (2).

旅游的可持续开发，弥撒杰尔等利用因子分析法构建了一个沙漠地区开发潜力模型，科学、文化、经济和审美是四个最主要的评价指标，再利用量化评分法对不同地区进行打分，以此来确定被评价区的承载能力和旅游价值。埃斯拉吉（Eshraghi）等还利用地貌信息评估了伊朗沙漠地区的旅游资源，为沙漠旅游开发提供数据支持[1]。这种利用量化指标来分析沙漠地区旅游开发可行性的方法，使旅游开发决策更加科学，最大限度克服了开发评价的主观性。但是，旅游产业是一个复杂的产业系统，消费者的旅游需求也是不断变化的，能否通过四个指标涵盖旅游开发的各种要素，以及如何克服确定各指标权重的主观因素，成为这种方法不断完善的两个方面。

二 沙漠旅游地发展特征的研究

（一）对沙漠旅游发展模式的探讨

由于沙漠地区特殊的地理条件，其旅游发展的模式也与其他类型的旅游有着明显的差别。克拉科夫（Krakover）结合以色列死海地区旅游胜地的开发实例，提出了开发荒漠区旅游胜地的阶段模式[2]。他认为，在荒漠地区开发旅游胜地应包括以下三个阶段：第一阶段为初创阶段，这一阶段要明确荒漠区域中的核心旅游吸引物，基础设施依靠政府投资，主要解决旅游可进入性和水源等问题，以探险型旅游者居多；第二阶段为发展阶段，以提高旅游景区的知名度和美誉度为主要目标，旅游服务设施建设项目增多，私人资本开始进入旅游景区，旅游接待规模逐渐扩大，旅游服务质量显著提高，观光型旅游者开始

---

[1] Eshraghi, M., Ahmad, H., Toriman, M. E., "Contribution of Geomorphological Assessment for Sustainable Geotourism: A Case of Iran's Desert", *Advances in Environmental Biology*, 2012, 6 (3).

[2] Krakover, S., "Development of Tourism Resort Areas in Arid Regions", *Desert Development*, 1985 (4).

进入景区；第三阶段为成熟阶段，旅游景区已成著名的"大众型"旅游景点，旅游者大量进入，基础设施完善并已具有城镇化特征，私人资本对旅游业的投资明显高于政府投资。该模式较为粗糙地概括了偏远荒漠旅游吸引物发展成为知名旅游景点的基本路径，对于沙漠旅游开发和沙漠旅游城镇化研究具有重要的参考价值。

沙漠旅游的核心吸引物也在由"自然景观"向"人造景观"转移，这个过程也是沙漠旅游开发的基本模式之一。加拿大的凯姆（Kim）和布朗（Brown）就对此课题进行了系统研究[1]，通过整合资源、重新定义沙漠的功能，完成了一项沙漠区域景观设计项目，并将生态可持续发展的理念融入其中。该项目充分考虑当地现有村落、绿洲和环境特征，通过建筑师和景观设计师的规划，建立一系列创新型旅游服务设施，包括生态酒店、高尔夫、植物园等项目。这些项目尽可能减少旅游行为对生态的影响，对于当地社区经济的发展、社会事业的进步都起到了很好的效果。该项目的成功，为沙漠旅游的发展模式又提供了一个新的思路，只要基础设施具备一定的基础，即使在缺少自然风光吸引力的沙漠地区，也可以通过"催化整合"的思路，发展人造沙漠旅游景观。

在沙漠景观开发方面，美国具有丰富的经验。享誉世界的博彩旅游胜地拉斯维加斯就是在一片荒漠中建设起来的。卡梅伦（Cameron）等从可持续发展的角度，对拉斯维加斯的沙漠城市旅游进行了分析[2]。他们认为，坚持"绿色"理念是拉斯维加斯这座城市得以存在和发展旅游产业的必要条件。拉斯维加斯是人类利用自然、征服自然的一项奇迹，可持续发展理念使这个城市拥有清洁的水和可利用的资源，并

---

[1] Kim, Y. - B. and Brown, M. A. J., Catalytic Integration: Redefining Desert Tourism, https://www.asla.org/2010studentawards/391.html.

[2] Cameron, R., Conway, S. and Washeba, P., "Sustainable Tourism in an Urban Desert", in Pineda, F. D. and Brebbia, C. A., eds., *Sustainable Tourism V*, MIT Press, 2012, pp. 105 – 114.

为人们提供了健康的生活环境，这些都是旅游产业发展的必备条件，也是拉斯维加斯旅游发展的重要启示。然而，拉斯维加斯旅游业的兴旺也有赖于20世纪20年代当地法律的调整，"博彩合法化"几经博弈才得以确定下来，因此，其旅游产业发展的经验并不适宜所有沙漠地区，特别是在宗教和道德对博彩业有价值冲突的地区。

沙漠地区干旱少雨，蒸发量惊人，其本身的生态环境就比较脆弱，生态系统自我恢复能力有限。在这样的极端环境中，探索沙漠旅游的可持续增长模式和发展经验成为学术界关注的重要问题。2013年，在第二届东南欧国际旅游科学会议（2nd International Scientific Conference Tourism in South East Europe）上，威博（Weber）结合卡塔尔沙漠旅游开发的实践，提出了在沙漠极端环境下发展绿色生态旅游的基本经验[1]。卡塔尔的沙漠旅游发展模式可以归结为两个方面：一是新能源新技术的使用，如在旅游接待建筑中要尽可能地使用太阳能（光伏）技术，减少旅游产业的能源负担；科学地进行海洋开发，利用反渗透海水淡化技术，有效管理利用稀缺的水资源。二是注意发展理念的创新，如在发展自然遗产旅游的同时，强调对生物群落的保护；要特别注意沙漠中保守的穆斯林社区与非穆斯林游客强烈的文化差异；可依托海湾合作委员会（The Gulf Cooperation Council，GCC）展开创新合作。可以说，技术创新和理念创新是推进沙漠旅游不断发展的两个重要手段，这也是卡塔尔沙漠旅游发展模式对其他沙漠地区的重要启示。

除传统的旅游开发模式研究外，互联网数据在旅游开发中的作用也得到了国外学者的重视。沙维特（Shavit）利用旅游营销网站的数据，对以色列内盖夫沙漠标志性建筑的旅游形象进行了归纳[2]，这种利用网络数据来进行旅游识别的方法已经成为目前旅游形象研究的主

---

[1] Weber, A. S., "Sustainable Tourism in Extreme Environments: Lessons from Desert Regions", *Social Science Electronic Publishing*, 2013.

[2] Shavit, Z., "Constructing a Symbolic Desert: Place and Identity in Contemporary Israel", *Journal of New Frontiers in Spatial Concepts*, 2014（6）.

流方法。阿如特（Alhroot）通过对约旦旅游历史的回顾[①]，认为今天的旅游产业已经由传统的"宗教朝圣式"的观光旅游，进入以互联网技术为依托的"主动分享式"的体验旅游，这对沙漠旅游的交通工具、景区建设将产生重要的影响。

目前，中国大部分沙漠旅游景区正在面临由"大众观光型"向"深度体验型"升级，在景区规划过程中应该充分借鉴国外沙漠旅游地的发展经验，利用多种旅游资源和先进能源技术进行催化整合，建设综合性的沙漠旅游目的地。

（二）对沙漠旅游地客源特征的研究

旅游者是旅游活动的主体，对沙漠旅游地客源特征的分析是旅游市场研究的重要内容。国外这方面的研究成果较多，研究角度也较为广泛。

卡森（Carson）等从 2007 年开始对澳大利亚沙漠旅游持续关注，发表了一系列的研究成果。2007 年他与理查兹（Richards）研究了澳大利亚首都及其周边旅游者的交通工具选择形式[②]，他们发现在国内游客下降的同时，国际游客正在持续增加，特别是"背包客"和旅游团队两种形式正在持续升温；旅游市场也开始从传统的美洲、欧洲、日本，转向新兴经济体，沙漠旅游观光成为这些游客来澳比较愿意选择的项目之一，并且具有很高的旅游重游率。2008 年卡森与泰勒（Taylor）联合发表论文[③]，发现在之前十年澳大利亚的沙漠旅游市场正在萎缩，特别是国内市场下降明显，必须尽可能探索开发新兴旅游市场；在景区经营方面，要尽可能延长旅游者在沙漠地区的停留时间，加强行业管

---

① Alhroot, A. H., "Jordan's Tourism Industry Development from Traditional Era to the Digital Age", *European Journal of Business and Management*, 2014, 6 (3).

② Carson, D. and Richards, F., "An Industry Performance Analyzer for Tourism (IPA): The Internet and Research Collaboration in a Diverse Industry in Australia's Capital Territory", *The Journal of Cases on Information Technology*, 2007, 9 (1).

③ Carson, D. and Taylor, A., "Sustaining Four Wheel Drive Tourism in Desert Australia: Exploring the Evidence from a Demand Perspective", *The Rangeland Journal*, 2008, 30 (1).

理，重视新型旅游项目的研发，其中四轮车沙漠游就具有广阔的市场，值得重点研究与开发。卡森还与霍约克（Holyoak）在澳大利亚第六次国内旅游发展研讨会上分析了自驾旅游在澳大利亚国内旅游市场的广阔前景[1]，因为自驾旅游的增长势头强劲，远离核心城市的沙漠旅游目的地将受到重视；自驾旅游形式可以克服沙漠地区旅游基础设施不足及旅游服务人员短缺等问题，建议澳政府对自驾旅游提供更多的政策支持。沙漠旅游对于促进沙漠地区经济发展的作用，已经得到了澳大利亚主流学术机构的认可。2006年沙漠知识合作研究中心建立"沙漠旅游研究"方向，专门针对澳大利亚沙漠旅游开发进行研究。在这一机构的促进下，特伦布莱（Tremblay）、卡森和泰勒等对澳大利亚沙漠旅游的持续研究，代表了澳大利亚在这一领域的最高成就，其在沙漠旅游的形式、相对不可预测的运动旅游客流[2]、沙漠旅游市场的培养与开发、沙漠旅游的政策导向等方面，都提出了很多建设性的意见，其研究方法值得其他沙漠旅游研究参考。

赖歇尔（Reichel）等对以色列的沙漠旅游展开了系统的研究[3]。为了充分了解旅游者对沙漠旅游规划的态度，特别是对一些主题公园、生态场所的模拟景观的态度，研究人员对453名游客进行了深入调研，并对在内盖夫沙漠区建立旅游景点和人造设施征求旅游者的意见与偏好。从调研结果看，旅游者对人造景观的包容性很强，大多数都能接受在景区内建设一些人造景观；主题模拟建筑物与生态旅游景物之间的视觉矛盾也没有想象的那么大，最关键的结论是这些人造景观必须与周围的自然、文化氛围有一定的拟合度；后现代旅游观念对沙漠旅

---

[1] Carson, D., Holyoak, N., "The Future of Self-Drive Tourism", Paper Presented at the Tourism Futures Sixth National Conference, Gold Coast, Australia, 2–4 June, 2008, pp. 2–4.

[2] Carson, D., Holyoak, N. and Schmalleger, D., *Visualising Relatively Unpredictable Movement (VRUM)：The Tourism Flows Modeling Project*, DKCRC Report 60, Ninti One Limited, Alice Springs, 2011, pp. 1–4.

[3] Reichel, A. and Uriely, N., "Ecotourism and Simulated Attractions：Tourists' Attitudes toward Integrated Sites in a Desert Area", *Journal of Sustainable Tourism*, 2008, 16（1）.

游是有一定影响的,沙漠旅游在后工业化时代具有的广阔前景。在规划前应充分考虑旅游者的意见,并用概念性的语言了解旅游者对景区规划的态度,再利用旅游者的态度来对区域旅游发展提供框架性的意见,这种研究思路和研究方法值得学习。但对于沙漠生态旅游的后现代特征探讨,会受到旅游者个人审美、价值观、知识背景等多方面因素的限制以及受旅游发展程度的影响,因此还有一些值得讨论的地方。

在沙漠旅游客源特征定量分析方面,国外学者也采用了多学科相结合的方法。巴赫蒂亚里(Bakhtiari)等[1]将气候作为影响旅游者选择旅游目的地的重要因素,通过建立旅游气候指数(Tourism Climate Index,TCI)指标体系,并利用伊朗克尔曼省(Kerman Province)12个气象站1985年以来的观测数据,拟合出旅游客流和气候之间的响应关系,以此确定旅游活动的最适宜区和最舒适月份。费塔赫(Fatahi)利用单边界二分式来计算伊朗亚兹德普罗维登斯(Yazd Providence)地区的旅游资源游憩价值[2],再利用计算结果确定该地区的主要客源和旅游投资规模。国内学者在探讨气候与旅游活动关系[3]和计算游憩价值[4]时也广泛吸收了这些方法。

三 沙漠旅游可持续发展研究

(一)对沙漠旅游"负效应"的探讨

对旅游产业负面影响的讨论很多,最主要的观点集中在两个方面:

---

[1] Bakhtiari, B. and Bakhtiari, A., "Determination of Tourism Climate Index in Kerman Province", *Desert*, 2013, 18 (2).

[2] Fatahi, A., "Implication of Single-Bounded Dichotomous Choice in Estimating Recreational-Tourism Value of Environmental Endowment in Desert Areas (Case Study: Gharbalbiz Spring in Yazd Providence)", *Iranian Journal of Agricultural Economics & Development Research (IJAEDR)*, 2013, 44 (1).

[3] 刘海洋、吴月、王乃昂:《中国沙漠旅游气候舒适度评价》,《资源科学》2013年第4期。

[4] Li, H., Shi, J., "Research on Influence Factors of Dynamic Recreation Value of Desert Scenic Spots", in Zeng, G., ed., *Tourism and Hospitality Development between China and EU*, Springer Berlin Heidelberg, 2015.

一是旅游者大量进入旅游区后对当地生态环境的影响；二是旅游者将商业文化带入旅游区，破坏当地的人文社会文化。从目前国外的研究来看，关于沙漠旅游对环境影响的争论非常激烈，一部分专家认为沙漠地区的旅游开发是其环境恶化的重要推力之一，不当的旅游行为会破坏植被、增加垃圾，即使十分谨慎的旅游活动也会为沙漠地区留下大量废水、废气，这些对于自身环境恢复力较差的沙漠地区来说无疑是灭顶之灾[1]；另一部分专家则认为旅游产业提高了当地的收入，为沙漠生态环境保护提供必要的资金支持[2]。这两种观点似乎都无法说服对方。由于沙漠地区的环境特征各不相同，各地的旅游开发处于不同的阶段，也很难通过具体的实例来证明这两个观点。但支持两个观点的阵营却有明显的差异，一般来说科研机构更加支持前者，而政府机构更加支持后者。在哈佛大学城市规划设计院的讨论会上[3]，在学者就旅游开发与干旱地区景观之间的关系进行讨论的时候，大多数学者认为，旅游者大量进入沙漠地区后，虽然当地的经济收入在增长，但当地的景观却在退化，脆弱的生态系统正在遭到破坏。

中东地区是世界主要沙漠地区之一，在漫长的历史进程中，沙漠生活已经成为阿拉伯文化的重要组成部分。第二次世界大战以后，石油作为重要战略资源逐渐被世界所重视，传统的阿拉伯社会也开始了深刻的变革，靠出口石油富起来的人们纷纷到新兴城市定居，沙漠逐渐变成休闲娱乐的地方。马哈古卜（Mahgoub）就以科威特沙漠旅游活动为例[4]，详细论述了非正式休闲活动对沙漠生态及人文环境的危

---

[1] Alameddine, N., Alloo, N., Johnson, C. and Rasmussen, W., *Can a Desert Oasis Lead the Way to Sustainable Eco-Tourism in Egypt*, Arabic Knowledge Wharton, 2010, p. 3.

[2] Picon-Lefebvre, V. and Chaouni, A., eds., *Desert Tourism: Tracing the Fragile Edges of Development*, Harvard University Press, 2011, pp. 26-29.

[3] "New Tourism Threatens Desert Ecosystems Worldwide", Harvard Gazette Online, http://news.harvard.edu/gazette/story/2007/04/new-tour, April 12, 2007.

[4] Mahgoub, Y., "Towards Sustainable Desert Eco-Tourism in Kuwait: Learning from the Regional Experience", *Open House International*, 2007, 32 (4).

害，建议对沙漠旅游活动进行规范，并在沙漠旅游开发过程中引入生态旅游理念，以此来对日益退化的沙漠生态和社会文化进行保护，防止环境恶化和文化灭绝。埃及西部沙漠中有一块锡瓦绿洲（Siwa Oasis），这里不仅有野生橄榄树和椰枣树，还有乌姆贝达（Umm Beda）寺院的废墟和许多罗马时代的残迹。在埃及大力发展旅游产业的背景下，这里成为埃及西部重要的旅游目的地，每年接待大量的旅游者。阿马拉（Amara）对锡瓦绿洲和埃及西部沙漠地区做了实地调查，从定性和定量两个方面，认为锡瓦绿洲的自然和社会环境正在遭受来自旅游产业的破坏，并且这种破坏是不可修复的[1]。更为可贵的是，阿马拉还提出了一个针对脆弱环境下开发沙漠旅游的评估思路，以阻止"非生态"的旅游开发行为。西姆斯（Sims）也对埃及沙漠地区的旅游开发政策提出了忧虑[2]。

通过实证研究，利用数据说明沙漠旅游对自然和社会环境的负面效应，是国外沙漠旅游研究多元价值观的表现，也是将其他旅游研究方法与沙漠旅游相结合的产物。这说明沙漠旅游研究正在逐渐成熟。虽然部分研究成果对沙漠旅游的负面影响有夸大之嫌，对结果的预期也过分悲观，但考虑到沙漠地区脆弱的生态环境，如何在沙漠旅游开发过程中尽量减少负效应，确实值得旅游研究人员和旅游从业人员认真思考、总结。

（二）对沙漠旅游可持续发展策略的探讨

沙漠地区生态条件相对脆弱，在旅游开发的过程中应该更加重视旅游项目的环境影响，坚持可持续发展道路。国外沙漠旅游研究一直非常重视旅游产业的经济效益和可持续发展之间的平衡，并在经济效益与环境效益的双效标准上对沙漠旅游开发进行评价。埃德温（Ed-

---

[1] Amara, D. F., "Tourism as a Tool of Development: The Case Study of Siwa Oasis-Egypt Western Desert", in Diaz, P., ed., *Tourism as a Tool for Development*, WIT Press, 2014.

[2] Sims, D., *Egypt's Desert Dreams: Development or Disaster?* American University in Cairo Press, 2015, p. 5.

win）和加斯帕（Jesper）对博茨瓦纳、纳米比亚和南非的旅游业进行了比较，研究表明：干旱地区的旅游产业对于非洲南部野生动物和自然遗产的保护发挥了很好的作用，但对于增加地区收入和消除贫困效果不明显[1]。作者用社会核算矩阵对三国的旅游业进行了量化分析，在经济结构更加多元化的南非，旅游产业的经济效果也更加明显。文章结论是"沙漠地区旅游产业更应该着眼于生态环境的可持续上，在整体经济结构不完善的情况下，旅游产业的经济效益不会特别明显"，这个观点应引起中国各沙漠毗邻区的重视。

穆罕默德（Mohammed）等以中东地区的约旦为例，通过介绍耶尔穆克大学和阿肯色大学与约旦政府十年的合作经验，提出了可持续社区发展的干旱区旅游战略[2]。干旱地区的旅游发展应该将"可持续理论"和"社区"理论相结合，利用社区的整体优势资源共同打造经典旅游线路，而不是单纯依靠某种特殊的自然资源，这是保证生态脆弱地区自然环境最有效的旅游方式。在约旦北部旅游线路的设计上，要将文物遗产、考古遗迹、宗教场所等人文景观与沙漠、河谷、戈壁等自然地貌景观相结合，使旅游业成为促进约旦北部经济发展的重要产业。这种利用人文资源缓解自然资源旅游环境压力的可持续社区发展战略，对于中国河西走廊地区沙漠旅游开发具有重要的借鉴意义。

迪拜处于中东沙漠地区的边缘，在石油经济的带动下，成为阿拉伯联合酋长国的第一大城市，其旅游产业也十分发达。亨德森（Henderson）对迪拜的旅游发展做了全面的研究，并总结了沙漠地区发展旅游的主要障碍及克服这些障碍的经验[3]。他认为迪拜在旅游发展过

---

[1] Edwin, M. and Jesper, S., "The Economic Impacts of Tourism in Botswana, Namibia and South Africa: Is Poverty Subsiding", *Natural Resources Forum*, 2013, 37 (2).

[2] Mohammed, S., William, A. S. and Margaret, F. R., "Community Development Using a Sustainable Tourism Strategy: A Case Study of the Jordan River Valley Tourist Way", *International Journal of Tourism Research*, 2008, 10 (1).

[3] Henderson, J. C., "Tourism in Dubai: Overcoming Barriers to Destination Development", *International Journal of Tourism Research*, 2006, 8 (2).

程中有四大主要障碍：政治影响、交通不便、景区不足、推广不力。面对这些障碍，迪拜旅游部门制定了详细的发展战略，并且将旅游业作为经济多样化的核心要素，在旅游投资方面引进昂贵的旅游设备，进行广泛的营销投入。这些努力使迪拜旅游业取得了高速的增长，积累了强劲的发展潜力。中国沙漠地区也有一些资源型的城市，如新疆的克拉玛依，迪拜的成功经验对于这类沙漠地区的旅游产业发展具有一定的参考价值。

博茨瓦纳共和国（Botswana）位于非洲南部的内陆地区，卡拉哈里沙漠占到了国土面积的2/3左右，大量野生动物栖息于此。政府把全国38%的国土划为野生动物保护区，设立了3个国家公园、5个野生动物保护区。乔贝国家公园和奥卡万戈三角洲野生动物保护区已经成为当地最重要的旅游点。莫白瓦（Mbaiwa）从2000年左右就开始关注博茨瓦纳干旱地区以野生动物为主要吸引物的旅游活动，如摄影旅游和狩猎旅游等，发表了大量研究成果[1]。他通过调查不同自然保护区的旅游开发项目，结合大量数据，分析了近20年来不同旅游项目在保护生态多样性和改善社区经济（包括创造就业、增加收入、提供社会服务）两个方面的不同作用，提出了在博茨瓦纳这类资金和技术都有限的沙漠干旱区发展旅游产业的成功和失败的经验。其结论对于同类研究具有重要的借鉴意义。

---

[1] Mbaiwa, J. E., "The Socio-Economic and Environmental Impacts of Tourism Development on the Okavango Delta, North-Western Botswana", *Journal of Arid Environments*, 2003, 54 (2).

Mbaiwa, J. E., "Enclave Tourism and its Socio-Economic Impacts in the Okavango Delta, Botswana", *Tourism Management*, 2005, 26 (2).

Mbaiwa, J. E., "Changes on Traditional Livelihood Activities and Lifestyles Caused by Tourism Development in the Okavango Delta, Botswana", *Tourism Management*, 2011, 32 (5).

Mbaiwa, J. E. and Stronza, A. L., "Changes in Resident Attitudes towards Tourism Development and Conservation in the Okavango Delta, Botswana", *Journal of Environmental Management*, 2011, 92 (8).

Mbaiwa, J. E., "Community-Based Natural Resource Management in Botswana", in René, D. and Machiel, L. and Jakomijn, W., eds., *Institutional Arrangements for Conservation Development and Tourism in Eastern and Southern Africa*, Springer Netherlands, 2015.

除以上成果外，迈拉（Myra）对位于印度西北部赛尔（Thar）沙漠中的一个野生骆驼动物园社区进行案例研究，探讨了其对社会、环境的意义与影响，提出了可持续发展的公园规划思路①。纽瑟姆（Newsome）等将中国台湾的野柳（Yehliu）地质公园与澳大利亚的平奈科斯（Pinnacles）沙漠进行对比研究，着力探讨地质类旅游资源的性质与可持续管理方法②。马修（Matthew）从比较经济学的视角对北非干旱地区各国旅游产业发展进行了分析③。虽然各国对旅游产业的热情不同，但旅游业在发展经济和促进区域可持续发展方面的作用得到了各国的认可。

四　对中国沙漠旅游研究的启示

沙漠旅游产品在国内出现的时间较晚，早期是以生态旅游的一种特殊项目形式开展的。国内基于沙漠旅游的相关研究也晚于国外，2004年以后研究成果逐渐增多。本书对中国知网学术期刊网络出版总库、万方数据知识服务平台、中国国家图书馆数字库，进行"沙漠旅游"主题检索，再对检索结果进行研究内容甄别，截至2019年12月31日共检索到297篇有关沙漠旅游的研究文献，其中学位论文（包括博士学位论文和硕士学位论文）65篇、学术论文（包括会议论文、期刊论文和报纸理论版研究论文）232篇，没有相关学术专著。从研究文献数量上看，已经初见规模。但是，整体研究水平还和国外研究有一定的差距，主要表现在：研究领域较窄、理论研究薄弱、个案研究

---

① Myra, S., "Community Impact of the Camel Safari Industry in Jaisalmar", *Tourism Management*, 1996, 17 (3).

② Newsome, D., Dowling, R. and Leung, Y. F., "The Nature and Management of Geotourism: A Case Study of Two Established Iconic Geotourism Destinations", *Tourism Management Perspectives*, 2012 (2-3).

③ Matthew, G., "The Political Economy of Tourism in North Africa: Comparative Perspectives", *Thunderbird International Business Review*, 2000, 42 (4).

较多、研究方法单一、研究区域不平衡。特别是在沙漠旅游开发动机、地理学的定量方法和模型构建、旅游景区的规划思路等方面，国外的研究理念和研究主题对国内学者和旅游业界解决沙漠旅游发展过程中的理论和现实问题都有一定的参考意义。

　　从沙漠开发的动机看，国内学者通常将"沙漠旅游"作为一种地区经济发展项目来看待，沙漠旅游开发更像是一种经济投资项目。研究手段主要参考西方经济学中的投资风险评估测算方法和心理学中的"行为导向"研究方法，研究结论更加注重旅游项目在市场经济条件下的可行性。而国外的同类研究更多地将沙漠旅游作为一个社会项目来看待，经济目标并不是最主要的开发动机。沙漠地区社会发展的公平性、沙漠边境地区的社会安全、保持沙漠地区的可持续发展以及沙漠带给旅游者的后现代化反思等，都是外国学者提倡加大沙漠旅游开发力度的重要理由。两种不同的发展动机对产业发展影响的差异也是明显的，以经济效益为目标的旅游产业成长路径一般会有两个明显的特征：一是产业发展初期资本迅速进入，旅游产业设施较快完善起来，旅游经济规模迅速扩张并成为当地的支柱产业，但市场管理和行业自律缺乏，旅游市场秩序恶化；二是旅游景区的发展方向大多定为"大而全"的"综合性沙漠旅游景区"，通过综合性定位来满足各沙漠景区经营相关者的利益诉求，但趋同化的产品定位无法凸显景区的差别化特色，进而影响旅游产业的健康发展。国外沙漠地区旅游发展动机的复杂性决定了景区定位的多元化，这更有利于形成相对稳定的客源市场，并且易于控制游客的数量。旅游的生态效益、社会效益、经济效益更容易在这样的成熟市场定位中实现。这是值得国内学者研究借鉴的。

　　从沙漠旅游的研究内容上看，中国沙漠旅游研究成果以偏向应用性的居多，侧重沙漠旅游规划和旅游产品营销的研究文献达到80%以上。这类研究成果都会选择一个具体的研究区域来展开相应论述，再根据这个沙漠区域旅游发展面临的问题提出对策建议，文章整体呈现"现状—问题—对策"的模式。在缺少科学统计方法和权威数据的支持下，是不能对一个地区旅游现状进行准确把握的，更不能分析出制约旅游产业发展的关键问题；在没有理论创新和系统支撑的条件下，是不能提出解决"问题"的对策建议的。描述性的对策研究不但不具有实际的可操作性，还降低了国内沙漠旅游的整体研究水平。国外的沙漠旅游研究文献鲜有将最后的结论落在解决某些问题的对策上，而是更多地通过对典型景区的研究归纳出一些基本规律。至于旅游业界该如何利用这些规律来组织开展旅游活动，文章一般是不涉及的。这样的研究成果反而对旅游产业实践有更强的指导作用。规划对策和营销对策具有很强的时间、空间针对性，而旅游业态的发展速度又比较快。面对这个问题，国内的对策性研究往往面临两难的困境：如果对策过于具体，则很容易过时；如果对策过于笼统，又缺少必要的针对性。所以，在研究内容的选择上，应该尽量避免对策、建议性质的研究，更多地将研究内容放在对典型沙漠旅游地发展规律的归纳上。这既是典型案例归纳研究的基本要求，又是提高研究成果应用性价值的主要方法。

从沙漠旅游的研究方法看，国外沙漠旅游研究主要以典型区域为研究案例，不同研究领域在所运用的研究方法上存在差异：在概念内涵研究方面，主要采用定性研究方法，利用逻辑分析和观点引述分析研究对象并得出结论；在旅游开发和旅游效益研究中，定量研究方法占绝对主导地位；在旅游管理与控制体系研究中，以定量方法为主；在旅游供求及影响因素分析方面，是定量为主、定性为辅。可以看出，国外旅游研究主要依靠定量分析，问卷调研和田野调查是研究的主要资料来源，在研究分析时则更多地使用统计学方法或建模工具进行回归分析、因子分析、方差分析、聚类分析等定量分析。数据分析结论多用于产业发展的规律性描述，很少利用模型对未来市场行为进行预测。在计量分析理论和地理学基本研究方法的影响下，国内研究也表现出与国外相类似的研究方法，但是在数据来源和分析方面则有一些差别：国内研究更习惯引用政府或行业组织公布的统计数据，或者用问卷的代表性数量对典型比例进行反向推算，数据之间的相互印证和对比性修正则很少使用；在数据分析上，则更多地使用 SPSS 或 Excel 等软件的分析功能命令，很少修改或自建运算公式；在分析模型方面，更多的是直接引用国外相关研究的模型，自建模型或修改参数形成新模型的研究比较少。如何结合研究区域的具体情况和具体问题设计具有原创性的研究方法，是国内研究需要不断探索的。

综上分析，中国沙漠旅游研究目前还处于初级阶段，与沙漠旅游产业发展需求仍有较大差距。借鉴国外研究经验，并结合中国沙漠旅游资源的特点和旅游者的审美需要，相信国内沙漠旅游研究将取得更加丰硕的成果。

第二节　国内沙漠旅游研究进展

近年来，中国沙漠旅游产业高速发展，旅游接待量和旅游收入等旅游统计指标连创新高，国内出现了一批高质量的旅游景区。产业的高速发展必然引起理论的深刻反思，学术界也越来越重视对沙漠旅游的研究。但目前中国对沙漠旅游的研究内容还比较单一，除了综述性的成果，大多集中在对具体地点进行的沙漠旅游资源开发和旅游产品设计上，对于沙漠旅游基础理论的研究则略显不足。

一　研究文献分析

对中国知网学术期刊网络出版总库、万方数据知识服务平台、中国国家图书馆数字库，以"沙漠旅游"为主题进行检索，再对检索结果进行研究内容甄别，样本时间截至 2019 年年底，共检索到 297 篇有关沙漠旅游研究的文献，其中学位论文（包括博士学位论文和硕士学位论文）65 篇、学术论文（包括会议论文、期刊论文和报纸理论版研究论文）232 篇，没有相关学术专著。

将有关"沙漠旅游"的学术成果数量和发表时间进行总结，从统计数据上看，沙漠旅游研究文献数量呈现上升趋势，但其成果总量仍然落后于"冰川旅游""海岛旅游""草原旅游"等专项旅游研究学术成果数量。2004年以前沙漠旅游研究成果较少，年均不足5篇；2005—2007年研究成果开始增加，年均在10篇左右；2008—2012年数量稳定，年均基本保持在15篇以上；2013—2019年数量呈波动上升趋势，年均基本保持在22篇以上（见图2-1）。这与中国沙漠旅游的发展速度基本相符。

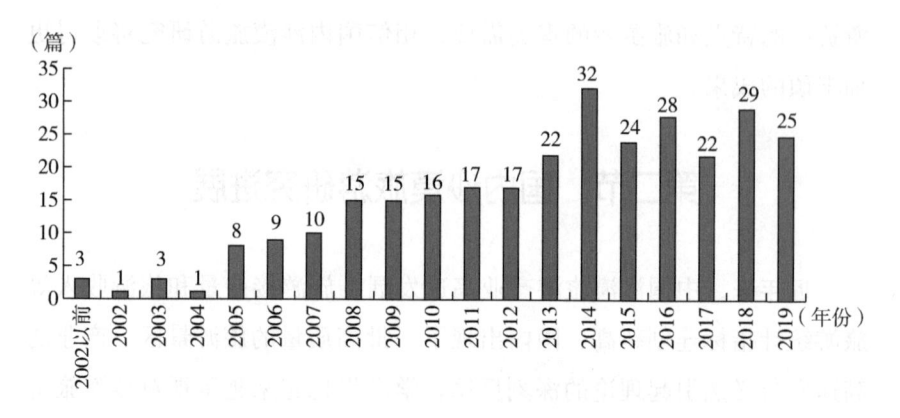

图2-1 沙漠旅游研究文献量统计

将有关"沙漠旅游"的学术成果数量和研究内容进行总结（见图2-2），从统计结果看，有关沙漠旅游资源和沙漠旅游产品的研究成果最多，占比分别达到了55%和23%，这说明目前国内沙漠旅游的研究主要还是为产业发展服务的，更多地偏向贡献对策、开发措施等应用性研究。综述性研究成果共有16篇，占研究总量的6%。关于旅游体验、旅游影响、旅游容量及其他的研究成果比较少，共约占研究总量的13%。这说明目前中国对沙漠旅游的基础性研究非常薄弱，对沙漠旅游的动机、影响等问题还缺乏普遍性的学术共识，也可以认为沙漠旅游还有很大的研究空间，这更加凸显了此项研究的理论意义。

中国沙漠旅游研究成果以偏向应用性的居多，这类研究成果一般会选择一个具体的研究区域来展开相应论述或提出有地区针对性的对

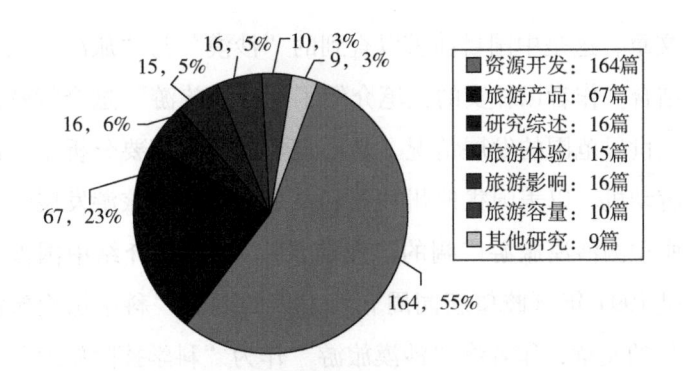

图 2-2 沙漠旅游学术成果数量和研究内容统计

策建议。因此，可以以研究区域为标准对研究成果进行统计（见图 2-3），以此来分析中国沙漠旅游研究的区域特征。从研究区域统计结果看，内蒙古数量最多，宁夏、新疆紧随其后，陕西、甘肃处于中游，其他省份较少，这与中国沙漠旅游的开展情况基本吻合。内蒙古、宁夏和新疆都是中国沙漠旅游资源最为丰富、沙漠旅游项目开发较早的省份，现已建成一批在全国有一定影响力的景区（点）。

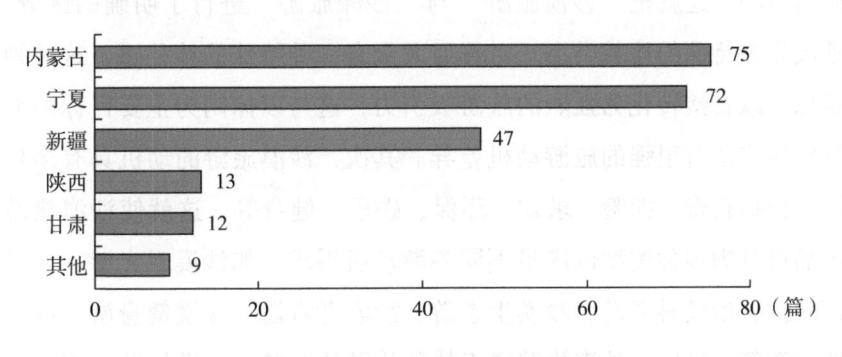

图 2-3 沙漠旅游研究区域统计

二 沙漠旅游的基础理论研究

（一）沙漠旅游概念的界定与内涵

1982 年 3 月《世界知识》杂志刊载了一篇题为"沙漠旅游异军突

起"的文章,这是中国目前可以查到的"沙漠"与"旅游"两个词汇的最早结合。作者以朴实的文笔介绍了"沙漠旅游"这个特殊的旅游项目及在世界范围的发展情况,从心理学的角度简要分析了沙漠旅游者的旅游动机,以美国犹他州和亚利桑那州的沙漠旅游发展情况为依据,大胆预测沙漠旅游广阔的产业前景[①]。第一篇介绍中国沙漠旅游的文章是1994年《瞭望新闻周刊》发表的题为"科学探险旅游在中国起步"的文章,作者将"沙漠旅游"作为"科学探险旅游"的一种形式,对沙漠旅游在中国的发展情况进行了简要介绍[②]。这篇文章虽然不是严格意义上的学术论文,但是基本反映了当时我们对"沙漠旅游"的认识,"小众性、探险性"是其基本特征之一。

　　随着沙漠旅游项目规划开发的增多,越来越多的学者从旅游活动性质等角度对沙漠旅游进行概念性阐释(见表2-1)。通过对这些有代表性的概念进行整理,我们发现,学术界对沙漠旅游的概念与内涵已经有了一些普遍性的共识。首先,沙漠旅游是以沙漠为载体开展的旅游活动。这就把"沙漠旅游"与"沙滩旅游"进行了明确的区分,沙漠作为特殊的地貌类型,对普通大众有一种特殊的神秘感,这种神秘感可以直接转化为强烈的旅游吸引力,这与以休闲为主要目标的海滨沙滩旅游有很强的旅游动机差异。其次,沙漠旅游的动机具有多样性,包括猎奇、探险、求知、环保、娱乐、健身等。这就使沙漠旅游产品可分为多种类型以满足不同旅游动机诉求,如沙漠观光游、沙漠探险游、沙漠科考游、沙漠生态游、沙漠考古游、沙漠健身游、沙漠体育游等。最后,沙漠旅游属于特种旅游的范畴。沙漠旅游对于参与其中的旅游者有一定的要求,体现在经济条件、身体素质、文化水平三个方面,这决定了在未来一段时间内,沙漠旅游很难像其他旅游产品那样实现"客源大众化"。

---

① 李录:《沙漠旅游异军突起》,《世界知识》1982年第5期。
② 刘月月:《科学探险旅游在中国起步》,《瞭望新闻周刊》1994年第44期。

表 2-1　　　　　　　　　沙漠旅游概念界定统计

作者	基本定义	年份
潘秋玲	荒漠旅游是以荒漠景观为对象的旅游项目，具有特种旅游的鲜明特征①	2000
郑坚强等	沙漠旅游是旅游者为实现鉴赏、求知、探险、考察和娱乐等目的，到具有一定吸引力的沙漠地区的旅行②	2003
李翠林	将旅游者的猎奇、探险、体验和增长知识的心理需求及特性，巧妙地与沙漠景观本身所具有的独特自然审美特征和历史文化遗存进行联系和组合的旅游活动③	2006
李先锋等	以沙漠地域和以沙漠为载体的事物、活动等为吸引物，以满足旅游者求知、猎奇、探险、环保等需求的一种旅游活动④	2007
康媛媛	是以沙漠景观为旅游对象，以鉴赏、求知、探险、考察和娱乐为目的的一种具有地域性、综合性的新型刺激性旅游产品⑤	2009
陈帅	沙漠旅游是以具有旅游价值的沙漠生态系统为载体，与其和谐相生的人文资源相结合，能给游客带来很高情趣和刺激性的旅游活动⑥	2013

（二）沙漠旅游资源的研究

沙漠旅游资源是沙漠旅游目的地发展的核心竞争力。目前，国内对沙漠旅游资源研究的文献量相对较多，研究地域与研究角度也较为广泛，除了对沙漠旅游资源内涵进行探讨，还涉及沙漠旅游资源的类型、保护等诸多方面。

1. 沙漠旅游资源内涵

沙漠自身的神秘特质，使其具有与一般旅游资源不同的审美特征，

---

① 潘秋玲:《新疆荒漠旅游的开发前景与导向分析》，《干旱区地理》2000 年第 1 期。
② 郑坚强、李森、黄耀丽:《沙漠旅游资源利用在西部开发中的意义及策略研究》，《地域研究与开发》2003 年第 1 期。
③ 李翠林:《基于旅游动机分析的新疆沙漠旅游产品开发》，《商场现代化》2006 年第 20 期。
④ 李先锋、石培基、马晟坤:《我国沙漠旅游发展特点及对策》，《地域研究与开发》2007 年第 4 期。
⑤ 康媛媛:《新疆沙漠旅游及其开发研究》，《丝绸之路》2009 年第 12 期。
⑥ 陈帅:《新疆沙漠旅游竞争力评价》，硕士学位论文，新疆大学，2013 年。

可以很好地满足旅游者猎奇、探险的旅游需求。此外，沙漠地区还有很多的历史遗存、特有植物等，这些都把沙漠和旅游紧紧联系在一起，使沙漠成为一种特殊的旅游资源。传统的对旅游资源的界定必须符合三个条件：对旅游者有吸引力、可产生一定的效益（社会效益、经济效益、环境效益）、能够被旅游业所利用。在对中国沙漠旅游资源进行界定的时候，学者更多地从"对旅游者的吸引力"这一角度入手，如高海连就认为，沙漠旅游资源的独特性表现在其荒凉、辽阔、畅旷上，这些景致与传统旅游景区形成了强烈的审美反差，对久居城市的人有着强烈的吸引力[1]；付超等认为，中国西部广袤的沙漠以其刺激性、惊险性和挑战性迎合了现代社会的个性化需要，深深吸引着喜爱沙漠、勇于探险的旅游者[2]。这种对旅游资源的界定可以突出旅游者在旅游活动过程中的主体地位，使旅游资源开发更多地以旅游者的需求为导向，进而取得更好的市场效果，但其弊端是容易导致各沙漠地区对辖区内的沙漠资源盲目开发，在不充分考虑旅游资源"三大效益"和旅游企业可利用性的条件下，旅游活动的负面影响就不会得到重视和相应的控制，最终导致资源的浪费和破坏。

2. 沙漠旅游资源类型

目前，国内学者对沙漠旅游资源的分类有两种取向：一种是根据国家旅游资源分类标准将沙漠旅游吸引物进行类别标注，这种分类比较有利于旅游资源统计或进行区域间的比较，也可以作为景区申报评审的基础性材料；另一种是根据旅游资源自身的特点，将沙漠以可满足的不同的旅游需求为标准进行分类，这种分类对于旅游产品设计、开发以及区域旅游资源整合非常有好处。黄耀丽等依据国家颁布的《旅游资源分类标准（GB/T 1897222003）》，将中国北方沙漠旅游资源划分为三个自然大类、三个亚类、五个基本类型，通过对沙漠进行分

---

[1] 高海连：《沙漠资源的旅游开发》，《资源与产业》2006年第6期。
[2] 付超、王淑兰：《我国沙漠旅游资源开发初探》，《昆明大学学报》2007年第2期。

区的方式详细论述了中国北方 8 个主要沙漠区的旅游资源禀赋情况，结合旅游资源的功能详细对比分析了各区沙漠旅游资源的特点[①]。这是第一种分类方法的典型代表。米文宝等在论证沙漠旅游资源特点的基础上，将沙漠旅游资源大致分为：沙漠风光类、鸣沙山类、沙漠医疗类、雅丹景观类、沙生植物类、沙漠奇观类、荒漠遗址类、沙漠主题公园类等[②]。这是第二种分类方法的典型代表。这两种沙漠旅游资源分类方法都属于定性分析法，而现在世界旅游研究主流的资源分类方式是利用定量的方法对资源进行量化界定，而利用这种资源分类的研究在目前国内沙漠旅游研究中鲜有出现。笔者认为，可以利用景区接待游客数量与天气条件的拟合强度作为沙漠旅游资源类别界定的数据指标：拟合度越高，越偏向自然旅游资源；拟合度越低，越偏向人文旅游资源。

3. 沙漠旅游资源保护

沙漠地区干旱少雨，地表径流少且蒸发量巨大，植被覆盖率低，这就直接导致沙漠地区的生态系统比较脆弱、自我修复能力差。在沙漠旅游产业高速发展的过程中，对沙漠旅游资源的保护就得到了很多学者的注意。如李明伟等就对鸣沙山—月牙泉景区的生态状况表示了担忧，鸣沙山鸣沙量减少、月牙泉水位下降、沙漠周边自然生长的植物数量减少，这些都为沙漠旅游开发敲响了警钟[③]。如何在保护旅游资源的前提下发展旅游，就成为学者关注的热点。郑坚强等就强调，在沙漠旅游资源向沙漠旅游产品转化的过程中，必须强调资源保护，尽可能探索旅游开发的技术途径，在获取旅游经济效益的同时，对沙漠景区进行科学的维护修缮，以达到以开发促进保

[①] 黄耀丽、魏兴琥、李凡：《我国北方沙漠旅游资源开发问题探讨》，《中国沙漠》2006 年第 5 期。

[②] 参见米文宝、陈丽、杨蓉《宁夏沙漠旅游开发研究》，《中国地理学会 2006 年学术年会论文摘要集》，2006 年，第 169 页。

[③] 李明伟、梁国华：《我国西北旅游资源的自然、文化生态状况与保护》，《甘肃社会科学》2001 年第 2 期。

护的目的①。赵佳训提出，沙漠公园的开发必须坚持把生态保护放在首位，增强沙漠生态的多样性，杜绝把沙漠旅游开展成破坏之旅，防止沙漠生态系统退化。②制定一个科学合理的游客进入量是平衡"开发"与"保护"这对矛盾的关键：游客进入太多，经济收益增大，但环境破坏风险也增大；反之，经济收益太小，又无法发挥旅游产业的经济作用。环境容量概念的引入，为解决这个问题提供了一个可量化的思路。程子彪等在总结其他类型景区旅游环境容量测算的基础上，充分考虑沙坡头景区的特点，设计了由"旅游自然环境容量""旅游社会环境容量"和"旅游经济环境容量"构成的新型沙坡头旅游环境容量模型，以此作为游客控制的依据，保证景区科学的运营③。相比较对沙漠旅游资源开发的研究，在资源保护方面的成果较少，这与中国目前沙漠旅游发展现状有一定的关系，也与学术界对旅游产业的理解有一定关系。世界发达国家的旅游发展经验已经充分证明，只有在对资源充分保护基础上的开发，才是有意义的、可持续的开发。中国沙漠旅游发展不能走"先发展、后治理"的老路。

（三）沙漠旅游功能的研究

对沙漠旅游功能的研究主要集中于经济与扶贫功能、社会与教育功能、生态与环境功能三个方面。

1. 经济与扶贫功能

旅游产业是世界公认的经济乘数较大的产业之一，促进区域经济增长是各地方政府大力发展旅游产业的主要动机。沙漠旅游的经济功能主要表现在拉动旅游目的地经济的增长及相关行业的发展，增加地方政府财政收入和社区居民收入，增加就业机会，为环保、教育公

---

① 郑坚强、李森、黄耀丽：《我国沙漠旅游资源及其开发利用的研究》，《商业研究》2002年第17期。
② 赵佳训：《灵武白芨滩沙漠公园规划研究》，硕士学位论文，河北农业大学，2018年。
③ 程子彪、蒲小梅：《沙坡头旅游区旅游环境容量的动态测评》，《内蒙古农业大学学报》（社会科学版）2011年第6期。

益事业提供资金支持，此外在提高地区知名度、促进产业结构调整等方面也有很多益处。宁夏回族自治区政府就决定在2010年以后的六年里，要集中精力加快发展沙漠旅游产业。宁夏回族自治区旅游局局长李春阳指出，发展沙漠旅游对自治区旅游经济又快又好发展具有重要的意义，应积极发展综合沙疗服务业，使之与沙漠旅游业形成集束效应，扩大区内投资，拉动相关行业的发展。

沙漠地区大多区位条件较差、交通闭塞，因而经济发展受限，多属于贫困地区。发展沙漠旅游可以缩小地区间的经济差距，因此沙漠旅游被一些学者认为具有一定的"扶贫"功能。付超等就认为，西部地区拥有丰富的沙漠旅游资源，对旅游者有很强的吸引力，在当地经济基础相对薄弱的情况下，优先发展沙漠旅游业可以跨越工业阶段，把传统的"输血"扶贫改变为"造血"扶贫，从而达到旅游扶贫的目的，进而有力地配合西部大开发的强劲步伐[1]。乌日其其格认为沙漠地区作为一个特殊的地区，其新农村建设也自然拥有特殊性。中国沙漠主要分布在西北部和北部，其自然环境恶劣，经济发展落后，科学事业发展缓慢，思想观念相对落后，医疗卫生状况差。因此，建设沙漠地区新农村具有重大的"扶贫"意义[2]。缩小城乡差距、缩小东西差距，已经成为新一届政府的重要工作之一，依托西部广袤的沙漠资源，沙漠旅游具有得天独厚的不可替代性，在促进西部贫困地区经济发展的过程中定会发挥越来越大的作用。

沙漠旅游的经济功能已经得到了学术界广泛的认可，如何对沙漠旅游经济进行可持续性评价也已经成为学术研究的热点之一。赵多平等就将旅游循环经济的基本理念和"3R"原则应用到宁夏沙坡头景区循环经济指标的构建中，又利用德尔菲法和层次分析法，参考沙漠景区所在地的社会、经济、环境等特征要素，构建了沙漠旅游区循环经

---

[1] 付超、王淑兰：《我国沙漠旅游资源开发初探》，《昆明大学学报》2007年第2期。
[2] 乌日其其格：《典型沙漠地区新农村规划研究——以额济纳旗为例》，硕士学位论文，内蒙古师范大学，2017年。

济评价指标体系①。虽然该指标体系不能直接在其他沙漠旅游景区使用，但其模型建立的方法却可以为其他沙漠景区的循环经济评价提供有益的参考。

2. 社会与教育功能

正所谓"读万卷书，行万里路"，旅游在提升个人素质、提高文化修养、获取丰富知识等方面的教育功能早已被人了解。旅游者通过在沙漠地区参观游览，了解中国沙漠的基本情况，更加关注国土资源和生态环境，既能培养对祖国壮美河山的感性认识，又能充分了解中国西部贫困地区的发展状态。改革开放以后，东部沿海地区区位优势明显、政策扶植充分、经济高速发展，区域间的经济发展不平衡。时至今日，贫富差距过大现象已经成为中国国内各种社会矛盾的重要原因之一。发展沙漠旅游一方面可以加快西部沙漠地区的经济发展，缩小贫富差距；另一方面可以加强旅游者与沙漠地区之间的联系，缩小区域间因经济产业导致的隔阂。

由于沙漠移动和其他历史原因，沙漠深处往往保留很多人文遗迹，这些历史遗存经过岁月沁洗，饱经历史风霜，成为沙漠旅游的重要吸引物。郑坚强等就认为人文胜迹与沙漠自然景观在空间上的组合，使沙漠旅游交相辉映，相得益彰，构成很好的组合，形成一系列"文化内涵丰富的沙漠旅游胜地"，如敦煌鸣沙山—月牙泉景区等。参观这些景观，对于旅游者提高文化素养、了解祖国灿烂的历史文化都很有好处②。此外，参加沙漠探险旅游对于培养个人坚强的意志、锻炼艰苦环境下的生存能力和团队意识等也有很大的作用。如何更好地发挥沙漠旅游的教育功能，还需要旅游规划机构根据各地特色，开发新颖的旅游产品，防止沙漠景区"千篇一律"现象的出现。

---

① 赵多平、陶红：《典型旅游景区循环经济评价指标体系构建研究——以宁夏沙湖与沙坡头旅游景区为例》，《中国沙漠》2011年第6期。

② 郑坚强、李森、黄耀丽：《我国沙漠旅游资源及其开发利用的研究》，《商业研究》2002年第17期。

3. 生态与环境功能

到沙漠地区旅游，可以提高旅游者对环境恶化的关注，更能将最新的治沙成果通过植物园、沙漠生物馆等形式进行展示。李先锋等就提出，沙漠旅游景区也可以通过各种科普展览向旅游者介绍中国在治理沙漠、利用沙漠方面取得的科技成绩，宣传环保生态理念。建议有条件的地区建立沙漠植物园，如民勤沙漠植物园、吐鲁番沙漠植物园、榆林沙地植物园等，走"治沙科研"与旅游开发相结合的道路[①]。

由于沙漠旅游特别是沙漠植物园在发挥沙漠生态功能方面的重要作用，也有学者对沙漠旅游的生态功能进行评价。海阳就利用国际植物园评价体系和中科院植物园评价体系对吐鲁番沙漠植物园进行了系统评价，通过对旅游者进行问卷调研，分析沙漠植物园在生态与环保方面的功能，并分析了沙生植物园类的沙漠旅游资源的生态旅游潜力[②]。沙漠旅游在干旱荒漠区生物多样性的保护、野生植物资源的开发利用以及环境保护中所处的地位和作用是不可忽视的；同时，沙漠地区也需要完善的科普设施、组织形式多样化的科普活动，以此来提高环境保护科普的水平。杨秀春等还针对沙漠旅游的生态属性，从经济学、生态学、伦理学三个角度，提出了开展沙漠旅游的基本理念[③]。这对于更好地发挥沙漠旅游的生态环保功能具有重要的意义。

（四）沙漠旅游可持续发展研究

可持续发展是现代社会的重要发展理念，如何在促进沙漠旅游发展过程中贯彻这一理念，也是学者讨论的热点问题。从宏观上看主要是可持续理念在沙漠旅游开发经营过程中的贯彻，从微观上看主要是针对一些具体地区、具体项目提出针对性的发展建议。各地区的条件

---

① 李先锋、石培基、马晟坤：《我国沙漠旅游发展特点及对策》，《地域研究与开发》2007 年第 4 期。

② 海阳：《吐鲁番沙漠植物园功能评价及其生态旅游潜力分析》，硕士学位论文，新疆大学，2008 年。

③ 杨秀春、朱晓华、严平：《中国沙漠化地区生态旅游开发研究》，《中国沙漠》2003 年第 6 期。

存在差异，在资源条件特点等方面也存在不同，在推动沙漠旅游发展方面也不可能有相同的具体策略。米文宝等就根据宁夏沙漠旅游发展过程中的问题，提出在进一步开发宁夏沙漠旅游的过程中，应该放弃传统旅游业的发展模式和狭隘的旅游资源观念，以可持续发展理论为指导，不断深入理解和提高对"沙漠是完整的生态系统以及沙漠旅游是生态旅游的本质反映"的理论认识[①]。

在理论认识的基础上，学者以不同地区为例分析了各个地区的沙漠化影响，如张至楠发现，沙坡头滑沙区近年来坡度呈陡降趋势，并且和游客量具有极大的相关性，在游客量一定时，游客不同的行为对滑沙区造成的影响也有极大的差异性。若不采取合理可行的措施，将会严重影响景区容量和游客，威胁景区北侧包兰铁路和201省道的安全，甚至会影响景区南侧黄河湿地的生态安全[②]。张文秀认为，土地沙漠化的加剧与人类对土地的过度开发及不合理利用有着密不可分的关系，对南昌市新建县厚田乡进行了沙漠化研究。张文秀通过分析不同微地貌单元表面沉积物的粒度特征[③]，发现：第一，细砂和极粗砂在各地貌单元的组成中存在极端情况，这种极端情况反映出它们所处的环境存在差异性，但差异性并不大。第二，迎风坡应力以风力侵蚀为主，滑沙场的高游客量可能是导致该地貌单元沉积物粒度分布异常变化的重要因素。第三，灌丛沙堆借助植被能拦截更细的颗粒，阻止了细颗粒的长距离搬运。作为景区面积广阔的地貌单元，灌丛沙堆防风固沙的作用十分明显，应加强对灌丛沙堆的保护。第四，人工干扰强烈的平沙地是受到人工干扰最强烈、生态环境最脆弱的地区，旅游专属通道的建立将大大降低人工因素对生态环境的不利影响。第五，从植被分布和范围看，

---

① 米文宝、廖力君：《宁夏沙漠旅游的初步研究》，《经济地理》2005年第3期。
② 张至楠：《旅游对沙漠型旅游景区沙坡形态影响研究——以沙坡头滑沙区为例》，硕士学位论文，宁夏大学，2015年。
③ 张文秀：《厚田风景区不同地貌单元表面沉积物的粒度特征》，硕士学位论文，东华理工大学，2015年。

沙席已被植被完全覆盖，粉砂含量最高，生态环境保护最为完整。

在对沙漠化影响进行专业分析后，学者针对沙漠旅游的可持续发展提出了不同模式与建议。韩新盛运用生态足迹和生态承载力研究方法，构建出基于生态链网的沙产业集群发展模式，即产业链条集群模式、循环链条集群模式和共生集群模式。① 陈金林基于人地关系系统理论，分析青海湖地质公园的人地矛盾关系、"人与人"矛盾关系，提出了景观资源及生态环境保护、旅游发展、社区发展三要素共同协调发展的可持续发展模式（PTC 模式）。② 薛晨浩对宁夏典型沙漠景区游步道、沙生植被、沙漠结皮对人类旅游活动干扰的响应进行了探讨，对宁夏沙漠景区环境管理提出可持续发展的建议，具体包括：第一，做好环境影响评估工作，制定科学有效的旅游规划；第二，采取合理的游客分流措施，提高景区承载力和游览质量；第三，合理规划功能分区，抓好景区淡季开发与景点轮休制度的实施；第四，严格控制进入式污染，加强沙漠景区河湖、湿地生态保护；第五，发挥景区科普教育功能，对游客普及生态和环境保护教育。③ 陈美晨从生态人类学的角度对这一领域的应用性进行了加强研究。根据人与沙漠的关系，她提出了人类对待沙漠的三种模式，即退避模式、防治模式、获利模式。她重点论述退避模式，整理调查地环境变迁的情况，记述历史上以及村民回忆中的狂虐沙漠的"恶行"，介绍了村民们应对狂虐的沙漠而修建的极具当地特色的民居；提出了沙漠边缘地区绿色发展的"五圈模型"④，以期在旅游开发和旅游行为开展过程中，减少对沙漠

---

① 韩新盛：《基于生态链网的沙产业集群化研究——以库布其沙漠为例》，博士学位论文，内蒙古大学，2014 年。
② 陈金林：《青海湖国家地质公园及邻区景观资源、环境评价及可持续发展》，博士学位论文，中国地质大学，2017 年。
③ 薛晨浩：《旅游活动对沙漠生态环境的影响研究——以宁夏沙漠景区为例》，硕士学位论文，宁夏大学，2014 年。
④ 陈美晨：《腾格里沙漠边缘地区的人类文化适应研究——基于宁夏中卫三个村庄的田野调查》，硕士学位论文，宁夏大学，2019 年。

生态结构完整性和功能多样性的破坏，实现真正意义上的可持续旅游。

虽然学者在沙漠旅游可持续发展的具体措施上还有一些分歧，但一些基本理念仍然得到了大多数学者[①]的认可，包括：第一，重视对旅游资源的保护，遵循生态环境承载力这一基本规律，坚持"保护性开发"的原则；第二，强调社区参与，只有获得社区对旅游产业与环保事业的理解与支持，沙漠旅游的发展才能更有持续性；第三，开发与管理并重，"旅游开发措施的可持续性"不等于"旅游项目的可持续性"，还需要在旅游运营的过程中加强旅游生态管理；第四，加强环境教育，旅游者、旅游企业从业者（经营者）、当地社区等相关利益相关者，都是旅游环境教育的主体，只有在旅游实践的过程中不断加强环境教育，才能将保障环保的措施落到实处；第五，重点挖掘沙漠旅游文化，文化是旅游活动的灵魂，只有围绕这一灵魂才能对旅游区进行主题式综合开发；第六，扩大融资渠道，坚持可持续发展需要更多的资金投入，可以利用政策优势吸引各类资本进入沙漠旅游开发项目，为沙漠景区可持续发展提供资金保障；第七，坚持创新理念，利用新技术、引入新思维，从经济、社会、文化、环境四方面实现沙漠旅游目的地的可持续发展。

三 沙漠旅游的产业发展研究

（一）沙漠旅游开发与产品设计

不同地区旅游资源的特点、类型等因素不尽相同，因此，在发展沙漠旅游过程中，需要选择适合本地区的开发模式，从而保障其社会文化、经济和生态环境的可持续发展。学者也根据自身的研究领域构想了许多创新性开发模式。吴艳茹等论述鄂尔多斯以及库布齐沙漠的

---

① 米文宝、廖力君：《宁夏沙漠旅游的初步研究》，《经济地理》2005年第3期。尹郑刚：《我国沙漠旅游研究的现状与展望》，《内蒙古社会科学》（汉文版）2010年第5期。

旅游发展情况，提出了针对鄂尔多斯"沙漠主题公园"的开发模式，并对沙漠公园的选址和发展目标做了全面构思①。何雨等在全面分析国内特别是内蒙古沙漠旅游发展现状和特点的基础上，提出了沙漠旅游产品的具体开发模式，包括沙漠观光娱乐旅游产品、沙漠康体度假旅游产品、沙漠科考探险旅游产品、沙漠生态教育旅游产品四大类②。康媛媛等根据新疆沙漠旅游发展现状与条件，提出了沙漠旅游开发的四种基本模式，包括"沙漠风光游模式""沙漠娱乐游模式""沙漠科考游模式""各类商业比赛模式"③。罗炜秉承以用户旅游体验为主以及实用与易用的原则，采用虚拟现实技术和地理信息系统（GIS）技术，运用面向对象 Delphi XE3 开发语言、ArcGIS 建模软件以及 Multi Gen Greator 建模工具建立了虚拟旅游系统，开发出了新型的沙漠旅游发展系统。④ 此后的沙漠旅游开发模式的分析也都大致相同。

吴晋峰等在阐述库姆塔格沙漠风沙地貌遗产旅游开发意义的基础上，提出将该沙漠风沙地貌遗产开发为旅游产品、旅游商品（旅游纪念品）和旅游节事三种旅游开发模式。其中，旅游产品包括：观光体验旅游产品、康体娱乐旅游产品、沙漠体育探险旅游产品、环境教育和生态旅游产品；旅游商品包括：风沙颗粒类、风凌石类、枣类、沙生植物（中药材）类；旅游节事包括：库姆塔格沙漠旅游节、库姆塔格沙漠越野挑战赛、库姆塔格沙漠体育节等⑤。王文瑞等则按照旅游资源条件、旅游地可进入性和旅游地空间竞争三个方面对中国北方沙

---

① 吴艳茹、周瑞平：《鄂尔多斯沙漠公园开发的基本思路》，《内蒙古师范大学学报》（哲学社会科学版）2005 年第 2 期。
② 何雨、王玲：《内蒙古沙漠旅游资源及其开发研究》，《干旱区资源与环境》2007 年第 2 期。
③ 康媛媛、丰婷：《寻根旅游城市的市场竞争态分析——以四大寻根旅游城市为例》，《北方经济》2009 年第 19 期。
④ 罗炜：《阿拉善盟沙漠世界地质公园虚拟旅游系统的设计与实现》，硕士学位论文，天津大学，2018 年。
⑤ 吴晋峰、郭峰、王鑫：《库姆塔格沙漠风沙地貌遗产的旅游开发》，《中国沙漠》2012 年第 4 期。

漠旅游地开发的适宜性进行尝试性分析,将湖泊、河流、植被、奇特现象(鸣沙现象等)、民俗、历史遗迹、现代工程七项作为沙漠旅游产品开发的组合资源①。这为沙漠旅游产品选址提供了有益的参考,对于防止沙漠旅游项目的重复建设具有重要的参考意义。

(二) 沙漠旅游市场营销研究

旅游者是旅游活动的主体,对旅游市场的研究是沙漠旅游产业持续发展的保障。对沙漠旅游市场的特征、消费模式、价值取向和旅游体验等进行系统分析,能更好地服务于沙漠旅游的实践发展。谢婷等以新疆塔克拉玛干沙漠旅游为例对沙漠旅游的客源进行了市场细分,认为沙漠观光游、沙漠探险游、遗址考古游的客源有很大区别:观光游面向的是一般游客、探险游面向的是比较专业的有挑战精神的专业游客、考古游面对的是具有专业知识的专家学者和对历史非常感兴趣的游客②。这种对沙漠旅游产品客源的细分,基本符合后来研究者对沙漠旅游客源的认识,对沙漠旅游审美、沙漠旅游价值功能方面的研究有一定的影响。

陈丽等利用调查问卷的方式对宁夏沙漠旅游客源情况进行了调研,通过主要客源市场、游客基础特征、游客行为特征、旅游人次及收入四个指标进行分析;最后提出了"一条主线、二条发展轴、四个精品工程、六条精品线路、七大旅游区"的宁夏沙漠旅游发展构想③。通过调查问卷法来研究旅游者的特征,有很多限制性因素一直无法克服,如调研人员的素质、被调研旅游者的文化水平、抽样的随机性与客观性等,但是,问卷法却是同类研究无法替代的一种研究方法,此后的相关研究仍然采用这种方法。

王继霞提出可以从游客的基本社会属性,从决策行为、时空行为

---

① 王文瑞、伍光和:《中国北方沙漠旅游地开发适宜性研究》,《干旱区资源与环境》2010年第1期。
② 谢婷、杨兆萍:《塔克拉玛干沙漠旅游资源开发构思》,《干旱区研究》2003年第3期。
③ 陈丽、米文宝:《宁夏沙漠旅游开发研究》,《咸阳师范学院学报》2008年第4期。

和满意度三个方面分析宁夏沙坡头游客的行为特征,进行差异性分析,并尝试运用相关性分析探索游客行为与心理容量的关系。① 邢志娟运用 Excel 对沙漠体育旅游者的人口学特征、社会学特征、旅游需求进行统计分析,运用 SPSS 19 做游客体验的因子分析,通过分析、验证,将旅游体验指标调整为旅游环境体验、旅游活动体验、基础设施体验、配套设施体验、旅游服务体验五个方面。她还对游客个体特征与体验因子做方差分析,并对沙漠体育旅游的游客体验做重视度与满意度的描述性对比分析,以了解沙漠体育旅游的游客体验需求。② 杨莲莲采用 LAC 理论和可持续发展理论的相关步骤和理念开展了宁夏沙坡头景区体验项目承载力研究,运用 IPA 分析法分析评价单个体验项目的满意度与重要性,并且为高峰时段的承载力提出了开展网上订票功能、设置可移动休憩点、增加沙漠电梯运营等方案。③ 对旅游者心理与旅游者体验这两方面进行调查分析,可以针对游客设计出更好的营销策略,有利于扩大沙漠旅游的客源市场。

在营销模式上,朱新梅创造性提出体验式营销、绿色营销、节庆赛事营销、新媒体营销等新型市场营销模式。④ 张润骁提出可以从产品、价格、渠道、促销、人员管理、有形展示、服务管理七个方面制订市场营销组合策略。⑤ 贾松林提出应打造品牌营销模式,提高沙漠旅游品牌的知名度,促进沙漠旅游业快速发展。⑥ 营销模式的不断创新,不仅可以促进沙漠旅游经济的发展,还可以使其新模式被其他形

---

① 王继霞:《宁夏沙漠旅游游客行为研究——以沙坡头景区为例》,硕士学位论文,宁夏大学,2014 年。
② 邢志娟:《宁夏沙坡头景区沙漠体育旅游的游客体验分析及产品开发研究》,硕士学位论文,宁夏大学,2017 年。
③ 杨莲莲:《宁夏沙坡头景区体验项目承载力研究》,硕士学位论文,宁夏大学,2015 年。
④ 朱新梅:《阿拉善农牧家游市场营销策略研究》,硕士学位论文,首都经济贸易大学,2017 年。
⑤ 张润骁:《鄂尔多斯响沙湾旅游景区市场营销策略研究》,硕士学位论文,内蒙古财经大学,2016 年。
⑥ 贾松林:《基于品牌营销的阿拉善旅游业发展战略研究》,硕士学位论文,宁夏大学,2013 年。

式的旅游所借鉴，促进整个旅游业市场全面快速发展。

在营销手段上，张中华等根据乌兰布和沙漠旅游开发的现状，提出了"建立数字旅游系统，加强旅游网络营销"的思路，其中包括完善巴彦淖尔市旅游信息网、旅游饭店信息化工程、信息化技术在旅游行业管理等方面的应用，还要健全旅游信息调查和预报制度、建立旅游咨询服务机构、发展旅游电子商务、提供优质旅游市场信息服务等[①]。通过网络进行旅游营销，不仅可以克服沙漠地区原有营销渠道与旅游成熟地区的差距，更可以将沙漠的旅游审美价值淋漓地展现出来。旅游电子商务除营销宣传外，还有线上预订、网银支付、线路分享、发表游记、游客反馈等功能，这对于基础设施薄弱的沙漠地区，无疑是打开了一个新的营销空间。

（三）沙漠旅游专项产品开发

在沙漠旅游博物馆布展方面，王剑昆为了让地质公园的博物馆更快更好地发展，结合阿拉善沙漠世界地质公园博物馆的布展实例，对地质公园博物馆的布展方案进行了总结；进而在泰山世界地质公园博物馆原有布展方案中总结成功与不足，并对其陈列布展改造方案进行重新设计，将现代的主题个性化、艺术效果化、专业科普化的设计理念融入布展方案。[②]

在沙漠旅游公园规划研究方面，赵佳训对白芨滩沙漠公园进行了规划，将白芨滩沙漠公园分为七大功能区，即综合服务接待区、林果观光采摘区、沙漠湿地保育区、科普宣教区、沙漠探险拓展营区、沙漠风情区、生态保育区；对不同功能分区环境容量、项目设置、植物景观、保护工程、服务设施等专项内容进行了详细规划。规划指导思想强调充分挖掘灵武当地历史文化、民俗特色和沙漠旅游资源，塑造

---

① 张中华、李九全：《内蒙古乌兰布和沙漠旅游资源开发研究》，《资源开发与市场》2007年第7期。

② 王剑昆：《阿拉善沙漠世界地质公园及泰山世界地质公园博物馆布展方案研究》，硕士学位论文，中国地质大学，2014年。

一个具有地方特色并集生态保护、文化体验、观光娱乐、科普教育、附属生产于一体的沙漠公园。①

在沙漠旅游产品空间布局研究方面，学者也进行了积极的探索。关于旅游空间结构的研究一直是旅游地理学、城市规划学和区域经济学研究的一个重点问题，研究成果可以为旅游规划提供科学基础。王伟伟认为A级沙漠旅游景区开发的旅游项目总体上有三种空间布局模式，即双核布局模式、分散布局模式、放射状布局模式。景区内旅游项目的空间布局主要受旅游资源布局情况、旅游市场需求、历史文化因素、生态以及规划等因素的影响。②

（四）沙漠旅游发展评价研究

在资源评价方面，董瑞杰首次从林柱状景观角度对雅丹地貌美学价值进行了定量评价，构建了雅丹地貌的美感度指标体系，是对风沙地貌遗产资源评价的创新尝试。③ 在安全评价方面，吕耀龙研究了国内外旅游公路、沙漠地区公路特点及其安全特性；针对沙漠地区旅游公路特殊性，将普通公路与沙漠地区旅游公路安全性指标的评价侧重点作了对比，确定了沙漠地区旅游公路安全评价指标；依据公路安全评价规范和沙漠地区公路、旅游公路安全特性的研究，确定了沙漠地区旅游安全评价指标标准。④ 石磊以沙坡头景区为研究对象，分析其旅游安全风险，提出沙坡头景区旅游安全风险评价的方法，即运用遥感和ArcGis确定研究区，划分旅游安全风险小区；构建旅游安全风险评价指标体系并计算权重；构建旅游安全风险评价模型，明确具体指标的计算方法和量化标准；采用克里格插值法在ArcGis中绘制沙坡头景区旅游安全风险分布图；将沙坡头景区旅游安全风险划分为五级，

---

① 赵佳训：《灵武白芨滩沙漠公园规划研究》，硕士学位论文，河北农业大学，2018年。
② 王伟伟：《中国A级沙漠旅游景区空间结构研究》，硕士学位论文，兰州大学，2016年。
③ 董瑞杰：《沙漠旅游资源评价及风沙地貌地质公园开发与保护研究》，博士学位论文，陕西师范大学，2013年。
④ 吕耀龙：《沙漠地区旅游公路安全评价方法研究》，硕士学位论文，吉林大学，2018年。

即最高风险区、较高风险区、中等风险区、较低风险区和最低风险区，实现评价结果空间化和可视化。[①]

旅游资源是旅游发展的载体，旅游资源价值评估是明确旅游发展重点的需要。叶宜好对宁夏沙坡头景区和内蒙古巴丹吉林景区两个沙漠旅游景区进行沙漠旅游景区价值评估研究，发现沙漠旅游资源有着重要的经济价值；分类小区改进旅行费用法在多目的地费用分摊问题中表现出较好的效果；沙坡头景区和巴丹吉林景区的价值评估方法存在较大差异；沙坡头景区的经济价值明显高于巴丹吉林景区，可通过增加可进入性、扩大客源市场、增加景区消费多样性、适度发展沙漠度假等方法提升巴丹吉林景区的经济价值。[②]

在对研究内容的统计中，对沙漠旅游开发模式的研究成果最多，大多数都是根据研究区域沙漠特点提出的一些开发建议，对于当地的沙漠旅游开发有一定的指导意义。但是，当学术研究的重点过分倾向于"开发"的时候，对其他沙漠旅游的基础性问题研究就略显薄弱了，若基本理论问题没有得到解决，旅游开发的思路也不会有太大的创新，景区"同质化"的倾向也会越来越严重。当学术界以"开发措施"作为最终研究目标的时候，就会更多地以政府的视角来审视产业发展中的问题，这不仅会使学术本身的公正性受到挑战，也会使政府在真正决策的过程中因缺少"理论常识和智力支持"而犯错误。这种学术倾向值得重视。

[①] 石磊：《沙坡头景区旅游安全风险评价研究》，硕士学位论文，宁夏大学，2018年。
[②] 叶宜好：《沙漠旅游景区价值评估研究——以沙坡头和巴丹吉林景区为例》，硕士学位论文，兰州大学，2014年。

第三章　典型沙漠旅游资源及特征

旅游资源是旅游产业发展赖以生存的基础，是旅游活动的客体，在旅游研究中有重要的意义。国外沙漠旅游开发较早，沙漠旅游景区建设也比较成熟，本章首先对国外典型沙漠景区发展经验进行梳理，并对中国现有沙漠旅游地开发情况特别是沙漠旅游资源的类别进行详细的分析。在此基础上，本章从时间和结构两个维度对中国沙漠旅游地的发展模式特征进行总结，提出五种典型的沙漠旅游地发展模式，并从旅游产品类型、旅游产业发展的主要推动者、主要依托的旅游资源类型和初期旅游者消费心理四个角度对发展模式进行分析。

第一节　世界主要沙漠旅游资源

沙漠作为一种地貌类型，在全世界有着广泛的分布。沙漠地区孕育了如埃及文明、阿拉伯文明等璀璨的文化。在新航道开辟以后，很多沙漠地区就成了探险家的乐园，大量的珍贵文物被发现。随着旅游产业的高速发展，有些地区早已成为享誉世界的著名景区。

一　世界主要沙漠分布

目前，全球沙漠及沙漠化土地已达到4773.4万平方千米，占全球土地面积的35%，分布于除南极洲之外的六大洲，并且每年以6平方千米的速度增加。其中，非洲沙漠化土地面积最大（1655.5万平方千米），占全世界沙漠化土地的36.6%；亚洲其次（1523.2万平方千米），约占33.4%；大洋洲（574.2万平方千米）排在第三位，约占12.6%；北美洲（436.7万平方千米）约占9.6%；南美洲（347.8万平方千米）约占7.6%；欧洲最小（23.9万平方千米），约占0.5%[①]。世界上约1/3的陆地处于干旱或半干旱状态，约有8.5亿人生活在这片土地上。

非洲是世界沙漠面积最大的洲。撒哈拉沙漠就位于非洲，其沙漠总面积为180万平方千米，约占全世界沙漠面积的25.7%。非洲面积较大的沙漠还有：东部大沙漠，面积为19.2万平方千米；西部大沙漠，面积为10.3万平方千米；卡拉哈里沙漠，面积为172.9万平方千米；木租克沙漠，面积为5.8万平方千米；纳米布沙漠，面积为3.4万平方千米。

亚洲沙漠面积较大，约为250万平方千米。其中，阿拉伯半岛沙漠面积达79.5万平方千米，包括鲁普哈利沙漠、瓦希巴沙漠、大内夫得沙漠、达赫纳沙漠、阿特图瓦拉特沙漠、希尔沙漠及阿拉伯沙漠；印度和巴基斯坦沙漠面积为26万平方千米；中亚哈萨克斯坦及里海北部均有沙漠分布，约为83万平方千米。

北美洲沙漠分布在美国西部及墨西哥北部，沙漠从俄勒冈州向南延伸，包括内华达州、犹他州、怀俄明州西南部和科罗拉多州西部，向南到达加利福尼亚州南部；还从犹他州南部一直延伸到亚利桑那州，与墨西哥的奇瓦瓦沙漠相连。

南美洲沙漠主要有阿根廷的蒙特沙漠和巴塔戈法尼亚沙漠、阿塔卡玛沙漠、秘鲁沙漠。

澳大利亚沙漠占全国面积的35%，其主要沙漠有辛普森沙漠、维

[①] 马世威、马玉明、姚洪林：《沙漠学》，内蒙古人民出版社1998年版，第282—290页。

多利亚大沙漠、吉布森沙漠、大沙沙漠。

二 世界主要沙漠旅游资源

（一）埃及沙漠旅游及开发特征

埃及，地跨亚、非两洲，位于非洲东北部，处于世界最大的沙漠——撒哈拉沙漠东部，96%的国土面积被沙漠所覆盖。埃及的交通运输十分便利，海陆空运输能力增长较快。铁路全长7000千米；开罗第一条地铁全长42.5千米，第一期工程已于1987年9月竣工通车；公路全长4.8万千米；有海港7个，年吞吐量3050万吨，主港口有亚历山大港、塞得港、苏伊士港等；有国际机场5个，开罗机场是连接亚、非、欧的重要国际航空港。财政来源除税收外，主要有石油、侨汇、运河和旅游四大项收入。

埃及文化灿烂、历史悠久，名胜古迹宏伟丰富，具有发展旅游业的极为优越的条件。因此，旅游是埃及经济的基本支柱，旅游收入占国民收入外汇总额的25%。埃及旅游产品多种多样、发展全面，旅游区多、旅游范围广泛，探索出一条独具特色的旅游发展之路。主要旅游点有金字塔、狮身人面像、爱资哈尔清真寺、古城堡、希腊罗马博物馆、卡特巴城堡、蒙塔扎宫、卢克索神庙、卡纳克神庙、王陵之谷、阿斯旺水坝等。

埃及最知名的景观是金字塔等一系列人文类旅游资源。大量旅游者的到来已使这些文物古迹不堪重负，旅游行为对人文景观的负面影响越来越大。在这样的背景下，从20世纪90年代开始，埃及旅游部门逐渐将旅游产品营销的重点转向该国广袤的沙漠旅游资源[1]。作为一个沙漠面积占据大部分国土的国家，埃及拥有许多沙漠景观，包括景色壮丽的大沙海、神奇的西奈峡谷等。这些沙漠景观逐渐被开发出

---

[1] 贾鹤鹏：《埃及旅游从金字塔伸向沙漠》，《中国旅游报》2001年4月16日第C02版。

来,并开始在埃及整个旅游产品结构中占据越来越重要的地位。

  位于开罗西南250千米的巴哈利亚是埃及开展沙漠旅游最重要的地区。在古代,这里曾经是到马里和毛里塔尼亚的商旅的出发点,当地还有大量的历史遗存。现在,这里已经是和金字塔、红海潜水齐名的旅游胜地。当地政府为了发展沙漠旅游业,在这片沙漠绿洲中兴建了针对不同消费群体的酒店。巴哈利亚的目标市场非常明确,当地政府一直认为沙漠旅游产品不可能成为大众旅游产品,除了背包旅行者、学生等没有多少钱的旅游者外,另一部分就是生活悠闲的富人。因此,当地的旅游设施也是主要针对这两类人而设计的,包括高端的休闲场所和价格低廉的青年旅馆。当地开通了多条通往巴哈利亚的交通线,背包旅行者可以乘坐多种交通工具到达这里。埃及的旅行社针对不同消费层次的旅游者开发了不同的沙漠旅游路线,尽量满足不同层次旅游者的需要。

  巴哈利亚最具特色的沙漠旅游产品是白沙漠之旅,这里沙漠中的石灰岩成分较多,因而呈现白色。长腿沙漠鼠是这里最具观赏性的沙漠动物。白沙漠之旅主要针对的是观光型的旅游者,还有针对探险型旅游者的、旅程时间在10—20天的沙漠探险旅行。这种探险旅游需要旅行社配置齐全的车辆,因而价格是白沙漠观光产品的3—4倍。也有一些旅游者会选择行程更远的沙漠线路,从巴哈利亚出发一直向埃及与利比亚边境前进,沿途会看到400千米未经开发的沙丘。这种旅行无论是骑骆驼还是乘坐越野车都非常艰苦,但是仍有很多旅游者愿意支付高额旅行费用选择这种带有冒险性质的旅游产品。

  为了促进沙漠旅游的发展、解决沙漠旅游地的可进入性问题,2000年以后,埃及政府在其偏远的沙漠地区一共修建了7座机场,大量的国际游客通过这些基础设施进入埃及的沙漠地区,有力地刺激了当地经济的发展。目前,沙漠旅游业已经成为巴哈利亚这类埃及内陆地区的重要经济支柱。

  埃及沙漠旅游发展模式有如下特征:第一,以历史遗迹游带动沙漠旅游市场,在沙漠旅游发展初期,埃及旅游部门通过将其历史遗迹方面的优势旅游资源与沙漠旅游资源进行联合开发，借此扩大沙漠旅游地的旅游影响力和知名度；第二，针对不同的细分市场提供不同的沙漠旅游产品和旅游服务设施，从价格上看，可分为高端和低端产品，从旅游活动上看，可分为观光和探险等旅游产品；第三，当地政府加大基础设施建设，推动内陆沙漠地区旅游业的发展，使沙漠旅游成为这些地区的支柱产业。因而，可以将埃及沙漠旅游的发展模式诠释为："借助优势旅游资源营销，推出有针对性的市场细分产品，政府积极投资基础设施建设，形成沙区支柱产业"的发展模式。

（二）中东地区沙漠旅游及开发特征

中东地区最主要的经济支柱是石油产业，单一的产业结构使中东各国的经济不稳定因素大大增加。拓宽产业类别、调整产业结构是很多中东国家近些年来国内经济的指导性政策。在这样的背景下，一些国家依托其特殊的旅游资源，发展特色旅游项目，使其旅游业发展迅速。在沙漠旅游方面最具代表性的就是阿拉伯联合酋长国（一般简称阿联酋）和沙特阿拉伯（简称沙特）。

阿联酋俗称沙漠中的花朵，是一个以产油著称的中东沙漠国家，位于阿拉伯半岛东部，北濒波斯湾，海岸线长734千米，西北与卡塔尔为邻，西和南与沙特阿拉伯交界，东和东北与阿曼毗连。自1966年阿联酋发现石油以来，该国一跃成为世界最富裕的国家之一。当大量的资金流入国内的时候，与世界上其他发达国家一样，阿联酋也意识到将旅游业和国民经济中的其他产业部门融合在一起的重要性，特别是在制定旅游产业发展政策时必须考虑其他相关产业的发展。旅游业借此可以充分利用市场全球化和国际化的优势。经过多年的努力，旅游业成为迪拜国民经济中增长最为迅速的部门。

迪拜大多数景观都建在沙漠中，几乎全是人工灌溉的绿洲，著名的有七星帆船酒店、世界岛、迪拜乐土、棕榈岛、迪拜塔等。除此以外，迪拜也积极开发传统沙漠游。骆驼被誉为沙漠之舟，在沙漠骑骆驼感受非凡。每年的骆驼竞赛，是当地居民的传统活动，吸引了大批观光客前往。驯鹰表演也备受游客青睐，迪拜人嗜鹰如命，不论是高贵的酋长，还是普通百姓，都对鹰情有独钟。在沙漠中的原始"贝都因人"是驯鹰的高手，他们靠鹰来捕猎或斗鹰消遣。沙漠中的旅游项目也比较丰富，除了沙漠越野车，还有沙漠高尔夫球场等，当地的沙漠餐厅还提供烤肉等传统食品。

沙特位于亚洲西南部的阿拉伯半岛，东濒海湾，西临红海，同约旦、伊拉克、科威特、阿联酋、阿曼、也门等国接壤。在阿拉伯语中，"沙特阿拉伯"即为"幸福的沙漠"之意。沙特是名副其实的"石油王国"，石油储量高、开采成本低，在国际原油市场上拥有极高的竞争力，这使其成为世界上最富裕的国家之一。沙特是世界上最大的淡化海水生产国，其海水淡化量占世界总量的21%左右。目前，沙特政府正不断鼓励私有经济的发展，以减少国家经济对石油出口的依赖，同时为快速增长的人口提供更多的就业机会，因而旅游业成为沙特重点发展的产业之一。

沙特大部分地区处于沙漠地带，没有常年有水的河流与湖泊，有"沙漠王国"的称号。阿拉伯沙漠出现在阿拉伯半岛的大部分区域内，占地面积为233万平方千米，为世界第二大沙漠。它由也门延伸至波斯湾、阿曼、约旦及伊拉克，其中心为空虚地带，是世界上最大的沙体之一。瞪羚、剑羚、沙猫和王者蜥都是生存在此极限环境内的物种。这里属于旱生植物区，气候十分干燥，且昼夜温差较大，其特殊的生物群落是古北界生态带的一部分。阿拉伯沙漠单体面积较大、视野良好，具有极高的旅游审美价值。但沙漠生态区有着较少的生物多样性，即只有少许的特有种植物生长于此。许多物种，如条纹鬣狗、胡狼及蜜獾等动物都已因狩猎、人类侵占和栖息地被破坏等因素而绝种。已有一些物种成功复育，如快绝种的弯角剑羚及沙漠瞪羚，都被保护在一定数量上。家畜的过度放牧、越野驾驶及人为对栖息地的破坏是此沙漠生态区最大的威胁。

从旅游产品设计上看，阿联酋的迪拜和沙特的沙漠旅游有明显的区别：迪拜的沙漠旅游更加注重人工景点的设计和建设，利用现代化的设备来满足旅游者休闲度假的需要，奢侈和刺激是其沙漠旅游产品最显著的特征；沙特的沙漠面积较大，沙漠中有很多自然的生态区，这使其沙漠旅游更加注重生态和原始，通过这种自然风貌的展现，开发满足旅游者了解沙漠生态的愿望的生态旅游产品，是沙特沙漠旅游最显著的特征。但随着旅游者数量的不断增加，其环境压力也将越来越大，当地政府不得不加大资金投入，以保护沙漠地区的自然风貌。

阿联酋的迪拜和沙特是中东沙漠旅游的典型代表，都是依靠大量投资发展沙漠旅游，针对现代旅游市场的需要在沙漠区开发主流旅游产品。在中东沙漠旅游产品体系中，沙漠不是最核心的旅游吸引物，而更多地表现为一个旅游活动的场所。在巨额资金的建设下，沙漠可以是任何主流旅游产品的场地，无论是休闲度假的高尔夫场地，还是原始的动植物园。因此，可以将中东地区沙漠旅游的模式概括为：通过大量资金投入改变沙漠的自然环境，以此来开发休闲旅游、民俗旅游、生态旅游等旅游产品。

（三）澳大利亚沙漠旅游及开发特征

澳大利亚约70%的国土属于干旱或半干旱地带，中部大部分地区不适合居住，由于降雨量很小，1/3以上的陆地面积被沙漠覆盖。澳大利亚有世界上最平坦、最干燥的大陆，中部洼地及西部高原均为气候干燥的沙漠，能用作畜牧及耕种的土地只有26万平方千米。沿海地带特别是东南沿海地带适于居住与耕种。除南海岸外，整个沿海地带形成一条环绕大陆的"绿带"，澳大利亚的主要城市都分布在这条环形带上。澳大利亚是世界上开发沙漠旅游的先行者之一，在沙漠旅游产品设计、沙漠旅游市场开发、沙漠旅游科学研究等方面都走在世界前列。

位于澳大利亚中部的爱丽斯泉市是该国沙漠旅游的主要集散中心[①]。其代表性的沙漠旅游产品有以下几种。

---

① 《澳大利亚旅游手册》，澳大利亚资源、能源和旅游部制，2009年。

（1）沙漠花园。位于澳大利亚西南部的澳大利亚沙漠面积约155万平方千米。这里雨水稀少，干旱异常。夏季的最高温度可达50℃。1973年，澳大利亚植物学家夫兰纳里发现这片沙漠中有大约3600种植物共生。如果按单位面积计算，物种多样性已经超过南美洲的热带雨林。因此，发现者称这里为沙漠花园。这里的沙生植物可以在极端干旱的条件下生长，对养料的需求量也比较少。大多数植物的叶子不是绿色的，而是带有各种鲜艳的颜色，具有很强的观赏性。目前，这里已经成为澳大利亚最具代表性的沙生植物园，每年接待大量游客。

（2）爱丽斯泉沙漠公园。该沙漠公园因为沙漠动植物种类多样而获得澳大利亚各项公园大奖。公园内还有原住民的传统表演等旅游项目，是澳大利亚中部重要的民俗旅游景区。为了加深旅游者对沙漠的认识，园内还通过现代科技手段演示地质时期沙漠的变化。公园中的展示说明和导游的讲解让旅游者全面了解沙漠中的植物和动物，公园还展示了原住民如何用传统的方法在沙漠中利用动物和植物适应生活。该沙漠公园是一个集沙漠风光、沙生动植物、沙区民俗、生态教育于一体的综合性沙漠旅游园区。

（3）沙漠节庆活动。爱丽斯泉市每年7月会举行骑骆驼比赛，这实际上是一个规模庞大的狂欢美食节；"骑骆驼游沙漠"是节庆活动里最有特色的旅游产品，配有专业导游为游客讲解当地的野生动植物和民风民俗。每年9月会在爱丽斯泉市举行沙漠节，澳大利亚中部的艺术家、舞蹈家、音乐家都会在为期十天的爱丽斯沙漠节上呈现精彩表演。爱丽斯沙漠节是澳大利亚中部地区首屈一指的艺术和文化节庆活动，展示着沙漠的风采和当地多元的人文环境，每年游客接待量在5万人次左右，是当地重要的沙漠旅游节庆活动之一，对旅游者有很强的吸引力。

（4）澳大利亚内陆热气球之旅。热气球被认为是最清洁的空中交通工具，旅游者可以在空中观赏美丽的沙漠景致，包括沙漠绿洲和野生动植物，将观光与探险完美地结合起来。

（5）沙漠探险。驾驶四驱越野车探索辛普森沙漠在南澳境内的部分是近些年来澳大利亚最流行的探险活动。从阿德莱德出发，沿斯图尔特高速公路行驶，然后驶上乌德纳达塔路径前往小镇乌德纳达塔，中间经过辛普森沙漠保护公园。游客也可以乘坐观光飞机从威廉溪起飞，从空中欣赏辛普森沙漠。南澳大利亚环境和遗产部还可以为游客量身规划对环境影响最小而且安全的沙漠探险活动。

除上述旅游产品外，旅游者可以探访澳大利亚沙漠中的原住民，进行沙漠原住民探索之旅。

综合来看，澳大利亚的沙漠旅游开发具有如下特征：第一，沙漠旅游产品门类齐全，包括沙漠主题公园、沙漠植物园、沙漠观光产品、沙漠民俗体验产品、沙漠探险产品、沙漠节庆产品等；第二，沙漠旅游活动形式多样化，包括骑骆驼、乘热气球、驾驶四驱越野车，甚至乘坐观光飞机；第三，将沙漠旅游与其他类型旅游有机结合，形成极其特色的旅游产品；第四，注重生态环境保护，在游览工具的选择和旅游产品设计等方面都突出环保功能。因此，可以将澳大利亚的沙漠旅游发展特征定义为：以沙漠区域内多种旅游资源为依托，开发类型多样的特色沙漠旅游产品。

（四）美国沙漠旅游及开发特征

美国是世界旅游最发达的地区之一，其旅游产品类别之丰富、旅游资源规划理念之先进都执世界之牛耳。美国的沙漠主要分布于俄勒冈州、内华达州、犹他州、怀俄明州、科罗拉多州、加利福尼亚州、亚利桑那州，各州都结合自身特点，开发了大量的沙漠旅游产品。代表性的美国沙漠旅游产品有：

（1）波浪谷景区。它位于亚利桑那沙漠，是美国著名的自然景观之一。波浪谷岩石的复杂层面，是由一亿五千万前侏罗纪时期就开始沉积的巨大沙丘组成。在沙漠沉积的过程中，沙丘不断地被含有红沙的地下水所覆盖，水中的矿物质将沙凝结成了砂岩，形成了层叠状的结构。这种古老的沙丘最后形成了地理学家口中的"纳瓦霍（Navajo）

砂岩"。随着科罗拉多平原的上升，加上风蚀、水蚀，峡谷里砂岩的层次逐渐清晰。每一层砂岩随着沉积矿物质含量的不同而产生深浅差异的颜色。红色主要是由铁和锰的氧化而产生。这些颜色不是一成不变的，往往在交错处和角落里形成更加复杂与抽象的图案。目前，为了保护这一地理奇观，这片荒原的入口每天仅限20人通过。

（2）沙漠植物园。位于亚利桑那凤凰城的沙漠植物园，占地60万平方米，内有两万种沙漠植物，在美国人评选的"全美最漂亮的九大公园"中位列第一。沙漠植物园中汇集了世界上几乎所有品种的仙人掌，这些沙生植物在形态、色彩方面具有很强的观赏性。另外，还有许多沙漠植物和野花，如豆科灌木、麟凤兰和龙舌兰等。亚利桑那州的州花就是仙人掌花，在亚利桑那州的汽车车牌上也有仙人掌的图案，这种标识会给外地旅游者留下深刻的品牌印象。

（3）白沙国家公园。该景区位于新墨西哥州，奇瓦瓦沙漠（Chihuahua）最北部的图拉罗萨（Tularosa）盆地，是世界上最著名的自然奇观之一。波浪状石膏沙丘覆盖了大约800平方千米的沙漠地区。这里是美国最大沙丘平原之一，在强风的驱使下，沙丘会出现不同的形状，因此具有很强的观赏性。

（4）黑岩沙漠。该沙漠景区位于内华达州西北的内陆湖及周边干涸的湖床，这片广袤的干湖或滩涂是公元前18000年到前7000年最后一个冰河时代形成的史前的拉洪坦湖的残余。在约1.27万年前的湖面鼎盛时期，这片沙漠还位于大约150米的水下，随着湖面干枯，这片沙漠逐渐显露出来。黑岩沙漠现在还有间歇泉存在。此外，黑岩沙漠景区还是美国西部著名的"火人节"（Burning Man Festival）的举办地，在节庆期间会有大批游客到来。

（5）赌城拉斯维加斯。拉斯维加斯处于内华达沙漠边缘，这里本是一片戈壁沙漠。由于当地发现金矿而有大量淘金者进入。1905年开埠，之后逐渐开始繁荣。1910年当地政府曾关闭所有赌场和妓院。经济大萧条时期，为了渡过经济难关，内华达州议会通过了赌博合法的议案，拉斯维加斯由此成为一个赌城，从此迅速崛起。拉斯维加斯是美国内华达州最大的城市，有着以赌博业为中心的庞大的旅游、购物、度假产业，是世界知名的度假地之一。城市经济主要依赖旅游业，其中全市就业人口 30 万，市内豪华的夜总会旅社餐馆和赌场每年吸引着 3890 万游客，居美国各大城市之首。主要景点有查尔斯顿娱乐区、死谷国家博览馆、内利斯空军基地、美国能源研究和开发局的内华达试验场。

美国沙漠旅游具有两种典型模式：一种是以特殊地质构造为核心吸引物建立起来的国家公园模式；另一种是以博彩业为核心吸引力建成的现代化旅游胜地。前者的开发必须以拥有优质的地质资源为前提，发展过程中的重点是资源的保护；后者的开发必须以特殊的发展政策为前提，发展过程中要不断强化城市的核心定位，以形成优势品牌，并保持在同类旅游城市中的领先地位。这两种发展模式一个对资源独特性要求高，另一个对旅游规划能力要求太高，所以很难被其他地区复制。

第二节　中国主要沙漠旅游资源

一　中国沙漠的分布与特征

中国是世界上干旱地区和沙漠分布最多的国家之一。西北干旱区是中国三大自然区之一，面积约为 306 万平方千米，约占全国土地总面积的 32%[①]。在行政区划上，包括新疆、宁夏、内蒙古三个自治区的绝大部分，以及甘肃、青海、陕西、山西、河北等省的部分地区。

在中国的西北、华北北部和东北西部有一条弧形沙漠带，南北宽 600 千米，东西断续延伸长达 4000 千米，面积超过 71 万平方千米。其中，干旱地区的砂质荒漠约 60 万平方千米，占 84.5%，主要分布在

---

① 吴正：《中国沙漠及其治理》，科学出版社 2009 年版，第 20—23 页。

新疆、甘肃、青海、宁夏和内蒙古西部；半干旱地区的沙地为11万多平方千米，占15.5%，主要分布在内蒙古东部、陕西北部以及辽宁、吉林和黑龙江三省的西部等地①。也有学者对海岸、湖岸和河岸沙丘地的面积进行了全面测量，但鉴于本章旨在探讨"沙漠旅游"这一旅游行为，其明显与"海滨旅游""湿地旅游"等有明确的区分，所以本章不考虑海岸、湖岸和河岸的沙丘地。

从整体上看，中国的沙漠在分布上具有以下一些特点。

第一，沙漠多处在内陆盆地和高原。中国沙漠约有80%的面积分布在乌鞘岭和贺兰山以西的大陆腹地，而且绝大部分都在内陆巨大盆地中，如塔克拉玛干沙漠位于塔里木盆地，古尔班通古特沙漠位于准噶尔盆地，库姆塔格沙漠部分位于吐鲁番盆地，此外还有柴达木盆地沙漠等。一部分沙漠在海拔1000米以上的内陆高原，如巴丹吉林沙漠和腾格里沙漠就位于海拔1200—1800米的阿拉善高原上，库布齐沙漠和毛乌素沙地就位于海拔1200—1500米的鄂尔多斯高原上。

第二，沙漠横跨多个自然带。中国沙漠西起新疆喀什，东至东北平原西部，横跨经度50°多，分属多个自然带。如塔克拉玛干沙漠为暖温带干旱荒漠，柴达木盆地沙漠为高寒干旱荒漠，库布齐沙漠和毛乌素沙地西部属于温带半干旱沙漠地带，浑善达克沙地、科尔沁沙地属于温带半干旱草原地带，科尔沁沙地东部和松嫩沙地属于温带半湿润草原地带。

第三，新疆等西部省份的沙漠分布较广。按中国西部环境与生态科学数据中心2006年8月公布的《中国沙漠10万分布图数据集介绍》整理中国各省份的沙漠、沙地面积及比例，详见表3-1。从各省份的沙漠分布面积来说，新疆最大，其面积达52万平方千米，占全国总面积的四成以上；此后依次是内蒙古、青海、甘肃、陕西、西藏、宁

---

① 钟德才：《中国沙海动态演化》，甘肃文化出版社1998年版，第12—20页。

夏，排名前七位的都是西部省份，七省份的沙漠、沙地总面积共计占到全国的98%左右。

表3-1　　　　全国分省份的沙漠、沙地面积及比例　　　单位：平方千米，%

省份	流动面积	半流动面积	半固定沙地面积	固定沙地面积	总面积	占全国比例
新疆	314553	140954	50875	13971	520352	41.89
内蒙古	128338	94919	149138	122521	494916	39.84
青海	42265	53295	18729	2274	116563	9.38
甘肃	22820	8487	14238	7459	53004	4.27
陕西	4116	491	4567	2560	11734	0.94
西藏	31	838	2970	5260	9100	0.73
宁夏	2152	8645	3225	2011	8253	0.66
其他	796	972	9467	17143	28378	2.28

资料来源：《中国沙漠10万分布图数据集介绍》，中国西部环境与生态科学数据中心，2006年。

中国沙漠的上述地理分布特点，决定了在旅游开发过程中必然出现以下弊端。

首先，沙漠地区距离中国东部沿海发达地区较远。改革开放以后，东部沿海地区凭借政策优势及自身优越的区位条件，区域经济发展迅速，成为中国最主要的旅游客源地。沙漠地区大多位于西北，距离中国主要旅游消费市场较远，旅游交通成本很高，不利用于旅游者的进入。

其次，沙漠地区虽然横跨多个自然带，但主要都属于干旱气候。其生物种群较少、生态系统十分脆弱，如不经科学规划，大量游客的进入必将导致沙漠区生态环境的恶化。"开发"与"保护"间的关系很难协调好，这无形当中增加了沙漠景区规划的难度。

最后，中国沙漠分布相对集中于西部省份。这些省份人口稀少、经济发展相对落后、基础设施薄弱，而发展旅游产业前期需要大量的资金投入，包括旅游基础设施建设、旅游服务设施投资、旅游项目推介营销、旅游服务（管理）人员培训等。这些前期费用对于经济本身并不是很发达的西部省份来说，是一笔巨大的资金投入，也会加重地方财政的风险。

二 中国沙漠旅游资源的主要类型

与美国、澳大利亚、埃及等世界沙漠旅游强国相比，中国沙漠旅游起步较晚，但近年来发展迅速。中国的沙漠旅游资源主要分布于"八大沙漠、四大沙地"周边及其腹地。各主要沙漠、沙地地理位置和面积见表3-2。下面将对中国沙漠旅游资源进行分类陈述。

表3-2　　中国主要沙漠、沙地地理位置和面积　　单位：万平方千米

沙漠名称	地理位置	面积[1]
塔克拉玛干沙漠	新疆塔里木盆地	36.5
古尔班通古特沙漠	新疆准噶尔盆地	5.113
库姆塔格沙漠	新疆东部、甘肃西部；罗布泊南部和阿尔金山北部	2.197
柴达木盆地沙漠	青海柴达木盆地	1.494
巴丹吉林沙漠	内蒙古阿拉善高原西部	5.051
腾格里沙漠	内蒙古阿拉善高原东南部	4.232
乌兰布和沙漠	内蒙古阿拉善高原东北部，黄河后套平原西南部	1.075
库布齐沙漠	内蒙古鄂尔多斯高原北部，黄河河套平原以南	1.731
毛乌素沙地	内蒙古鄂尔多斯高原中南部和陕西北部	3.894
浑善达克沙地	内蒙古高原东部的锡林郭勒盟南部和昭乌达盟西北部	2.922
科尔沁沙地	东北平原西部的西辽河下游	5.044
呼伦贝尔沙地	内蒙古东北部的呼伦贝尔高原	0.641

资料来源：吴正：《中国沙漠及其治理》，科学出版社2009年版，第22页。

---

[1] 也有学者应用RS、GIS、GPS等方法，结合野外考察实践，对沙漠面积进行了重新计算。如朱金峰等于2010年就界定巴丹吉林沙漠面积为52161.96平方千米，但是考虑到本章的写作目的并不是探讨沙漠面积，所以没有引用最新的沙漠面积测算成果。

沙漠既是对旅游者直接产生旅游吸引力的旅游资源，又是一个可以容纳其他旅游资源的空间范围。因此，沙漠旅游的内涵既包括以沙漠为核心吸引力的旅游活动，又包括在沙漠范围内进行的以其他事物为主要吸引力的旅游活动。因此，沙漠旅游资源应该有广义和狭义之分。广义的沙漠旅游资源既包括产生旅游吸引力的沙漠本身，又包括沙漠范围内的其他旅游吸引物，如沙生植物、历史建筑、民风民俗等；狭义的沙漠旅游资源仅指产生旅游吸引力的沙漠本身。本章主要探讨沙漠旅游地的发展模式及潜力评价，旅游发展本身的复杂性决定了本章对沙漠旅游资源采取的是广义性的理解。

根据《旅游资源分类、调查与评价》（GB/T 18972—2003）国家标准的分类方法，本章将中国的沙漠旅游资源类型总结为表3-3。

表3-3　　　　　　　　中国沙漠旅游资源分类

主类	亚类	基本类型	代表性资源
A 地文景观	AA 综合自然旅游地	AAC 沙砾石地型旅游地	阿拉善沙漠世界地质公园
		AAE 奇异自然现象	鸣沙现象。中国三大鸣沙山：甘肃敦煌"鸣沙山"、内蒙古达拉特旗"响沙湾"、宁夏中卫"沙坡头"
		AAF 自然标志地	巴丹吉林沙漠的高大沙山①
	AC 地质地貌过程形迹	ACJ 雅丹	敦煌雅丹国家地质公园、昌吉奇台魔鬼城
		ACM 沙丘地	库尔勒塔克拉玛干沙漠景区
B 水域风光	BB 天然湖泊与池沼	BBA 观光游憩湖区	阿拉善腾格里达来·月亮湖沙漠生态探险度假营地、库布齐七星湖景区
		BBB 沼泽与湿地	赤峰布日敦沙漠旅游区
	BD 泉	BDA 冷泉	鸣沙山-月牙泉景区
C 生物景观	CA 树木	CAB 丛树	额济纳胡杨林国家级自然保护区
	CB 草原与草地	CBA 草地	鄂尔多斯恩格贝旅游区

---

① 最高沙峰为必鲁图峰，海拔1617米，相对度420米左右，是世界最高沙山，比撒哈拉大沙漠高峰还高70米左右，俗称巴丹吉林沙漠湖泊"世界沙漠珠峰"。

续表

主类	亚类	基本类型	代表性资源
C 生物景观	CC 花卉地	CCA 草场花卉地	月牙泉旁野生七星草花（罗布麻）
	CD 野生动物栖息地	CDB 陆地动物栖息地	罗布泊野骆驼国家级自然保护区、乌拉特梭梭林—蒙古野驴国家级自然保护区
		CDC 鸟类栖息地	沙坡头国家级自然保护区（一级保护动物：黑鹳、金雕、玉带海雕、白尾海雕和大鸨）
D 天象与气候景观	DA 光现象	DAA 日月星辰观察地	各沙漠均有适宜的观日出日落点
	DB 天气与气候现象	DAC 海市蜃楼现象多发地	海市蜃楼无固定的观察点，随机而遇
		DBD 极端与特殊气候显示地	吐鲁番火焰山景区
E 遗址遗迹	EA 史前人类活动场所	EAA 人类活动遗址	吐鲁番阿斯塔纳遗址
	EB 社会经济文化活动遗址遗迹	EBB 军事遗址与古战场	赤峰勃隆克沙漠旅游区宋辽交锋古战场
		EBF 废城与聚落遗迹	雅尔湖故城遗址
		EBG 长城遗迹	沙坡头景区秦代长城遗址
F 建筑与设施	FA 综合人文旅游地	FAA 教学科研实验场所	中国科学院甘肃临泽荒漠绿洲风沙区水保科技园
		FAB 康体游乐休闲度假地	伊犁沙漠疗养院、吐鲁番沙漠疗养院
		FAC 宗教与祭祀活动场所	巴丹吉林庙、车日格勒敖包
		FAD 园林游憩区域	武威沙漠公园
		FAF 建设工程与生产地	阿克苏丰南一井沙漠风光
		FAH 动物与植物展示地	吐鲁番沙漠生态旅游风景区
		FAK 景物观赏点	塔克拉玛干沙漠公路
	FB 单体活动场馆	FBA 聚会接待厅堂（室）	库布齐沙漠七星湖酒店
		FBC 展示演示场馆	沙坡头治沙博物馆

续表

主类	亚类	基本类型	代表性资源
F 建筑与设施	FC 景观建筑与附属型建筑	FCK 建筑小品	沙坡头景区柳红客栈、通湖草原刺陵客栈
	FD 居住地与社区	FDA 传统与乡土建筑	巴丹吉林牧家游
		FDC 特色社区	库布齐牧民新村
	FE 归葬地	FEB 墓（群）	阿斯塔纳—哈拉和卓古墓群
	FF 交通建筑	FFE 栈道	沙坡头自然保护区观景栈道
	FG 水工建筑	FGB 水井	新疆吐鲁番"坎儿井"
G 旅游商品	GA 地方旅游商品	GAA 菜品饮食	骆驼肉
		GAB 农林畜产品与制品	沙枣、奶制品
		GAD 中草药材及制品	甘草、苁蓉
		GAG 其他物品	沙漠玫瑰石
H 人文活动	HB 艺术	HBB 文学艺术作品	"大漠孤烟直，长河落日圆"
	HC 民间习俗	HCA 地方风俗与民间礼仪	骑骆驼、乘羊皮筏子
		HCC 民间演艺	响沙湾旅游景区蒙古民俗表演
		HCD 民间健身活动与赛事	巴丹吉林沙漠文化旅游节暨那达慕大会
		HCG 饮食习俗	烤全羊
	HD 现代节庆	HDA 旅游节	鄯善"沙漠之春"旅游节
		HDB 文化节	宁夏国际沙漠旅游文化节
		HDD 体育节	宁夏沙漠体育运动会
数量统计			
8 大主类，占全部资源主类的 100%	23 个亚类，占全部旅游资源亚类的 74%		47 个基本类型，占全部旅游资源基本类型的 30%

三 中国沙漠旅游资源特征

第一，类型多样、分布广泛。通过对沙漠旅游资源的分类统计，中国沙漠旅游资源种类多样，共 8 大主类、23 个亚类、47 个基本类型，分别占到中国全部资源类型主类的 100%、亚类的 74%、基本类型的 30%。这些沙漠旅游资源广泛分布于中国北方"八大沙漠、四大沙地"的腹地及其毗邻区域。从行政区划上看，主要集中在内蒙古、新疆、宁夏、甘肃四省（区）。

第二，自然旅游资源吸引力大于人文旅游资源。在 47 个基本旅游类型中，虽然沙漠自然旅游资源只占了 16 个，仅为 1/3 左右，但是沙漠旅游的核心吸引地却集中于此。浩瀚的沙漠、神奇的地貌、梦幻的霞光、幽静的湖泊、雄壮的沙山、金色的胡杨，这些自然景致才是沙漠旅游的核心吸引力。也正因如此，沙漠旅游资源一直被大多数人认为是自然旅游资源中的地貌类旅游资源，这种观点在旅游资源开发初期很容易形成相应的旅游产品，但当景区不断增多后，其产品缺乏差异性将是制约景区发展的关键因素。

第三，环保因素在沙漠旅游资源中有较多体现。大多数沙漠旅游景点在建设过程中，十分重视环保元素，除了建设传统的沙生植物园、向旅游者介绍本地的特有植物外，还将景区的生态建设与景区环境改善、旅游纪念品的生产等活动结合起来。有些景区还通过相关展示厅，向旅游者介绍中国的治沙成绩及环保常识，对旅游者进行生态环保教育。

第四，沙漠历史遗迹旅游资源开发、保护力度不够。在沙漠腹地及其毗邻区，有大量文化遗址、历史遗存、荒废古城等，这些历史遗迹不仅具有很强的科学考察价值，对于文化型旅游者也有很强的旅游吸引力。但是，从目前的开发现状看，这些历史遗迹类的旅游资源并没有得到有效的开发，而且对很多资源也没有进行必要的保护。这使沙漠旅游者的结构过于单一，沙漠旅游景区的文化特征不明显，景区建设片面突出娱乐项目，因而出现同质化的倾向。

第五，沙漠区民俗类旅游资源没有得到有效开发。在沙漠旅游资源比较集中的四个省（区）里，有三个是少数民族自治区，新疆维吾尔自治区、内蒙古自治区、宁夏回族自治区。这些民族地区都有自己悠久的历史，特殊的生产方式、风俗习惯和独特的文化艺术。这些传统的民俗对旅游者也有很强的吸引力，而且可以和旅游六要素"吃、住、行、游、购、娱"紧密结合起来，充分发挥旅游综合效益。但是在沙漠旅游开发的过程中，却没有引起规划者的注意，没有在沙漠旅游活动中充分发挥出应有的作用。

第六，旅游纪念品规划薄弱，近乎处于自然生长状态。购物是旅游活动六要素之一，其花费应该占到旅游总消费的 1/3 左右。好的旅游纪念品不仅可以延长旅游者对旅游行程的美好记忆，更可以扩大景区的传播力度；同时，还可以增加旅游地的旅游综合收入，带来更多的就业机会。从目前"地方旅游商品"的类别上看，沙漠旅游商品集中在食品和中药材上，手工艺品和现代生活用品基本空白，而且食品和中药材这两类商品的开发也不尽如人意，缺少代表性品牌和行业标准，这与沙漠旅游的发展速度和景区品质极不相称。

第三节　典型沙漠旅游地发展历程与特征

在沙漠旅游地发展初期，沙漠旅游并不是一个成熟的旅游类型，大多数沙漠旅游地都是以传统旅游产品形式出现的。依据沙漠的特点不同或与其搭配的旅游资源不同，会形成不同的传统旅游产品类型，进而衍生出不同的发展特征，这在沙漠旅游地发展初期是非常普遍的现象。

在中国沙漠旅游发展初期，形成了如下几种典型沙漠旅游地：沙漠与古代人类社会历史遗迹相结合而形成的"文化观光主导型沙漠旅游地"，鸣沙山—月牙泉景区是其典型代表；以保护珍贵动植物而建的自然保护区为依托发展起来的"生态旅游主导型沙漠旅游地"，沙坡头是其典型代表；通过对城市周边的沙漠景致进行设计规划、建立人工公园的"主题公园主导型沙漠旅游地"，武威沙漠公园是其典型代表；以科学考察和探险为主要旅游线路逐渐发展起来的"科考旅游主导型沙漠旅游地"，巴丹吉林是其典型代表；以沙区经济为依托发展综合性度假区的"沙区企业主导型沙漠旅游地"，库布齐沙漠是其典型代表。

一 文化观光主导型沙漠旅游地

鸣沙山—月牙泉景区位于甘肃省河西走廊西端的敦煌市，沙漠景观处于库姆塔格沙漠的东部边缘。鸣沙山以沙动成响而得名，在鸣沙山下泉水形成一湖，在连绵沙丘环抱之中形成新月形的湖面，而得名"月牙泉"。敦煌是古代丝绸之路上的名城重镇，历代文人墨客曾漫游至此，故该景区以"沙漠奇观"著称于世，被誉为"塞外风光之一绝"。因此，本章将鸣沙山—月牙泉景区作为文化观光主导型沙漠旅游地的典型代表进行分析。

（一）旅游地发展历程

鸣沙山景区所在的敦煌市是中国著名的历史文化名城，在中国古代，该景区就已经非常著名，在文学作品中多有记载。鸣沙山最早见于两千多年前的东汉《辛氏三秦记》，其云："河西有沙角山，峰愕危峻，逾于石山，其沙粒粗色黄，有如干粮。"《后汉书·郡国志》云："水有悬泉之神，山有鸣沙之异。"唐书《元和郡县志》云："鸣沙山，一名神沙山，在山南七里，其山积沙为之。"敦煌遗书[①]中的有关记载更为详细。清代诗人苏履吉的《敦煌八景咏》中用"沙岭晴鸣"[②]描写鸣沙山的景致，后来的《敦煌县志》将鸣沙山誉为

---

① 敦煌遗书指敦煌5—11世纪的古写本及印本。西方探险家将大批文书珍品捆载而去，分布在世界各地的博物馆。从内容上可分为宗教典籍、官私文书、中国四部书、非汉文文书等类，是研究中古中国、中亚、东亚、南亚相关的历史学、考古学、宗教学、人类学、语言学、文学史、艺术史、科技史、历史地理学的重要研究资料。

② 沙岭晴鸣：沙州自古是名区，地似鸣传信不诬。雷送余音听袅袅，风生细响语喁喁。如山积满高千尺，映日晴烘彻六隅。巧夺天工赖人力，声来能使在斯须。

"敦煌八景"① 之一 "沙岭晴鸣"。

改革开放以后，在国家"大力发展国际旅游业"方针的指导下，甘肃省提出了"因势利导、突出重点、以敦煌为龙头、以兰州为中心，带动和促进全省旅游业的全面发展"的指导思想，多方筹资，用于开发新景点、修建和完善重点景区（点）的基础设施和配套设施。②鸣沙山—月牙泉景区得到了全面修缮、系统开发。

1990年12月，甘肃省委、省政府首次将旅游业列入甘肃省第八个国民经济和社会发展五年计划，提出"把旅游产业作为一个大产业来办"的战略思想。在此思想指导下，1991年5月，甘肃省计委会同省旅游局编制了《甘肃省旅游资源开发利用规划》，其中对鸣沙山—月牙泉景区做了明确的定位。1994年1月10日，甘肃省鸣沙山—月牙泉风景名胜区经国务院批准列入第三批国家级风景名胜区名单。由此，景区发展进入了一个新的阶段。

2008年8月6日，《鸣沙山月牙泉风景名胜区总体规划（2008—2025年）》通过了专家评审，依据规划，通过资源保护、游览观光、科研科普教育等方式，逐步提高鸣沙山—月牙泉风景区的品位和档次，积极申请世界自然遗产③。本次规划将鸣沙山—月牙泉风景名胜区定位为"以鸣沙山—月牙泉景观区域为主体范围、金字塔形风积地貌为主要景观资源特征的，代表敦煌自然景观特色并具有自然遗产价值的国家级风景名胜区"。远期将鸣沙山—月牙泉打造为国际化、世界级风景名胜区。

2010年5月，在鸣沙山—月牙泉风景名胜区山门前东侧建起了商业一条街，街区设计在建筑、空间、环境等方面都凸显了鸣沙山的文

---

① 其余七景为：两关遗迹、千佛灵岩、危峰东峙、党水北流、月泉晓彻、古城晚眺、绣壤春耕。

② 甘肃省发展和改革委员会编著：《甘肃省国土资源开发利用与保护研究》，甘肃人民出版社2005年版，第505—508页。

③ 《〈敦煌市城市总体规划（2008—2020年）〉、〈鸣沙山月牙泉风景名胜区总体规划（2008—2025年）〉评审会召开》，《城市规划通讯》2008年第16期。

化特色。在原有游客服务中心的基础上，不断丰富游客服务内涵，旅游资讯、导游服务、游客休息、临时接待功能得到强化，还为游客提供导览地图、旅游手册、明信片等旅游纪念品。旅游服务大众化功能日益加强。

2014年8月21日，住房城乡建设部下发了《住房城乡建设部关于鸣沙山—月牙泉风景名胜区重点区域详细规划的函》，正式批复敦煌市鸣沙山—月牙泉风景名胜区重点区域详细规划。景区在标准化和规范化方面取得了长足的进步，同时鸣沙山—月牙泉景区也向大众型观光旅游景区方向不断迈进。2015年7月下旬，鸣沙山—月牙泉景区晋升为国家5A级旅游景区；2018年4月13日，入围"神奇西北100景"。

目前，鸣沙山—月牙泉景区建设已经比较成熟，游客接待量也相对稳定，2010年游客接待量达到50万人次，2013年游客接待量突破100万人次，2017年游客接待量突破200万人次，景区进入发展成熟期。

（二）发展特征分析

第一，政府主导是此类沙漠旅游发展的重要特征。从鸣沙山—月牙泉景区的发展历程来看，从改革开放之后的规划修缮，到国家风景名胜区的申报，再到景区的长远规划，政府都在其中发挥着主导作用。这不仅是由景区的所有制性质决定的，也与中国旅游发展水平和市场化程度密切相关。

第二，文化属性是文化观光型沙漠旅游资源的核心属性。鸣沙山—月牙泉景区在从东汉至今漫长的历史长河中，多次通过文人墨客的作品出现在人们的视野中。为了突出这种历史文化氛围，景区内的建筑都采用仿古构造，如月泉阁、听雷轩、墨池云和山门等。

第三，此类沙漠资源必须与其他历史遗迹类旅游资源联合开发，形成旅游文化吸引合力。鸣沙山—月牙泉景区所在的敦煌市，既是中国历史文化名城，又是"丝绸之路"文化旅游线路上的一个重镇。除鸣沙山景区外，还有莫高窟、阳关、玉门关、白马塔、汉长城、榆林窟等一大批人文景观，这些景观与鸣沙山一同构成敦煌市的旅游形象，形成强大的历史文化旅游吸引力。

第四，在现有旅游评价体系中提升旅游品位，是此类旅游资源的未来发展方向。目前，鸣沙山—月牙泉景区拥有"国家风景名胜区""国家5A级景区"等桂冠，积极申报"世界自然遗产"、建成有国际影响力的风景名胜区，是其未来一段时间内的主要工作。

除鸣沙山—月牙泉景区外，阿斯塔纳—哈拉和卓古墓群、额济纳旗黑城遗址等都属于这类景区。

二 生态旅游主导型沙漠旅游地

自然保护区是保护、利用和改造自然及其生态系统和自然资源的战略基地，是保证生物资源持续开发，保存遗传多样性、物种及生态系统的必需条件。① 沙漠地区的生态环境十分脆弱，更容易受到滥垦乱伐、过度放牧等生产活动的影响，因此中国在沙漠区建立了很多不同类型的自然保护区。在沙漠旅游发展过程中，特别是在生态旅游理念的影响下，这些保护区成为沙漠旅游发展的重要目的地，并逐渐向综合型旅游目的地转型。宁夏沙坡头自然保护区就是其典型代表。

（一）旅游地发展历程

沙坡头自然保护区位于宁夏中卫市，腾格里沙漠东南缘，是中国北方干旱地区沙漠生态类型自然保护区的典型代表。1956年为保证包兰铁路在沙漠里不受风沙侵袭，中卫人民和治沙工作者一道创造了以麦草方格治沙为主的"五带一体"治沙体系。沙坡头也因此成为保护包兰铁路和"中卫绿洲"免受风沙侵害的生态屏障。通过草方格固沙、保障交通安全，为治理沙漠提供了成功的理论和实践经验，其成果举世瞩目。

为保护沙漠自然生态系统、特有的沙地野生动植物及其生存繁衍

---

① 金鉴明：《自然保护区概论》，中国环境科学出版社1991年版，第27—37页。

的环境，1984年宁夏回族自治区政府批准建立"沙坡头自然保护区"。1985年沙坡头景区成立，沙坡头旅游接待开始进入新的阶段。1992年因其治沙成果获得国家"科技进步特别奖"，1994年晋升为国家级自然保护区，并被联合国环境规划署命名为"全球环境保护500佳"。这是中国第一个沙漠生态自然保护区，区内既有天然的荒漠植被，又有人工营造的防风固沙林和地面防沙体系，著名的"草方格"也在其中。因在防风固沙方面的突出成就，保护区吸引大批国内外学者参观、考察，还吸引很多农林院校的学生来此实习。沙坡头先后成为中国生态系统研究网络站（CERN）、科技部国家野外科学观测重点站、联合国教科文组织人与生物圈研究点，以及国际沙漠化治理研究培训中心的培训基地，被誉为"沙漠科学城"。

改革开放以后，沙坡头自然保护区的旅游价值得到了挖掘和开发，形成了"大漠与长河共景，历史与现实穿梭"的美丽沙坡头景区。2000年沙坡头旅游区跨上新台阶，因"资源实体量很大，资源实体疏密度优良，资源实体完整，保持原来形态与结构；交通设施完善，进出便捷；各项游览基础设施齐全，功能完善；环境整洁，各项卫生公共基础设施齐全，布局合理；自然景观和文物古迹保护手段科学，措施先进，能有效预防自然和人为破坏，保持自然景观和文物古迹的真实性和完整性等"，被国家旅游局正式批准为4A级旅游景区。

2002年沙坡头旅游区成功举办了中国宁夏（沙坡头）大漠黄河国际旅游节；2003年举办中国宁夏沙坡头黄河漂流节，利用沙坡头旅游区特色，推出具有自己特色的品牌节庆活动，对宣传和提升景区形象起到了轰动效应。2004年被国家体育总局授予"全民健身二十个著名景观"，同年10月又被中央电视台评为"中国十大最好玩的地方"。2005年，沙坡头整合南北景区旅游资源，实行一票制，景区内也开始增加越野车、冲浪车、滑沙等游乐项目。2005年10月被《国家地理》杂志评为"中国最美丽的五大沙漠之一"；2006年3月被《环球游报》评为"中国最值得外国人去的50个地方之一"。

2007年沙坡头因自然景观独特、旅游资源垄断性强，由国家旅游局批准为首批5A级旅游景区，旅游接待量和旅游收入登上了一个新的台阶。沙坡头已经成为包括自然沙漠景观、天然沙生植被、治沙科研成果、野生动物、明代古长城、沙坡鸣钟等自然人文景观的旅游综合体。在2018中国西北旅游营销大会暨旅游装备展上，沙坡头入围"神奇西北100景"榜单；在2018中国黄河旅游大会上被评为"中国黄河50景"；同年，入选《中国国家旅游》2018年度最佳休闲旅游目的地。

2003年12月，经国务院批准，撤销中卫县，设立地级中卫市，下设沙坡头区。2016年8月19日，中卫市沙坡头区正式挂牌，标志着该区以市辖区行政建制模式独立运行。2019年9月20日首批国家全域旅游示范区名单正式公布，沙坡头区成功入围，与全国范围内71个区域同时入选。

2011年沙坡头的游客接待量突破了50万人次，旅游直接收入突破5000万元大关，国内综合收入达到12.16亿元，旅游业真正发展成当地经济的支柱产业。在旅游产业快速发展的同时，当地的生态环保功能也得到了强化。自然保护区管理局结合水鸟保护救护项目及野生动物疫源疫病监测工作，采取动物样线调查、红外相机拍摄及野外高清视频监控等多种监测方式，对保护区内6条野生动物监测样线、10余处湖泊湿地及5处野生动物人工饮水点进行了生态监测，及时掌握和发现保护区野生动物种群数量动态。截至2020年5月10日，通过对17台红外相机、5台高清云台摄像机的监测记录及回收数据进行分析，共发现68种陆生野生动物。其中，国家一级保护动物2种：金雕、黑鹳；国家二级保护动物11种，包括鹅喉羚、鹗、乌雕、白琵鹭等；其他动物55种，包括赤狐、环颈雉、苍鹭、白鹭等。旅游产业与环保事业相互促进，经济效益、社会效益、生态效益同步发展，沙坡头自然保护区探索了一条值得借鉴的道路。

（二）发展特征分析

第一，特有动植物或生态系统是此类沙漠地区旅游发展初期的核心吸引力。因此，除政府主导景区建设规划外，科研机构也在景区开发过程中发挥了重要的作用。沙坡头因其出色的治沙效果而闻名于世，联合国粮农组织、人与生物圈组织及美国、加拿大、日本等国际友人和专家常到此访问考察。20世纪90年代，这里还是中国农林及相关专业的重点实践教学基地。这些科学考察活动不但扩大了沙坡头的知名度，而且有力地促进了景区的基础设施和旅游服务设施建设。

第二，追求知识、增长见闻是此类沙漠景区旅游者的普遍动机。自然保护区除了其保护功能外，也肩负着教育功能。向旅游者介绍生态环保理念、宣传国家相关政策、展示环保成果等，都是其发挥环保教育功能的体现。因此，这类沙漠旅游景区都有相关的展览区（或动植物园）以加强其教育方面的功能，在旅游者构成方面，青年学生的比重会比其他沙漠景区大得多。

第三，生态旅游理念是此类沙漠景区开发过程中一直坚守的基本理念。旅游行为也会对环境产生一定的影响，如何在旅游发展的过程中尽量减少旅游的负面影响，是这类旅游景区管理者无法回避的问题。在严格控制旅游者活动范围的同时，还必须时刻将"环境保护"放在"旅游开发"之上，着力避免旅游开发带来的环境恶化。

第四，旅游客流季节性变动明显是此类沙漠景区无法克服的现象。动植物都有其正常的生长周期，中国的沙漠区主要位于北方各省份，这些地方四季气候特征明显，因此必然形成周期性的"适游季节"。沙坡头每年的5—10月为其旅游旺季，其余时间为淡季，淡旺季转化非常明显。尽管沙坡头也规划了很多淡季项目或通过门票价格来缓解这种客流季节性变动，但都收效甚微。

除沙坡头国家级自然保护区外，此类景区还有：额济纳胡杨林国家级自然保护区、罗布泊野骆驼国家级自然保护区、塔里木胡杨国家级自然保护区、乌拉特梭梭林—蒙古野驴国家级自然保护区、浑善达克沙地柏省级自然保护区、柴达木梭梭林省级自然保护区等。

三 主题公园主导型沙漠旅游地

主题公园是根据某个特定的主题，采用现代科学技术和多层次活动设置方式，集诸多娱乐活动、休闲要素和服务接待设施于一体的现代旅游目的地。它是旅游规划设计水平发展到一定阶段产生的人造旅游景区。以沙漠为规划主题，融合沙漠观光、休闲娱乐、生态示范、动植物观赏、治沙宣传等诸多功能于一体的综合性园区就是沙漠公园。武威沙漠公园是中国第一家沙漠主题公园，更是中国主题公园主导型沙漠旅游地的典型代表。

（一）旅游地发展历程

武威沙漠公园位于该市东沙窝（又称二十里大沙，属腾格里沙漠西南缘）南段的新滩地，距离城区19千米，为腾格里沙漠边缘，是中国第一座融大漠风光、草原风情、园林特色为一体的沙漠公园。公园建有占地近4000平方米的游泳池，还有跑马场、赛马场、沙浴场以及"大漠亭""陶心阁""鸳鸯亭""桃花亭"等游乐设施。园内沙丘起伏，百草丛生，有梭梭、桦木、红柳、沙米、蓬棵等沙生植物，是中国第一座大漠风光与沙漠绿洲相结合的游览乐园，经过多年建设和科学规划，其已成为一座集展示治沙成果、旅游健身、文化娱乐于一体的沙漠公园。

武威沙漠公园所在地原本是一片沙地荒野，1974年武威市财税局在沙漠公园的原址上办机关农场，开始在这片沙丘遍布的不毛之地上种树种草、开荒种地。经过几年的辛勤建设，到1980年，已种植各种树木17万株、各种沙生植物180万株，起到了防风固沙的作用。同年，经武威县人民政府批准，正式将机关农场改名为财税林场，并由财政安排资金植树造林、种草压沙、维护现有植被。至1986年，已植树80多万株，其中花果树2万多株；梭梭、花棒、红柳等沙生植物

460多万株，不少野生动物也随之栖息于此，大片沙丘已被改造成一片环境优美的绿地①。附近居民经常来此游玩。

环境改善后，财税局在财税林场的基础上建设了一座沙漠公园。1986年7月，在武威市政府的支持下，通过有关部门的充分论证，正式决定在此建一座沙漠公园。经过一年多的基本建设，沙漠公园于1987年7月1日正式建成并对外开放。这是中国第一座沙漠公园。而早在1986年，《中国农民报》就以"中国第一座沙漠公园"为标题进行了报道。沙漠公园建成后，平均每年接待游客5万人次，成为武威市的重要景点之一。

1995年6月，由武威市财政局立项、委托兰州大学地理科学系旅游规划课题组完成的《武威市沙漠公园旅游开发总体规划》，得到了以陈传康教授为主任委员的鉴定委员会的鉴定通过。这为武威沙漠公园的发展提供了科学的规划意见。园内功能区的划分、游乐项目的布局、游览线路的设计等，都按照规划进行了详细的调整，沙漠公园的建设提高到一个新的水平。

2007年武威沙漠公园被国家旅游局正式批准为4A级旅游景区，既成为武威市旅游的代表景区，也成为中国沙漠旅游的重要代表景点之一。目前，武威沙漠公园已成为集大漠风光、民俗风情、绿洲园林、休闲娱乐于一体的度假游览胜地，被誉为中国"沙海第一园"。

（二）发展特征分析

第一，依托沙漠主题，以人造景观为主要旅游吸引物。从武威沙漠旅游公园的发展进程来看，园内的建筑、树木、花草都是人工种植的，自然景致和历史遗存几乎没有。因此，这种沙漠旅游发展模式对景区设计规划的要求会比较高，如不能准确把握市场动向，则失败的可能性较大。

---

① 兰州大学地理科学系旅游规划课题组、甘肃武威市财政局编写：《武威市沙漠公园旅游开发总体规划》，1995年，第13—16页。

第二，景区建设过程中需要大量的资金投入，占地面积大。武威沙漠公园占地面积达 800 万平方米，其中各类沙生植物不计其数，绿化面积达 80%，在这么大片的沙地上种植这些植物，就需要大量的资金投入，加上区内的各种游憩娱乐设施，其投资规模可能是天文数字。1995 年编制的《武威市沙漠公园旅游开发总体规划》认为累计所需资金高达 727.5 万元[1]。这还是在沙漠公园已经初具规模的基础上、一些项目无须多少投资就可以完成的情况下对建设资金的预算。

第三，突出娱乐休闲属性。从功能分区上看，武威沙漠公园分为：游泳沙浴区、沙生植物园、成人游乐区（跑马场、滑沙场、射箭场等）、儿童游乐区、生态采摘区、沙漠游乐区（骑骆驼、沙地摩托车等）、蔬菜供应基地、农业生产基地、景区综合服务区（纪念品商店、导服中心、停车场等）。从其分区不难发现，娱乐休闲是主题公园的重要属性，这与强调历史遗迹保护的鸣沙山、强调生态科普教育的沙坡头，有着强烈的反差。

第四，沙漠公园的选址必须依托人口稠密的城市。这既是出于主要客源的考虑，也是因为景区在运营的时候需要大量的基础设施投入，如水、电、交通、通信等。如果距离城市太远，主题公园的运营成本就会很高，最终导致景区亏损。一旦出现亏损，又无新资金注入，景区无法上马新项目，游客量就会减少，景区经营就会陷入死循环。这与生态旅游主导型的沙漠旅游地差别最为明显。

除武威沙漠公园外，临泽沙漠公园、张掖沙漠体育公园、克拉玛依驼铃梦坡沙漠公园、鄯善库木塔格沙漠公园也都属此种模式[2]。

---

[1] 1995 年中国全年全社会完成固定资产投资 19445 亿元，2012 年中国全年全社会固定资产投资已达 374676 亿元，接近 1995 年的 20 倍。

[2] 2016 年 8 月国家林业局发布了《国家沙漠公园发展规划（2016—2025 年）》，在此文件附表 4 中，公布了已建成的 55 个沙漠公园名称。这里的"沙漠公园"实质上是"以沙漠景观为主体，以保护荒漠生态系统、合理利用沙漠资源为目的，在促进防沙治沙和维护生态功能的基础上，开展公众游憩休闲或进行科学、文化、宣传和教育活动的特定区域"。与本部分探讨的沙漠主题公园模式，在概念上并不相同。

四 科考旅游主导型沙漠旅游地

沙漠原本就是探险家的乐园,沙漠中消失的古城、沙漠下埋葬的陵寝、沙漠中的宝藏,一直令探险家们心驰神往,早期的沙漠考察就是由这些探险家完成的。时至今日,沙漠里面也有很多未解的科学之谜,不同形状的沙丘、沙链、沙垄以及沙波纹等对于研究沙漠的学者有着独特的吸引力,因此,沙漠生态考察游也成为一项增长知识、开展科学研究的旅游项目。巴丹吉林沙漠景区就是此类沙漠旅游地的典型代表。

(一) 旅游地开发历程

巴丹吉林沙漠景区位于内蒙古自治区阿拉善右旗,位于巴丹吉林沙漠的东南部。巴丹吉林沙漠素以"奇峰、鸣沙、湖泊、神泉、寺庙"五绝享誉世界。巴丹吉林拥有世界最大的响沙区,是一个令人神往的世界级景观,也是阿拉善盟的王牌旅游景点。

巴丹吉林沙漠中高大的沙山、神秘的湖泊,吸引着各国沙漠爱好者。改革开放以后,美国、法国、日本等国及国内的沙漠科研工作者、沙漠旅游爱好者纷至沓来,进行相关的科学考察、考古挖掘、科考探险等各类旅游活动。巴丹吉林沙漠的名字随着初期旅游者的考察游记、沙漠风光图片以及出版的学术论文的传播,蜚声海内外,引来更多的探险型旅游者的到来。自1984年以来,先后有法国、日本、美国、奥地利、新加坡等国家及国内许多专家学者前来考察。1993年,中德联合考察队对巴丹吉林沙漠进行了综合考察,获得了大量有价值的资料,发现了鸵鸟蛋和恐龙化石,在沙漠腹地的湖泊周围还发现了大量的新石器和旧石器,经考古分析,这里在3000—5000年前就有人类活动的遗迹。1996年德国探险旅行家包曼出版了《巴丹吉林沙漠》一书,轰动了欧洲探险界。但这一时期,巴丹吉林沙漠周边还没有商业性的旅游接待机构,这些探险者只能租用沙漠区牧民的房子和骆驼来解决基本的住宿和运输问题。这些牧民也就成了最早的旅游接待服务人员。

1994年中国科学院成立科学国际旅行社，巴丹吉林沙漠科学考察就是其主推的科考旅游线路之一。1998年3月在美国召开的国际探险旅游博览会上中国唯一推出的项目就是巴丹吉林沙漠旅游线路，引起外国旅游部门极大的关注。旅游者的增多使沙漠区的牧民逐渐转变为职业的旅游接待，他们无须放牧，只要为前来探险、考察的旅游者们提供必要的向导、交通、住宿等服务，就可以满足生活所需。牧民的生活习惯也随着旅游者的到来而改变，一些"前卫"的牧民直接开起了家庭旅馆，进行旅游接待。20世纪90年代中期以后，当地政府和旅游局为了规范当地的旅游市场、巩固巴丹吉林的旅游形象，开始陆续给一些信誉和质量较好的牧民办理"牧家游资格证"。巴丹吉林沙漠旅游接待开始迈向正规化、专业化。

进入21世纪后，阿拉善右旗开始重视旅游产业的发展，出台了一系列促进旅游产业发展的文件，如《关于加快阿拉善右旗旅游业发展的意见》《阿拉善右旗牧家游管理办法》等。多方筹集资金进行沙漠旅游基础设施建设，并积极参加各种旅游交易会，宣传巴丹吉林旅游；还与周边区县积极合作，展开资源整合营销；聘请专业机构编制旅游发展规划。这一系列措施使巴丹吉林沙漠旅游进入高速发展时期[①]。

从2005年开始，阿拉善右旗每年举办一届巴丹吉林沙漠文化旅游节，这是一个以观光旅游、招商引资、交流协作、宣传弘扬民族文化为主题的地区性盛会。2005年，巴丹吉林沙漠所在的阿拉善沙漠国家地质公园，申报成为全国唯一的国家级沙漠地质公园。2005年10月巴丹吉林沙漠还被《国家地理》杂志评为"中国最美丽的五大沙漠之一"。2005年10月，阿拉善右旗第一家旅行社——巴丹吉林沙漠珠峰旅行社注册成立。2006年《巴丹吉林沙漠旅游区总体规划》获得通过，沙漠景区的规划更加科学合理。2009年，通过联合国教科文组织

---

① 阿拉善右旗旅游外事局编：《阿拉善右旗旅游业发展情况报告》（2004—2005）。

世界地质公园网络执行局评审被正式公布为世界地质公园。巴丹吉林还入选了"中国50个最值得外国人去的地方"和"中国30个最值得探险的地方"。2020年，巴丹吉林沙漠—沙山湖泊群项目作为中国唯一申遗项目，被列入世界自然遗产预备名录。

2010年，阿拉善右旗巴丹吉林沙漠景区接待游客18.5万人次，旅游综合收入1.12亿元；到了2019年，阿拉善右旗巴丹吉林沙漠景区游客接待量超过了200万人次，旅游综合收入达到21.9亿元[①]，旅游经济展示出强大的发展潜力。

（二）发展特征分析

第一，游客主导是科考旅游主导型沙漠旅游地的主要特征。参加科考探险的旅游者一般都具有明确的旅游动机，他们对旅游舒适度并不是非常在意，相对原始的旅游环境对他们会更有吸引力。巴丹吉林沙漠在没有任何旅游接待设施和任何旅游服务机构的条件下，就开始接待旅游者；在旅游接待的过程中，逐渐规范旅游市场、建设旅游设施，这种发展顺序与其他类型的沙漠旅游地形成鲜明的反差。

第二，此类沙漠旅游地的沙漠区必须具备极高的科考价值。虽然科研人员对巴丹吉林沙漠进行了长期的定位观测和实地考察，但沙漠里仍有很多科学问题至今没有达成学术共识，如沙漠中高大沙山的形成机理、沙漠中湖泊的形成原因及水源补给方式、沙漠中的鸣沙现象的成因等。对这些科学问题的探索，会吸引一批批的科研人员前往探查。

第三，此类沙漠旅游地的沙漠区还必须具有极高的审美价值。巴丹吉林沙漠没有像鸣沙山那样经常出现在古代文人的作品中，也没有像塔克拉玛干沙漠那样有着广袤的面积，也没有像古尔班通古特沙漠那样充满着绿洲，更没有像沙坡头那样取得举世瞩目的治沙效果。但是，在2005年《国家地理》杂志评选的"中国最美丽的五大沙漠"里，巴丹吉林沙漠腹地位列第一，原因就是其凭借极高的审美价值征

---

① 《阿拉善右旗旅游局统计年报》。

服了苛刻的评委。

第四，此类沙漠旅游地的旅游接待能力有限，较高的旅行费用使其不容易成为大众型旅游景点。以阿拉善右旗为例，其基础设施非常落后，区内只有普通公路与外界相连，没有机场、高速和铁路，这就使其交通的通达性受到了很大的限制。旅游者除徒步进入沙漠外，大多选择沙漠越野车进入沙漠腹地，平均租车费用每人1000元，旺季还会更贵。交通和价格是其向大众型景点转化的主要障碍。

除巴丹吉林沙漠外，塔克拉玛干沙漠也开发了很多科考探险旅游线路，比较有代表性的是以于田或墨玉为起点（或终点），阿克苏为终点（或起点）的两条线路。

五 沙区企业主导型沙漠旅游地

沙漠地区自然条件恶劣，发展沙区经济难度较大。但是，随着沙产业理论在一些沙漠区的成功实践，沙漠腹地的绿洲面积及人口聚集度也在逐渐增加。在这种背景下，为了寻求差异化定位，很多沙漠旅游区开始以休闲度假、商务活动作为其旅游发展的核心定位。这是之前的沙漠旅游发展中没有的新特征，其中以库布齐沙漠中的七星湖沙漠生态旅游区最为典型。

（一）旅游地开发历程

七星湖沙漠生态旅游区位于鄂尔多斯市杭锦旗境内的库布齐沙漠腹地，是由亿利资源集团投资兴建的一个以沙漠生态建设为主题、以沙漠资源和沙漠湖泊为依托、以沙漠生态旅游为亮点的度假型沙漠旅游区。

库布齐沙漠总面积1.86万平方千米。30年来，亿利资源集团按照"锁住四周，渗透腹部，以路划区，分而治之，技术支撑，产业拉动"的防沙用沙技术和"路、电、水、讯、网、绿"六位一体的治沙方针，实施了三大治沙工程，绿化库布齐沙漠5000多平方千米，控制沙化面积10000多平方千米。一是以"修路绿化"的方式，绿化沙漠2000多平方千米。修筑了5条全长近500千米的穿沙公路，在路的两侧大规模种植了沙柳、甘草等经济作物林。二是以"建设防沙锁边林工程"的方式，绿化沙漠1000多平方千米。在沙漠的周边建设了一道全长242千米防沙锁边林带，用绿色屏障牢牢锁住沙漠。三是以"建设沙漠腹部生态修复工程"的方式，绿化沙漠2000多平方千米。通过生态移民、生态自然恢复，结合飞机飞播和机械化植树，特别是通过新技术植树等措施，大大提高了沙漠植树绿化效率。

亿利资源集团在治理沙漠完成巨大社会责任的同时也取得了一定的经济回报，逐渐从治沙中尝到了甜头，开始主动治沙，取得了显著的生态效益、经济效益和社会效益，使库布齐沙漠变成了一个集治沙、绿化、种植、加工、旅游于一体的循环产业基地。[①] 亿利资源集团依托沙漠自然景观和30年创造的绿色空间，发展了沙漠旅游产业。特别是在库布齐大漠腹地建成了别具特色的库布齐沙漠七星湖酒店、沙漠博物馆和拥有全球500多种濒危沙生植物的世界沙生植物博览园。

七星湖景区于2002年5月开始建设，2005年7月28日正式对外开放，目前已完成三期工程建设，累计投资2亿多元，建成了2000平方米的餐饮中心、450平方米的接待大厅，以及篮球场、网球场等娱乐休闲场所。2003年8月，七星湖沙漠生态旅游区成功举办了"中国企业家沙漠生态之旅"活动；2005年被评为国家AAA级景区。2006年，为了打造"沙漠无人区"，实现沙漠生态的自然修复，亿利资源集团投资2000多万元对景区周围4万公顷沙海中的36户牧民进行了整体搬迁，新建了牧民新村。2007年8月，库布齐国际沙漠论坛在这里召开，包括联合国环境发展总署等4个组织、13个国家的驻华使节参加了这次论坛，七星湖景区还被确定为永久会址[②]。

[①] 崔琰：《库布齐沙漠土地荒漠化动态变化与旅游开发研究》，博士学位论文，中国科学院研究生院（教育部水土保持与生态环境研究中心），2010年。
[②] 《亿利资源集团企业文化宣传手册》。

对亿利资源集团的产业发展经验,中国工程院专家进行了专题调研并给予充分肯定,并将其发展经验总结为"生态治理产业化,产业推进生态化"。2013年国家林业局批准亿利资源集团库布齐沙漠治理区成为荒漠化防治国际技术交流与培训示范基地。库布齐七星湖沙漠生态旅游区曾先后获"国家AAAA级旅游风景区""全国首批低碳生态旅游示范景区""国家水利风景区""国家沙漠旅游实验基地""国家地质公园""中国沙漠(七星湖)汽车越野训练基地"等殊荣。作为距离北京最近的沙漠旅游景区,库布齐七星湖景区的年游客接待量已经突破200万人次,旅游综合效益可观,更为重要的是其探索了一条"以沙漠环境治理促进沙漠旅游产业发展,再用旅游发展提升沙漠治理效果"的新型旅游发展模式。

(二)发展特征分析

第一,企业导向是此类沙漠旅游地的主要特征。中国沙漠治理主要依靠政府投入,这种治沙模式不能将社会各个元素的治沙积极性调动起来。在市场经济条件下,政府鼓励企业参与沙漠区的生态建设,当企业治沙行为取得良好的经济效益后,就会进一步参与沙漠区的生态建设。这种良性循环,既能保证沙漠治理活动的持续性,又能提高地方的经济发展水平,是一种非常值得推广的沙区发展模式。

第二,此类沙漠旅游地形成的投入期较长,投资风险较大。先改善环境、再发展旅游、再收回投资,这个过程是缓慢的。加之旅游产业的脆弱性,容易受到疾病、旅游风尚、经济发展等因素的影响,使市场回报的预期计算非常困难。因此,此类沙漠旅游地必须要有其他非旅游产业的助力才行,亿利资源集团的主营业务是煤炭、清洁能源、新材料、小城镇建设,天然药业和旅游产业所占比重不大,如没有传统行业的支持,此沙漠旅游地也很难发展起来。

第三,此类沙漠旅游景区接待的游客主要是以政务视察、商务访问、科研考察、生态会议等形式。这类旅游者对产品价格不敏感,而且有较强的环保意识,个人素质较高,以高端旅游者为主。这就需要在设计旅游产品的时候,更多地强调旅游产品的舒适度、文化品位和环保理念。产品功能更加突出生态成果展示和企业责任,为商务洽谈搭建平台,所以这类景区的客源市场不会有太大的变化,也不能用传统的"游客接待量""旅游收入"等指标对其进行评价。

第四,虽然此类沙漠景区的建设主要依靠企业投资,但是还需要当地政府给予必要的政策支持。亿利资源集团成立20多年来,正是在内蒙古自治区一系列生态建设和沙漠产业扶持政策强有力的支持下,才能坚守大漠、绿化沙漠,为中国北方构筑了一道绿色屏障。企业发展方式可以概括为"政府政策性支持、企业产业化投资、农牧民市场化参与的经济可持续发展模式"。因此,一系列高端会议都选择在这里进行,如2012年9月4日联合国环境规划署(UNEP)就在这里发布了《全球环境发展报告5》。这些高端会议,极大地提高了库布齐沙漠旅游的知名度和美誉度。

第四节　沙漠旅游地初期发展特征评述

通过对中国五种典型沙漠旅游地发展历程的陈述,可以将其发展初期的特征总结为表3-4。

表3-4　　　　　　　中国典型沙漠旅游地发展初期特征

主导类型	代表景区	产品类型	发起主导方	依托资源	初期旅游者
文化型	鸣沙山月牙泉	观光旅游	当地政府	历史遗迹	观光客
生态型	沙坡头	生态旅游	环保机构	自然保护区	科研人员
主题型	武威沙漠公园	游憩场所	利益单位	主题公园	附近居民
科考型	巴丹吉林	探险旅游	探险旅游者	自然湖泊	探险者
企业型	库布齐七星湖	度假旅游	沙区企业	沙区经济	商务客人

通过表3-4我们可以发现,在各典型沙漠旅游地发展初期其个性特征非常明显。从产品类型上看,包括观光旅游、生态旅游、游憩场

所、探险旅游、度假旅游等，这一方面说明中国沙漠旅游地的可塑性很强，与不同旅游资源搭配，可以产生不同的旅游类型；另一方面说明在沙漠旅游初期，中国还没有一个完整的沙漠旅游规划发展模式，对其开发只能参考其他类型旅游发展的经验。

中国沙漠旅游地在发展初期的旅游建设主导方也是比较复杂的，这与中国大多数旅游项目由政府主导有很大差别。这说明沙漠旅游在发展初期的社会、经济、生态效益并没有被广泛认可，沙漠旅游景区的形成与发展带有一定的偶然性，并非通过"旅游规划"设计出来。因此，沙漠旅游兴起的原因很值得深入研究。

从依托资源上看，历史遗迹、自然保护区、主题公园、自然湖泊、沙区经济等都是沙漠的联合旅游开发因素。这说明沙漠作为一种特殊的地貌类型，虽然其对旅游者有很强的吸引力，但对其进行开发时，必须与其他资源进行联合开发，仅靠单纯的沙漠资源，无法形成独立的旅游产品。这也是在研究过程当中很难给沙漠旅游一个明确的定义的原因。一方面，沙漠作为一种核心吸引物出现，本身对旅游者具有很强的吸引力；另一方面，沙漠又与其他旅游资源紧密结合，成为其他旅游资源的一种客观条件和环境。从旅游资源的角度讲，很难将沙漠和其他旅游资源做明确的分割。这种现象与草原旅游、冰雪旅游、海滨旅游等旅游类型具有相似的特征，传统的旅游规划理论必须进行理论层面的创新，才能适应未来旅游市场的新需求，这也为以后的沙漠旅游项目规划提供了宝贵的经验。

从初期到访的旅游者看，不同类型的沙漠景区吸引的旅游者也有很大差别，这与当地的沙漠旅游类型和依托资源有着密切的关系。中国旅游客源市场广阔、类型多样、消费水平差异巨大，因此，各沙漠旅游景区初期旅游消费者具有很大的差异性。一方面，这些消费者是由其他类型旅游产品的消费者转化过来的，例如科普型的沙漠旅游景区的消费者，主要是由有科普需求的学生群体从其他科普类型的旅游活动项目转化而来；另一方面，随着社会经济的发展，人们也会产生很多新的旅游需求，需要在现实的资源当中寻找满足新需求的旅游产品。这会使很多原来没有被纳入旅游的自然和人文事物，被当作旅游资源而进行系统性的开发。所以，旅游地初期旅游者与资源的性质和旅游产品类型关联性较大，也最能体现出旅游资源的特点。但随着旅游地的发展，各沙漠区都希望通过旅游产业带动当地经济发展水平，为了获取更多的客源，必然将目标市场定位在"大众旅游者"上，旅游地景区建设也必然会随之改变，这对旅游地前期的各种发展特征都会起到弱化作用。

第四章 沙漠旅游兴起与发展模式

沙漠给人的印象大多是荒凉、寂寞，甚至是死亡，因此在传统的旅游观念中，很难将苍凉的沙漠作为旅游目的地。但是，自然界中的沙漠里并不像人们印象中的那样沉寂，沙漠里也有水、植物、动物，也有世代生活的居民。随着旅游者的大量涌入，沙漠也逐渐被揭开其神秘的面纱。目前，中国共有各类沙漠旅游景区69个，本章重点观测的"沙坡头景区、巴丹吉林景区、鸣沙山月牙泉景区、武威沙漠公园、库布齐七星湖景区"五大景区2019年共接待游客超过800万人次，取得了丰厚的经济效益和社会效益。沙漠旅游已经成为中国北方特种旅游的重要类型之一，并且展现出强劲的发展势头。

第一节 沙漠旅游兴起的原因

一 经济发展促进沙漠旅游地兴起

旅游业第三产业的属性，说明了其必定是在社会经济发展到一定阶段后产生的。无论是托马斯库克的旅游业探索，还是中国近代陈光甫的旅游实践，无论是第二次世界大战之后全世界范围内的旅游产业大发展，还是20世纪90年代后中国旅游业的高速增长，无数的旅游产业发展事实都说明了这一点。因此，在探讨中国沙漠旅游兴起的原因时，经济发展是最重要的因素之一。这里所说的经济发展既包括改革开放以后中国经济40多年的持续增长，也包括2000年以后中国开始实行的西部大开发战略。可以说，经济发展为沙漠旅游地提供了客源积累、旅游可能以及物质基础。

（一）客源积累在经济发展过程中完成

旅游者是旅游活动的主体，对旅游活动具有主导性的作用和影响。中国沙漠主要分布在西北干旱地区，大多远离城市、交通不便，旅游时间成本和旅游经济成本都比较高。以从北京出游为例，4月份"青海甘肃：青海湖/塔尔寺/嘉峪关/莫高窟/鸣沙山月牙泉6日游"的包价为5630元，而同时间且距离相当的"福建：氧吧武夷山/悠闲鼓浪屿/神秘土楼8日游"的包价仅为2730元，价格不到西北游的一半[1]。可见，西北地区旅游产品价格还是比较高的。

改革开放以后，中国经济高速发展，国内生产总值和居民收入、居民消费等指标连创新高。2019年国内生产总值1015986亿元，是2000年（89404亿元）的11.36倍；2020年全国居民人均可支配收入为32189元，比2010年翻一番。[2] 在国民财富不断增加、经济总量高速增长的背景下，在中国特别是人口密集的城市，出现了一批"有钱有闲"的旅游潜在消费者。随着他们旅游活动的开展，其旅游意识也日趋成熟，沙漠开始慢慢进入这些旅游者的视野，并最终成为他们的旅游目的地。所以说，经济的持续发展为沙漠旅游地完成了客源的积累。

（二）旅游产业在经济发展过程中完善

旅游产业是旅游活动的介体，它是连接"旅游者——旅游主体"和"旅游资源——旅游客体"的纽带。关于旅游产业的构成有"三大支柱"和"五大部门"两种说法，"三大支柱"是指旅行社、酒店和旅游交通，"五大部门"是除上面三个外，再加上旅游景区和旅游组织。

---

[1] 中国青年旅行社2018年3月团队报价。
[2] 中华人民共和国国家统计局年度统计公报。

在产业划分中，中国将旅游产业划归为第三产业。新中国成立后，中国于 1949 年 11 月在厦门成立了新中国第一家旅行社——华侨服务社，1957 年更名为华侨旅行服务社，1974 年再更名为中国旅行社。中国旅行社与 1954 年成立的中国国际旅行社和 1980 年成立的中国青年旅行社为中国三大旅行社，承揽了新中国成立后至改革开放初期中国几乎全部的来华商务旅游者。

虽然新中国成立旅行社的时间较早，但在改革开放之前，其政治接待功能远远大于商业服务功能。1954 年中国国际旅行社在成立之时，在全国 12 个城市建立了分社，包括北京、上海、广州、天津、南京、汉口、沈阳、重庆、大连、西安、丹东、南宁。但在沙漠旅游资源丰富的新疆、内蒙古、甘肃、宁夏没有建立国旅分社。可以说，中国沙漠地区在旅游产业布局方面就有些"先天不足"。

随着经济的发展，沙漠地区的旅游产业类型也日趋完善。巴丹吉林沙漠边缘的阿拉善右旗是内蒙古自治区西部的贫困旗[①]。2005 年 10 月阿拉善右旗巴丹吉林沙漠珠峰旅行社注册成立，这是阿拉善右旗旅游发展史上第一家国内旅行社，实现了阿拉善右旗历史上旅游专营实体零的突破；2000 年阿拉善右旗仅有 1 家招待所可以接待外来旅游者，目前，阿拉善右旗已有旅游接待用宾馆、酒店（含招待所）23 家，此外每年还有接近 500 万元的资金投入这个内蒙古西部小城的旅游产业（不含旅游交通等基础设施建设）。库布齐沙漠腹地的七星湖沙漠生态旅游区南区现有 21 栋别墅和由 14 栋高档蒙古包组成的蒙古风情园，度假别墅与住宿设施共有 400 床位；拥有同声传译国际会议中心、贵宾会见厅、展厅及大小 6 个会议室共 2000 平方米的会议中心，以及具备同时接待 600 人用餐的 2000 平方米的餐饮接待中心；篮球场、网球场等娱乐休闲场所也一应俱全。正是因为经济的高速发展，才会有如此多的资金投入沙漠区的旅游产业，沙漠区的旅游产业也在

---

① 2018 年，阿拉善右旗摘掉了自治区级贫困旗的帽子，正常脱贫 2377 户。

这样的背景下不断成熟、完善。

(三) 旅游资源在经济发展过程中被开发

旅游资源是旅游活动的客体，它构成了对旅游者的核心吸引力，对旅游资源的游览是旅游活动的核心。但是由于沙漠特殊的地理特征，对沙漠旅游资源的开发难度很大。一方面，沙漠地区基础设施薄弱、自然条件恶劣、降水量较小；另一方面，沙漠地区生态系统脆弱、自我修复能力较差。这些条件使沙漠旅游资源的开发不仅需要更为专业的科学规划，还需要比常规旅游项目开发更多的资金投入。

经济发展为沙漠旅游资源开发提供了必要的资金支持。亿利资源集团依托沙漠自然景观和20多年创造的绿色空间，发展了沙漠旅游产业。2010年亿利资源集团与当地政府合作投资6亿元建设库布齐沙漠七星酒店，充分利用三网合一、五能互联技术，打造成全国第一家沙漠低碳的超五星级酒店。除七星湖酒店外，还建设了沙漠博物馆和拥有全球500多种濒危沙生植物的世界沙生植物博览园。如果没有经济的高速发展为亿利资源集团带来的高增长、高收益，很难想象该公司会有如此大量的资金注入沙漠旅游的开发项目。

除此以外，沙漠地区的基础设施建设，如水、电、通信、交通设施等，也需要大量的资金投入。经济的发展使政府有能力对这些公共产品进行投资，这些基础设施的建设也大幅度提高了当地居民的生活水平。

二 沙产业理论促进沙漠旅游地发展

(一) 沙产业理论的提出

1984年5月，钱学森在中国农业科学院作学术报告时提出了"沙产业"的概念；他在1984年第五期《农业现代化研究》上发表的题为"创建农业型的知识密集产业——农业、林业、草业、海业和沙业"的论文，详细探讨了"沙产业"的理论构想。这标志着"沙产业"一词正式诞生。钱学森认为：沙产业是一种农业型的知识密集产业，包括农业、林业、草业、海业和沙业，其基本特征就是利用植物将太阳光的能量转化进行使用。

1991年3月全国沙产业研讨会上，钱学森又一次对沙产业进行了细致的分析，"假使我们运用全部的现代科学技术，包括物理、化学、生物学这样的基础科学，能不能让这16亿亩的沙漠戈壁每年也提供几千亿元的产值呢？"1994年9月钱学森在会见沙产业研讨会代表时，又提出"沙漠戈壁不是完全不毛之地，关键在于我们经营，用科学技术来经营管理"，"沙漠要充分发挥它的作用，那就靠沙产业了"。

（二）沙产业概念的界定

在钱学森提出沙产业的概念以后，专家学者围绕沙产业的概念内涵展开了广泛的讨论。基本可以概括为两种观点：第一种观点认为，沙产业就是高科技农业。如赵兴华就认为：沙产业主要是运用高新技术发展起来的知识密集型的农业体系，是在沙漠干旱地区利用现代科学技术，充分利用阳光优势，实行节水、节能、节肥、高效的大农业型的产业[①]。第二种观点认为，沙产业就是沙区产业。除了以高科技为支撑点的农业体系外，沙产业还应包括以此为基础而发展起来的其他产业（包括观光农业、沙漠旅游、防护林、沙生植物加工利用，以及通过农产品深加工发展起来的沙区产业）。两种观点的差别就在于，前者更加重视沙产业的产业类型，认为农业是沙产业的唯一产业类型；后者更加重视沙产业的区域，认为只要促进沙区经济发展的产业都应属于沙产业。为了区分这两种观点，学术界目前习惯把前者称为狭义沙产业，把后者称为广义沙产业。

笔者认为，沙产业应该就是沙区产业。首先，在20世纪90年代钱学森就曾说过"直到1988年，我才陆续从报刊上读到我国科技工作者在治沙、防沙、制止沙化上是有丰功伟绩的，做了大量工作，而且

[①] 赵兴华：《诠释沙产业》，《中国林业产业》2005年第6期。

取得很大成绩，这时我才认识到，我从前讲沙产业还不够全面，还有另外一个事业，即在沙漠、戈壁的边缘地区治沙、防沙、制止沙化，这也是沙产业的一部分"。① 这说明，钱学森同志提出沙产业的初衷就是在沙漠地区进行的有利于人类生产生活的产业。其次，沙产业理论源于生产实践，也要为生产实践服务，那么它也必将随着生产实践的深入而不断创新，而创新的方向就是更有利于发展生产和指导生产。最后，从沙产业的基本构想来看，沙产业就是要用"系统思想、整体观念、科技成果、产业链条、市场运作、文化对接"来经营管理沙漠资源，实现"沙漠增绿、农牧民增收、企业增效"良性循环的新型产业。所以，只要是有利于这一构想的产业类型，都应纳入沙产业的范畴。

基于以上分析，可以认为，沙产业应该包含四大产业类型：第一类是以能源开发为主的产业，如利用沙区的阳光资源、风资源等清洁能源来发电等；第二类是以高科技为依托的现代化农业；第三类是以沙漠农牧产品或沙物质为原材料的沙区加工业；第四类是以沙漠风光、沙漠文化为依托的沙漠旅游文化产业。

（三）沙产业理论对沙漠旅游地兴起的影响

沙产业理论的提出及丰富、发展，对沙漠旅游兴起有着重要的影响。第一，沙产业理论坚定了向沙漠要效益的决心，沙漠是可以提高沙区人民生活水平的资源，在一定条件下当然也可以转化为旅游资源；第二，沙产业理论指导沙区农业和能源行业的发展方向，提高沙区农业产量和能源产能，进而提高沙区在旅游接待过程中的产品自给能力；第三，沙产业理论实践的成功，促进了沙区小城镇的建设，人口聚集不仅可以提高旅游接待能力，还可以为旅游产业提供必要的旅游服务人员；第四，沙产业中以农牧产品为原材料的深加工业的产品可以作为旅游纪念品，如沙区中药材、驼毛制品等；第五，沙产业的发展增

---

① 《钱学森：发展沙产业大有可为》，http：//xh.imast.org.cn/scyccy/qxsls/201907/t20190704_172531.html。

加了沙漠地区的综合收入，使沙漠地区有资金可以进行旅游服务设施的建设，如建立沙漠植物园、沙漠度假酒店等，也可以将治理沙漠的历史建成一个纪念馆（博物馆）供游客参观；第六，沙产业的实践会吸引科研机构、政府、环保组织、新闻媒体等的关注，这无形中提高了所在沙漠区的社会知名度，这本身就是一种很好的旅游宣传。所以说，沙产业理论为沙漠旅游的兴起提供了理论方面的支持、实践方面的保障。

经过几代沙漠科研人员的努力，在库布齐沙漠腹地的沙产业实践已经初具成效。据联合国环境署以库布齐治沙为案例发表的全球第一份生态财富报告，亿利资源集团库布齐治沙共计修复绿化沙漠900多万亩，固碳1540万吨，涵养水源243.76亿立方米，释放氧气1830万吨，带动当地民众脱贫超过10万人[1]。在沙漠治理、沙漠中药材开发、清洁能源、沙漠旅游等方面都取得了突破性的进展，成为中国发展沙漠旅游的重要地区之一。

三　后现代主义思潮的影响

经济发展与沙产业理论等都是沙漠旅游兴起的重要推动力之一，但它们更多的只是为沙漠旅游的兴起提供了必要的旅游可能性，而旅游者的旅游需求，才是沙漠旅游兴起的根本原因。后现代主义思潮对旅游消费习惯的影响，才是真正导致旅游者不断涌向沙漠旅游景区的原因。

（一）后现代主义的基本含义

"后现代主义"一直是人文社会科学研究的热点问题之一，追其源头，应该是弗德里柯·德·奥尼斯（Federico De Onis）在1934年出版的《1882—1923年西班牙、拉美诗选》，作者用来描述现代主义内

---

[1]　王文彪：《植树治沙，建设美丽世界》，《人民日报》2020年10月20日第5版。

部发生的"逆动"。20世纪80年代以后,人类社会开始向后工业时代迈进,信息改变着人们生活,也预示着一个新的时代的到来。在这样的背景下,各种社会问题集中爆发:人口膨胀、贫富分化、经济衰退、自然灾害,甚至还包括核战争的威胁,这些问题时刻困扰着人们的生活,也促成了人们对"现代"发展的反思。后现代在世界范围内逐渐成为一种哲学思潮。可以说,"现代主义"孕育了"后现代主义"。对"现代性"的反思、批判,进而不断超越,是"后现代"的根本特征和理论来源,这也是其一直无法建立完整的理论体系的根本原因。"反思"和"批判"本身具有不确定性、偶然性、不可设定性的思维特征,所以,我们很难为"后现代主义"下一个清晰的定义。但其核心理念可以概括为以下几点:第一,反对理性。后现代主义认为,以理性和逻辑建立起来的规则具有先验性和绝对性,会抑制个人情感的释放,进而影响人类想象力和创造力的发挥。第二,反对同一性、整体性。如果一切按理性模式运行,那么必将出现同一的结果,这必将压制多元化和个性化。第三,反对中心主义。人类不可能也不应该是自然的核心,世间万物自有其内在的价值,应该在尊重自然的前提下,重构人类的生活风格。这些后现代主义的思想,不仅影响到了人们对生活和社会的认识,更改变了饱受"现代之苦"的传统旅游习惯。

(二)后现代主义对传统旅游经营模式的影响

所谓"传统旅游经营模式",是指受工业化大生产影响而产生的"近代旅游业基本范式"。1841年7月5日,英国人托马斯·库克的旅游实践被认为是近代旅游业的开端,他也被后人尊称为"近代旅游之父"。如此高的评价,正是因为库克开创了很多影响后世的旅游产业运营范式,有些甚至沿用至今。这些范式集中表现在如下几个方面:首先,将"旅游代理"职业化,并成立"旅行社"专门从事旅游业务。在旅游产品信息不对称的市场条件下,旅游代理商为旅游者设计旅游线路是满足人们旅游需求的必然选择。其次,提出"包价旅游"的模式。旅游包价就是由旅行社分别向上游各旅游供给方集中采购旅游要素产品，包括吃、住、行、游、购、娱等，整合后形成包含各旅游要素的旅游产品出售给旅游者。再次，为旅游团队配备专职导游。库克招募、培训了一批了解旅游地风土人情、熟悉旅行各环节服务的专职人员，在旅游过程中为游客提供向导和讲解服务。除以上三点外，还包括发行旅游指南、推出旅游流通券（旅游支票）等。这些旅游操作之所以可以成为"旅游业的基本范式"，最主要的原因就是它们符合工业革命后人们对"效率"的追求。以大工业标准化的方式生产"统一规格"的旅游产品，最大的特点就是可以提高效率，对旅行社来说采购成本可以更低，进而获得更高的利润；对旅游者来说消费相同价格、花费相同时间，可以参观更多的旅游景点。理性思维最大的优势就是促使人们可以选择效率最优的方案，因此，提高旅游效率就成为现代旅游运营的核心价值。

追求效率是现代旅游运营的价值核心，"旅游大众化"则是现代旅游运营的特征表现。在现代旅游的背景下，沙漠很难成为旅游的目的地。一般来说，中国沙漠区都远离核心客源市场，相比东部发达地区，沙漠区内人口稀少、经济落后、生态脆弱。这些情况一方面使去沙漠旅游的成本相对较高，另一方面沙漠区也无法提供舒适、低价的旅游服务。加之沙漠区文化特征符号较少，因此在旅游效率的比较中，很难受到旅游者的青睐。如果以传统旅游经营范式来经营沙漠旅游，也是行不通的。沙漠最美的自然景致大都在沙漠腹地，以前主要是骑骆驼进入，后来是乘坐越野车，在整个旅游费用的构成中，交通占了很大的比重，且供给有限，这种成本条件使"包价"模式的作用无法显现。可进入性直接制约了"旅游大众化"的到来。来沙漠的"小众"游客也使沙漠地区的旅游代理业务较少，没有必要成立专门的旅游中介机构，更不会产生专职的接待导游。综上分析，沙漠旅游在"效率优先"的现代旅游运营模式里缺少生存的空间。也有些学者将这种情况归咎于经济水平落后导致的旅游供给能力不足。笔者不同意这种观点。在市场经济条件下，生产资本会向需求旺盛、效益较好的产业部门和地区流动。沙漠旅游供给能力有限并不是沙漠区经济水平落后导致的，而是由沙漠旅游的社会需求不足导致的。探讨沙漠旅游兴起的原因，必须从旅游者"效率优先"的选择习惯变化谈起。

（三）后现代旅游的新特征

后现代主义对现代性的批判和反思，深深地影响到人们对于旅游产业的认识。旅游开始由一个"追求效率的产业"逐步向"生命体验的过程"过渡。追求体验的过程和心灵情感的宣泄，成为后现代旅游者最主要的旅游诉求，高效率的行程、舒适的客房、受尊重的感觉等传统的旅游需求在后现代主义思潮中变得不那么重要了。

旅游需求开始具有新的特征：一是"重过程轻结果"的体验化倾向，尝试一种全新的生活方式成为人们对旅游活动的最大期待；二是"重独特轻相似"的个性化倾向，越是偏僻的旅游景区，越是独特的旅游方式，越能带给人个性挥洒的空间；三是"重交流轻交易"的情感化倾向，旅游不是和目的地的商业交易，而是与之产生一种情感的交流，甚至是心灵的对话；四是"重环保轻奢靡"的生态化倾向，旅游不是彰显身份的消费行为，而是亲近自然、体味人与自然和谐之美的过程。后现代主义思潮对旅游需求的影响，不但改变着旅游者对"效率"的追求，而且开始冲击着传统旅游经营模式。旅游者主动寻找旅游目的地而不拘泥于"成名"的景区，主动设计旅游线路而排斥旅行社现有成品的推荐，主动体验目的地的生活而厌烦导游"标准化"的讲解。"效率"变得不再那么重要，心灵的感悟与情感的释放才是旅游最大的意义，沙漠、冰川、湿地、荒山、废弃的村庄，甚至是城市里被人遗忘的角落，这些曾经被传统旅游业认为没有开发价值的地方，开始成为越来越多旅游者的首选目的地。

（四）沙漠成为后现代旅游目的地的原因

在后现代主义思潮的影响下，沙漠逐渐成为中国特色旅游目的地，这与其自身的特点也是密不可分的。

首先，沙漠比较神秘。一般旅游者会认为，沙漠比较干燥，可是巴丹吉林沙漠里却有很多湖泊，湖水倒映沙山，景致神奇而壮观；湖水从哪里来，沙山为什么那么高，沙山为什么没有被风吹走，在一望无际的沙海里还有很多未解的科学之谜。

其次，沙漠环境比较原始。沙漠里常住人口比较少，人类对环境的影响不强烈，这些都使沙漠保持了相对原始的风貌和清洁的自然环境，绚烂的朝阳和璀璨的星空会勾起久居城市的人们心灵深处的回忆。

最后，沙漠也充满生机。很多动植物都极具观赏性，巴丹吉林沙漠西北部额济纳旗就以观赏胡杨林为主要旅游产品，每年秋季树叶变黄，层林尽染，中外游客纷至沓来，感受沙漠的生机和生命的力量。

沙漠在带给人视觉冲击的同时，也会带给人心灵的震撼，在一望无际的沙海面前，人类是那样的卑微、渺小。现代都市生活的忙碌与压力、职场的艰辛与紧张，在苍凉的沙漠面前都化为乌有。这种情感释放带来的生活感悟，正是后现代主义思潮影响下旅游体验的最高要求。

理解后现代主义思潮对沙漠旅游兴起的影响，才能更好地促进沙漠旅游发展。利用现代旅游规划方法来开发沙漠旅游项目、利用传统旅游模式来经营沙漠旅游产业、利用现代旅游动机分类来研究沙漠旅游需求，都是不可取的。

四 国外生态旅游风尚的示范作用

（一）生态旅游概念的提出

1965 年，Hetzer 在反思当时文化、教育和旅游的基础上第一次提出了生态旅游的发展思路[①]。国际自然保护联盟（IUCN）特别顾问、墨西哥专家谢贝罗斯·拉斯科瑞（Hetor Ceballos Lascurain）于 1983 年正式提出这一概念，主要是指以教育为目的到相对原始的地区进行的

---

① 参见 Fennell, D. A., "Ecotourism in Canada", *Annals of Tourism Research*, 1998, 25 (1)。

旅游活动，通过这种旅游来保护和改善自然生态环境。"生态旅游"的概念一经提出，就在世界范围内引起了强大的反响，各地区都根据自身的旅游资源情况，进行生态旅游实践，并在旅游开发过程中不断丰富生态旅游概念的内涵。虽然时至今日仍没有形成一个相对稳定的生态旅游概念，但对于生态旅游的理解已经达成了这样几点共识：生态旅游必须以保护当地自然、人文资源为前提；必须向旅游者提供高质量的旅游体验；旅游活动应该带动旅游目的地经济的发展。

生态旅游之所以能在世界范围内快速流行又经久不衰，有以下几方面的原因：第一，环境的不断恶化使人们意识到生态对生活的重要性，可持续发展理念深入人心，因此在生活中尽量选择绿色环保的商品，这种观念也被迁移到对旅游产品的选择上；第二，现代都市生活压力越来越大，人们普遍都有逃离城市、回归自然的想法，在原始的环境里寻求心灵的对话成为人们旅游的重要动机之一；第三，随着人类社会文明程度的提高，教育方式也日趋多元化，通过旅游活动来增长知识、了解自然成为很多人接受教育的方式之一；第四，生态旅游在社会、环境、经济方面的综合效益日益显现，各地政府开始积极推介这种旅游项目。这些因素都促进了生态旅游产业的高速发展。

（二）生态旅游观念在中国的传播

改革开放以后，国外的新观点、新事物不断涌进中国，生态旅游的观念也是在那一时期进入中国的。学者从中国的旅游资源和旅游市场特点出发，对生态旅游的内涵也进行了积极的探索。1993年9月，第一届东亚地区国家与自然保护区会议在北京召开，对生态旅游有这样的定义："生态旅游是倡导增加对大众关注的旅游活动，提供必要设施，实施环境教育以便游人能参观、理解、珍视和享受自然和文化资源，同时并不对生态系统或社区产生无法接受的影响。"[1] 自此以后，中国学者更加注重对生态旅游的研究。1995年，由中国旅游协会

---

[1] 杨桂华、钟林生、明庆忠：《生态旅游》，高等教育出版社2000年版，第13页。

生态旅游专业委员会等单位共同举办的第一届全国生态旅游研讨会在云南西双版纳召开。这次会议对生态旅游的概念做了进一步的陈述，认为其是"在生态学的观点、理论指导下，享受、认识、保护自然和文化遗产，带有生态科教、生态科普色彩的一种特殊形式的专项旅游活动"。这次会议对中国生态旅游观念的传播特别是生态旅游景区的建设，起到了重大的推动作用。

1996年由武汉市外事局和旅游局共同主持召开了生态旅游规划与发展国际研讨会。1999年国家旅游局和世界旅游组织在昆明联合举办了生态旅游高级研讨会，结合1999年昆明世博会和"中国生态环境游"主题活动，全面探讨了中国生态旅游的研究特征。这些重要的学术会议对中国生态旅游观念的传播和生态旅游景区的建设，都产生了积极的推动作用。

（三）生态旅游观念对沙漠旅游地兴起的影响

生态旅游观念在国内的传播特别是生态旅游景区的规划思维，直接促进了中国沙漠旅游的发展。首先，生态旅游具有自然性，即原始性。这就要求生态旅游目的地具有相对原始的自然风光和独特的人文环境，这种自然的原始性对旅游者有很强的吸引力。从这个角度看，沙漠地区人口稀少且生活空间较为封闭，自然风光独特、人文环境原始，是绝好的生态旅游场所。其次，生态旅游强调保护性。沙漠地区生态系统较为脆弱，如果大范围地开展"大众观光旅游"，对环境的影响巨大，生态旅游模式是其必然的选择。再次，生态旅游具有高品位性。一般来说生态旅游的参与者应该具有较高的教育背景或文化修养，而且收入较高，喜欢追求刺激。这与沙漠旅游的客源有很大的相似之处，文化修养可以帮助旅游者理解沙漠之美；收入较高可以支付沙漠旅游较高的经济成本；沙漠神秘性正好符合生态旅游者追求刺激的需求。最后，生态旅游具有专业性。传统旅游主要满足大众观光、休闲的需要，对旅游者没有特殊的要求，而生态旅游因为有环保的需要，对游客数量、游客素质、旅游线路、旅游活动内容等都有明确的要求。这些要求具有很强的专业性。沙漠地区自然条件和人文风光与旅游者惯常的环境也有很大的差别，因此旅游者在到达沙漠前要做好充分的知识储备，如要进行沙漠徒步探险，还需要准备专业的服装与器材。

可见，生态旅游观念在中国的传播、流行，一方面使沙漠作为生态旅游的目的地而逐渐被旅游者所认知，另一方面其传递的生态旅游理念也为沙漠旅游开发提供了崭新的思路。因此，生态旅游对中国沙漠旅游的兴起具有重要的影响。

五 旅游产业发展的宏观环境

（一）中国旅游市场的基本情况

中国商业化的旅游接待体系是在改革开放以后才逐步建立起来的。由于旅游产业在赚取外汇方面的重要作用，"优先发展入境旅游"是改革开放之后一段时间里中国的主要旅游发展政策。1998年亚洲金融危机以后，中国周边主要客源国经济衰退、货币贬值，严重影响中国的入境旅游市场，在这样的国际经济背景下，扩大内需成为保持中国经济适度增长的重要手段，促进国内旅游成为中国1999年以后主要的旅游发展政策。2001年11月11日，经过漫长的谈判，中国正式加入世界贸易组织（WTO），中国开始履行包括旅游业在内的"入市"承诺，中国的出境旅游市场开始了高速增长。

特殊的时代背景决定了中国走了一条"先入境、后国内、再出境"的旅游发展道路。这也使得目前中国三大旅游市场的发展状态有很大的差别，图4-1、图4-2、图4-3分别是中国入境、国内、出境旅游市场有统计记录以来的发展情况。从图中我们可以看出：中国入境旅游统计信息是从1978年开始公布的，国内旅游统计是从1994年开始公布的，这也基本反映了中国不同时期的旅游政策；2000年中国入境游客数量就已经超过8000万人次，到了2019年已经接近1.5

亿人次；中国国内旅游市场巨大，且增长迅速，2019年国内旅游已经突破60亿人次。入境旅游在2006年以后增长缓慢，出境旅游市场发展速度最快，2017年超过入境旅游人次数，2019年出境旅游已经突破1.6亿人次，中国成为世界旅游市场重要的客源地。

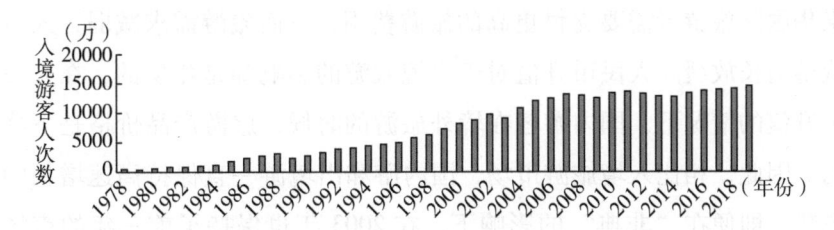

图 4-1　中国入境旅游发展情况（1978—2019年）

资料来源：中华人民共和国国家统计局年度统计公报（1978—2019年）。

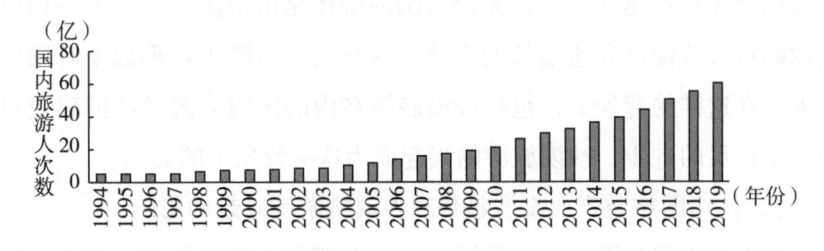

图 4-2　中国国内旅游发展情况（1994—2019年）

资料来源：中华人民共和国国家统计局年度统计公报（2000—2019年）。

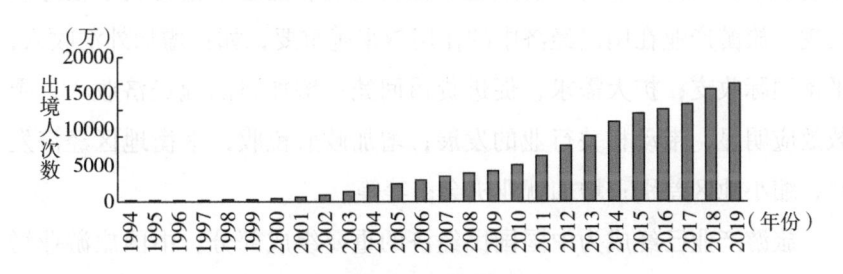

图 4-3　中国出境旅游发展情况（1994—2019年）

资料来源：中华人民共和国国家统计局年度统计公报（2002—2019年）。

为了更好地说明中国目前旅游市场的发展情况，我们将上述三大旅游市场的发展速度进行对比。可以看出，中国入境旅游市场在20世纪八九十年代增速最快，2000年以后增速放缓，2003年以后人民币升值对中国的入境和出境市场都产生了重要的影响。国内旅游产品是以人民币结算的，在旅游产品价格不变的情况下，人民币升值就意味着来华国际旅游者需要支付更高的旅游费用，进而旅游需求减弱，入境旅游增长放缓。人民币升值对于出境旅游的影响却是相反的，在人民币升值的情况下，国内游客在境外旅游的时候，旅游产品价格是下降的。因此，相比入境旅游市场，国内游和出境游一直保持高速增长的态势，即便在"非典"的影响下，在2003年也保持了前一年的市场总量，没有出现负增长，其他年份都有接近两位数的上涨。

如上数据可以说明，经过改革开放40多年的积累，中国居民的旅游意识已经基本建立起来，无论是国内游还是出境游，在未来一段时间内都将接续保持高速增长的态势，这与入境旅游市场形成了鲜明的反差。在这样的背景下，包括沙漠旅游在内的国内旅游景区的建设也取得了长足的进步，沙漠旅游的兴起成为这一背景下的必然。

（二）中国旅游产业发展趋势对沙漠旅游地兴起的影响

政府在中国旅游产业的发展过程中发挥了重要的作用，政府主导是中国旅游产业发展的重要特征之一。在30多年的旅游产业市场化运作过程中，旅游产业的经济效益、社会效益、生态效益得到了很好的实现。旅游产业在国民经济中的作用越来越重要，如：增加外汇收入，平衡国际收支；扩大需求，促进货币回笼；增加目的地经济收入；乘数效应明显，带动相关行业的发展；增加政府税收；平衡地区经济发展，缩小地区差别；增加就业机会；等等。

旅游产业已经成为中国国民经济的重要组成部分。中国旅游业增加值占GDP的4%以上，旅游直接从业人数超过1350万人，与旅游相关的就业人数约8000万人。旅游业对相关行业拉动作用明显，据统计，旅游消费对住宿业贡献率超过90%，对民航和铁路的贡献率超过80%，对文化娱乐业的贡献率超过50%，对餐饮和零售业的贡献率超过40%①。此外，旅游业在促进社会主义新农村建设和城乡统筹发展、消除贫困、保护和传承中华优秀传统文化、建设生态文明等方面也起到了重要的作用。因此，加强对旅游产业的支持力度，保持其继续健康、快速发展，成为中国一系列旅游政策的出发点，其中也包括对沙漠旅游的调控与促进。

1999年9月21日，国务院公布《全国年节及纪念日放假办法》，春节、劳动节、国庆节均放假3天，加上前后的双休日，总计7天，以鼓励居民出游消费。"黄金周"政策一直被学术界认为是中国促进国内游的政策标志。中国沙漠大多分布于西北干旱地区，与作为中国主要客源地的东部经济发达地区距离较远，一周时间可以完成从东部到西部沙漠区的全线旅程。2000年1月，中央实施"西部大开发"战略，对西部地区的基础设施建设更是有力的促进，到西部沙漠区旅游的交通更加安全、舒适、快捷。这两项政策一个有利于沙漠旅游者休闲时间的积累，一个有利于提高沙漠旅游区的可进入性，都对沙漠旅游的兴起有积极的促进作用。

2009年12月，《国务院关于加快发展旅游业的意见》正式出台，旅游业的定位实现了历史性突破，文件对旅游产业的发展目标也做了非常明确的表述：力争到2020年中国旅游产业规模、质量、效益基本达到世界旅游强国水平。其中"培育新的旅游消费热点"一节中明确指出：支持有条件的地区结合地区优势，发展特种旅游。沙漠旅游就属于重点培育的项目之一。

2011年12月，《中国旅游业"十二五"发展规划纲要》正式发布，文件明确要求："全面发展国内旅游，积极发展入境旅游，有序发展出境旅游。坚持旅游资源保护和开发并重，加强旅游基础设施建设，推进重点旅游区、旅游线路建设。推动旅游业特色化发展和旅游

---

① 孙明：《从旅游资源大国到世界旅游大国——科学发展新跨越》，中国网（http://www.china.com.cn/travel/txt/2012-10/20/content_26855208.htm）。

产品多样化发展。"作为中国之后五年旅游业的重要指导性文件，多次提到发展户外探险旅游。沙漠是中国户外探险的重要目的地，其发展趋势更令业内看好。

2012年8月，十一届全国人大常委会第二十八次会议首次审议了《中华人民共和国旅游法（草案）》，旅游法的出台使中国旅游发展有法可循、有法可依，为中国旅游行业持续健康发展提供了重要保障。这对于正在高速发展的沙漠旅游景区来说尤为重要，可以在沙漠旅游景区建设初期就按最科学、最标准的规划方案来执行，拉近甚至赶超旅游成熟景区的建设水平，实现沙漠旅游的跨越式发展。

2013年1月，国务院批准实施《全国防沙治沙规划》，提出"有条件的地方建设沙漠公园，发展沙漠景观旅游"。沙漠公园是以沙漠景观为主体，以保护荒漠生态系统、合理利用沙漠资源为目的，在促进防沙治沙和维护生态功能的基础上，开展公众游憩休闲或进行科学、文化、宣传和教育活动的特定区域。国家沙漠公园是防沙治沙事业的重要组成部分，对创新治沙新模式、促进区域社会经济可持续发展具有积极意义。

2013年2月18日，《国民旅游休闲纲要（2013—2020年）》新闻通气会在京举行，并向社会正式发布。虽然其不具备强制性，但该文件可为地方实施提供政策依据，引导休闲旅游的发展方向，对提振国内旅游消费、促进公民福利及旅游业的发展带来长期利好，并在全社会形成积极休闲、健康休闲的良好风气。纲要直接促进各地区、各行业"带薪假期"制度的出台，对于旅游距离较远、旅游时间成本较高的沙漠旅游来说，无疑是一个重大的利好消息。

沙漠旅游作为一项特种旅游产品，市场空间很大，在一系列重大战略性举措的支持下，必将迎来一个高速发展时期。《国民经济和社会发展第十三个五年规划纲要》中明确要求加大对风景名胜区、森林公园、湿地公园、沙漠公园等保护力度，适度开发公众休闲、旅游观光、生态康养服务和产品，扩大生态产品供给。为科学指导国家沙漠公园的建设和发展，国家林业局相继颁布了《国家林业局关于做好国家沙漠公园建设试点工作的通知》（林沙发〔2013〕145号）和《国家沙漠公园试点建设管理办法》（林沙发〔2013〕232号）。2016年8月，为了规范国家沙漠公园的建设和管理，合理布局国家沙漠公园，促进其健康持续发展，根据防沙治沙法以及有关规划文件要求，在认真分析中国沙区资源基本情况的基础上，国家林业局组织编制《国家沙漠公园发展规划（2016—2025年）》，计划到2020年，重点建设国家沙漠公园170处，总面积约67.6万公顷，约占可治理沙化土地的2.4%；到2025年，重点建设国家沙漠公园189处，总面积约75.1万公顷，约占可治理沙化土地的2.6%。旅游者的大量进入既是沙漠旅游地高速发展的标志，又会给沙漠旅游地的旅游设施带来沉重的接待压力，所以旅游客流研究一直是旅游地研究的热点问题之一。

第二节 中国沙漠旅游地发展模式

通过上文对中国典型沙漠旅游地发展初期特征、沙漠旅游地兴起背景的分析，对中国沙漠旅游地的发展状态已经有了比较清晰的认识。下面将在此基础上提炼中国沙漠旅游地的发展模式，并对产生这种模式的原因进行分析。

一 旅游地发展模式内涵

模式是对发展规律的一种理论提升和总结。旅游地发展模式是指某一类型地区发展旅游产业的总体方式和共性规律。从旅游经济学角度看，"旅游资源、旅游设施和旅游服务是三大旅游供给经济要素，它们是旅游经济活动顺利进行的物质基础和前提条件"[1]。因此，对旅游地发展模式的研究应该从这三大旅游供给经济要素的形成过程与结

---

[1] 刘海洋：《旅游经济学》，中国地质大学出版社2012年版，第8—21页。

构特征入手。前文已经对中国沙漠旅游地主体——旅游者、客体——旅游地的发展特征进行了具体分析,对沙漠旅游地发展模式的探讨正是建立在这些分析基础上做出的。

(一) 旅游地发展模式分析

旅游业一直被视为"拉动地方经济增长的重要经济产业",这种观念一方面导致地方政府在促进旅游业发展过程中具有很强的经济动机,另一方面也使早期旅游研究成果比较重视"旅游开发"的相关研究。所以,传统的旅游地发展模式也大多集中在对地区旅游开发模式的研究上。

早在1989年12月在青岛举行的"区域旅游开发与旅游地图"学术讨论会上,陈传康先生就根据旅游发展战略理论提出了区域旅游开发的六种基本模式,并举例进行了说明,详见表4-1。他认为:"风景资源结构决定了一个区域的旅游活动行为层次结构。区域旅游发展战略是以风景资源结构为基础,考虑接待服务措施的现有和发展条件,去确定其旅游活动层次结构,进而拟定相应的战略对策。"[1] 不同地区根据其自身特点应该有不同的旅游发展模式,进而展示出不同的旅游行为活动。在同一篇文章中,陈传康将旅游行为活动分为三个层次:观光游览是基本层次,购物和娱乐两方面旅游是提高性层次,多种多样的特殊旅游是专门层次,其中,特殊旅游包括出席会议、宗教朝拜、休闲疗养、科研调查、文化交流、美食享受、体育活动、生态探险等。

陈传康的观点代表了20世纪80年代中国旅游产业刚刚起步时期对旅游发展模式的基本认识。将"完善旅游活动行为结构"定位在"完善旅游产品的供给结构"上的观点,具有明显的时代特征。这种旅游地发展模式理念忽视了旅游市场主体即旅游者的行为对旅游地发展的主导性影响。大众旅游背景下,旅游动机的多样性和旅游行为的

---

[1] 陈传康:《区域旅游开发模式研究》,载《旅游开发与旅游地理——"区域旅游开发与旅游地图"学术讨论会论文集》,中国地理学会、青岛大学、北京第二外国语学院联合举办,1989年,第1—12页。

复杂性也从本质上颠覆了旅游活动的三个层次。但这种比较重视"旅游资源品位"因素和"旅游地区位条件"因素的旅游地发展观念，对于之后的旅游规划实践活动具有积极的指导意义。

表 4-1　　　　　陈传康对区域旅游开发模式的分类

模式类型	风景资源	区位条件	主要措施	案例
1	佳	佳	完善旅游活动行为结构	北京
2	一般	佳	人工整修重点风景资源和完善旅游活动行为结构	上海
3	佳	一般	配备服务接待措施和解决进出交通条件	敦煌
4	中等	中等	加强旅游形象宣传，分层次重点开发相应风景资源，改善进出交通条件	韶关
5	一般	一般	要重点解决进出交通条件，开展相应旅游活动行为，重点整修和新建有旅游吸引力的风景资源	汕头
6	特殊景区资源	不定	配备接待服务措施，开展特殊旅游活动	玄武山—金湘滩海滨

随着旅游产业的发展，旅游者在旅游市场中的主体地位逐渐强化，在旅游地发展模式的讨论上必须将旅游资源因素与旅游需求因素结合起来，李悦铮在陈传康区域旅游开发模式的基础上，引入"旅游市场"因素，提出了基于旅游市场需求导向的旅游地发展模式类别[①]，详见表 4-2。

表 4-2　　　基于旅游市场需求导向的旅游地发展模式分类

模式	旅游资源	旅游市场	区位条件	案例
1	优	优	优	北京、西安
2	优	差	差	西藏、新疆
3	差	优	优	深圳

---

① 李悦铮：《辽宁沿海地区旅游系统分析与开发问题》，博士学位论文，南京大学，1998 年。

续表

模式	旅游资源	旅游市场	区位条件	案例
4	中	优	优	石家庄
5	优	优	差	张家界
6	差	差	差	盘锦

李悦铮以旅游资源、旅游市场（旅游需求状况）和区位条件三个评价维度，将中国旅游地分为六种基本发展模式，对各基本模式进行了实例分析，并针对各类旅游地的基本特征，提出了具体的促进旅游地发展的建议。[①] 按其分类方法，中国大多数沙漠旅游地应属于第二种发展模式，即"市场需求小，旅游资源优，区位差"。将旅游需求状况纳入旅游地发展模式的讨论，是此观点较20世纪80年代先进的地方，但旅游需求状况能否以旅游接待量为单一的划分标准却是值得商榷的。不同旅游地市场需求状态的优劣不能使用同一指标量来衡量，而应该在比较实际旅游接待量与旅游可能接待量（最大接待量）的基础上做出。经济发达地区人口稠密、基础设施完善、商业繁荣，在旅游发展过程中，建设资金充裕、旅游需求旺盛、旅游投资活跃。因此，经济发达地区的旅游接待量必然很高。反之，经济欠发达地区的旅游接待量则较低。区位条件的评价也存在类似的问题，因为不同的地域目标市场对区位的感觉也不尽相同。如何科学评价上述三个指标，是区域旅游发展模式划分必须解决的问题。

考虑到社会经济发展因素对旅游业的影响，有学者直接将中国旅游地发展模式分为两类地区：一类是沿海河湖地带、内陆平原盆地，即人口与城市集聚的经济发达地区；另一类是各省、市、县分界的山区地段，即交通闭塞、自然风貌较原始的经济欠发达地区[②]。两类地

[①] 李悦铮：《辽宁沿海地区旅游系统分析与开发问题》，博士学位论文，南京大学，1998年。

[②] 王兴中：《中国旅游资源开发模式与旅游区域可持续发展理念》，《地理科学》1997年第3期。

区在社会经济发展水平、交通区位条件、旅游资源特色等方面存在很大差异，因此在旅游发展模式上具有很大差异。在经济发达的第一类地区，旅游产业发展要围绕中心城市进行，提高旅游资源的层次和促进旅游资源结构健全是其旅游发展的主要目标。第二类地区要努力发展旅游交通，解决可进入性问题；利用资源导向的方法规划开发当地优势旅游资源；建立滚动发展与旅游供给保障体系；在旅游开发过程中，严格履行环境保护相关措施。

近年来，中国学者对旅游地发展模式分类研究的成果较少，而大多转向对某类特殊旅游地发展模式及特种旅游产品发展模式的研究。如滨海生态旅游地发展模式研究[1]、农业旅游地发展模式研究[2]、遗产旅游地发展模式研究[3]、湖泊旅游地发展模式研究[4]、水电旅游地发展模式研究[5]、温泉类旅游地发展模式研究[6]、民族村寨旅游地发展模式研究[7]、县域旅游发展模式研究[8]、经济驱动型城市旅游发展模式研究[9]、新兴城市旅游发展模式[10]、城郊旅游地发展模式研究[11]、文化遗产型旅

---

[1] 黄震方：《海滨生态旅游地的开发模式研究——以江苏沿海为例》，博士学位论文，南京师范大学，2002年。

[2] 黄燕玲：《基于旅游感知的西南少数民族地区农业旅游发展模式研究》，博士学位论文，南京师范大学，2008年。

[3] 王镜：《基于遗产生态和旅游体验的西安遗产旅游开发模式研究》，博士学位论文，陕西师范大学，2008年。

[4] 周玲强、林巧：《湖泊旅游开发模式与21世纪发展趋势研究》，《经济地理》2003年第1期。

[5] 王新祝：《水电旅游城发展模式研究》，博士学位论文，华中科技大学，2004年。

[6] 傅广海：《四川省甘孜州温泉类型、成因及旅游开发模式研究》，博士学位论文，成都理工大学，2009年。

[7] 黄亮、陆林、丁雨莲：《少数民族村寨的旅游发展模式研究——以西双版纳傣族区为例》，《旅游学刊》2006年第5期。

[8] 戴婷：《中国县域旅游发展模式研究——以旅游目的地产品类型为线索展开》，硕士学位论文，复旦大学，2010年。

[9] 朱竑、戴光全：《经济驱动型城市的旅游发展模式研究——以广东东莞市为例》，《旅游学刊》2005年第2期。

[10] 封蕊：《新兴城市旅游发展模式初探》，硕士学位论文，广西师范大学，2007年。

[11] 邰维超：《城郊型旅游度假区发展模式研究——以江苏金沙海度假区为例》，硕士学位论文，安徽大学，2012年。

游地发展模式研究①、影视型旅游地发展模式研究②、高尔夫旅游发展模式研究③、工业旅游发展模式研究④、农家乐旅游发展模式研究⑤、红色旅游发展模式研究⑥、乡村旅游发展模式研究⑦、会展旅游发展模式研究⑧，等等。

从目前研究成果看，对旅游地发展模式的探讨可以分为两类：一类是以旅游目的地为主要研究对象，另一类是以旅游产品为主要研究对象；前者主要研究旅游地的发展路径，而后者更重视旅游产品的供需结构。所以，旅游地发展模式的内涵应该包含两个维度，即"纵向"的时间维度和"横向"的结构维度。

（二）旅游地发展模式构成要素

对旅游地发展模式的总结必须建立在对旅游地发展共性特征的把握基础之上，如果没有共性的特征，模式就无法提炼总结出来。因此，对典型旅游地发展特征的分析是总结模式的首要环节。从纵向的时间维度看，旅游地发展模式主要对旅游地产生、发展的路径进行规律性的总结，其构成内容应该包括：旅游者构成的演变、旅游地利益相关者的演变、旅游景区定位的演变三个方面，集中表现为对旅游地生命周期规律性的把握。从横向的结构维度看，旅游地发展模式主要对旅游地供给结构的特征进行总结，其构成内容应该包括旅游地游客特征、

---

① 王延彬、乔学忠：《文化遗产型旅游目的地的发展模式研究》，《经济研究导刊》2009年第7期。

② 舒伯阳、周杨：《影视事件驱动型旅游目的地发展模式研究》，《江西财经大学学报》2007年第4期。

③ 刘德云：《高尔夫旅游发展模式研究》，《旅游学刊》2007年第12期。

④ 李淼淼：《中国工业旅游发展模式研究》，博士学位论文，武汉理工大学，2009年。

⑤ 温芳：《农家乐旅游发展模式研究——以南京市为例》，硕士学位论文，南京师范大学，2005年。

⑥ 尹晓颖、朱竑、甘萌雨：《红色旅游产品特点和发展模式研究》，《人文地理》2005年第2期。

⑦ 邹统钎：《中国乡村旅游发展模式研究——成都农家乐与北京民俗村的比较与对策分析》，《旅游学刊》2005年第3期。

⑧ 胡田：《上海会展旅游发展模式探析》，《生态经济》2010年第1期。

旅游利益相关者构成、旅游发展中的政府职能三个方面。因此，对旅游地发展特征的总结是提炼旅游地发展模式的基础。

旅游地是一个包含旅游主体（旅游者）需求和旅游客体供给的复杂系统。因此，旅游地的发展特征应该从两个方面来诠释，一是旅游活动的主体，即旅游者的特征；二是旅游地自身的变化发展特征，包括旅游吸引力（旅游资源）、旅游企业和旅游支持与保障（旅游基础设施和旅游服务设施）。这两个方面相互促进、相互影响，共同构成了一个旅游系统。旅游地发展模式结构正是建立在对这个系统要素的总结基础之上的。其构成要素应该包括：旅游地发展的前提、旅游地发展的动力、旅游地建设的方向、旅游地发展的目标四个方面。

第一，旅游地发展的前提。任何模式都有其运行的前提条件，发展旅游产业更是如此。旅游产业的复杂性决定了旅游地发展的前提条件也是复杂的。其一般由内部条件和外部条件两方面构成。内部条件是旅游地自身的条件，包括旅游资源条件、旅游接待条件和旅游支持与保障条件，以旅游资源条件最为重要。旅游资源条件决定着旅游地的核心吸引力，如果没有旅游吸引力旅游者就不会到来，旅游接待条件和旅游支持与保障条件就没有讨论的必要性；反之，当旅游吸引力特别大的时候，旅游接待和旅游保障就会成为一种市场机会，在市场经济环境下，会有大量的资本进入旅游地，另外两个条件会更容易达成。因此也可以认为，旅游地的内部条件主要指旅游资源条件。外部条件主要指旅游发展的宏观环境，这是旅游地自身无法决定和选择的，只能积极地调整和适应。

第二，旅游地发展的动力。在旅游地发展的内外条件具备以后，旅游地开始启动相应的旅游项目，但是旅游系统能否高速运转，进而将旅游主体和旅游客体之间的相互促进作用发挥出来，就需要相应的力量来进行推动。如旅游资源吸引力是否会直接转化为旅游者的旅游动机，旅游动机是否会转化为旅游行为，旅游行为是否会提升旅游设施的改善和建设，旅游设施的建设是否会拉动旅游地的社会经济发展，旅游地的发展是否会又转化为一种旅游吸引力，完成一个新的旅游发展机制循环。完成这个循环需要很多助力因素一起发挥作用，并且这个循环的速度决定着旅游地发展的速度。

第三，旅游地建设的方向。旅游地在相应的动力促进下，进入了高速发展的循环，各个要素可以流畅地转化。旅游设施建设和旅游接待量相互影响，发展速度不断攀升。在这样的背景下，旅游地就会出现"自然的野蛮生长"状态。这就需要用发展方向来明确旅游地未来的状态，使旅游要素的转化朝着一个方向发展，而不是自由地随意"成长"。这种方向选择一方面受到旅游地自身条件的影响，主要是资源优势和地域特征；另一方面还会受到旅游发展宏观政策的影响。两种影响来自不同方面，其强弱也很难判定，但方向选择的内部逻辑却是非常清晰的。旅游地发展主导方的利益选择，就是确定发展方向的唯一标准。

第四，旅游地发展的目标。行为是由目的决定的，一个地区发展旅游产业的原因、动力、方向都是由其发展目标决定的。简言之，就是为什么要发展旅游产业。旅游地的利益主体是复杂的，因此，其发展旅游的目标也是复杂的。目标的确定是多个利益群体相互融合的结果，目标的实现过程也需要各方充分博弈，只有达到多数利益最大或多方利益平衡才能实现。所以说，旅游地的发展目标一定是宏观的、综合的，又是与各利益群体的利益诉求相互交织的。在商品经济社会，各方利益有可能是冲突的或是非理性的，平衡各方观点、进行远景规划是政府在旅游地发展过程中的主要职能。

旅游地发展模式是对旅游地发展路径的一种规律性总结，因此在一定条件下，旅游地发展模式是可以进行复制导入的。旅游模式复制不是对旅游系统要素的简单复制，而是对发展旅游产业政策的参考与借鉴。

二 中国沙漠旅游地发展模式特征

(一) 中国沙漠旅游地发展模式的时间特征

上文以沙坡头为例对中国典型沙漠旅游景区生命周期进行了分析，其具体包括探索、参与、发展、巩固四个阶段，每个阶段的发展导向各不相同，分别对应着资源导向、市场导向、形象导向、创新导向。在旅游地生命周期里，旅游地发展特征、当地旅游开发重点、旅游者特征都有明显的差异，如表4-3所示。

表4-3　　　　　　　生命周期各阶段导向模式比较

发展阶段	导向模式	旅游地特征	旅游开发重点	游客构成
探索阶段	资源导向	发现高品质旅游资源	注重旅游资源分类与评价	多中心型旅游者
参与阶段	市场导向	重视旅游市场需求	注重旅游市场促销	近多中心型旅游者
发展阶段	形象导向	塑造与整合旅游形象	注重旅游形象定位与推广	近多中心型旅游者与中间型旅游者
巩固阶段	创新导向	创新旅游产品与项目	注重旅游产品质量与策划	中间型旅游者与近自我中心型旅游者

在探索阶段，沙漠旅游地的发展主要依靠资源导向。这一时期旅游市场尚未形成，旅游者和旅游企业还未能成为旅游活动的主体。在缺少市场经济利益刺激的条件下，旅游资源开发与旅游设施配置的效率较低，旅游服务不规范且零散化，旅游供给难以形成规模效益。旅游产业广阔的市场前景并没有引起当地政府的注意，故政府部门对旅游产业的发展没有足够的热情。此时旅游地的最优旅游资源已经被少数多中心型的旅游者发现，原始的自然沙漠风貌构成了独特的旅游体验。

在参与阶段，沙漠旅游地的发展主要依靠市场导向。经过初期旅游者的宣传，这一时期旅游地的客流量开始增多，专门的旅游接待服务部门（人员）开始出现，旅游市场竞争日渐激烈。旅游者的增多推动了旅游地经济的发展，当地政府开始重视旅游产业，从规范旅游服务到主动推介旅游资源，通过提供满足游客需求的旅游产品来获得市场的认同。随着旅游地服务设施的规范化，旅游者范围也逐渐扩大，从多中心型向近多中心型转移。

在发展阶段，沙漠旅游地的发展主要依靠形象导向。这一时期，旅游市场逐渐成熟，旅游者和旅游企业成为旅游活动的主体。在市场的调配下，旅游投资行为活跃，同类旅游地和旅游产品不断涌现，旅游地出现规模较大的旅游企业。仅仅依靠提供高质量的旅游资源和专业化的旅游服务，已经无法适应激烈的旅游市场竞争需要。中间型旅游者逐渐增多，沙漠旅游地的知名度、美誉度以及影响旅游地形象的其他因素对于游客的旅游选择更为重要。因此，旅游地形象定位与推广成为沙漠旅游地发展的主要内容。

在巩固阶段，沙漠旅游地的发展主要依靠创新导向。沙漠旅游地优势旅游资源已经有效开发，旅游服务规范基本确立，沙漠旅游地形象逐渐稳定，旅游市场细分下目标客源也已明确。在这样的背景下，如何进一步提高本地旅游竞争力和旅游吸引力，成为当地政府和旅游企业面临的主要问题。沙漠旅游活动趋向大众化，旅游者对沙漠景区的认知逐渐提高，旅游消费行为日趋成熟。旅游者不再满足于简单的沙漠观光或一些初级的沙漠游乐设施，他们需要一定主题的沙漠旅游产品和系列化的沙漠旅游活动，以及互动式的深度沙漠旅游体验。面对这些市场需求条件的新变化，沙漠旅游地政府和旅游企业将更紧密地结合，拓宽融资渠道，从本地旅游资源禀赋和开发状况出发，设计开发富有本地特色的新型系列沙漠旅游产品。旅游者范围不断扩大，旅游需求也相对复杂，为满足不同旅游者的需求，旅游产品项目创意设计被引入沙漠旅游地建设。沙漠旅游地发展出现系统化、工程化等特征。

以上过程描述，反映了中国沙漠旅游地从初创到成熟的发展路径及阶段特征，从时间维度概括了中国沙漠旅游地发展依次经历的"资源—市场—形象—创新"四种导向模式。

（二）中国沙漠旅游地发展模式的结构特征

通过前文对旅游地发展特征的研究，可以将中国沙漠旅游地的发展模式特征概括为"以优势特色沙漠资源为发展前提，以政府积极参与为发展动力，以综合性沙漠旅游景区为发展方向，以获取经济效益、社会效益、生态效益为发展目标"。其中，政府全面参与沙漠旅游产品的供给是中国有别于国外其他沙漠旅游地的最明显的结构特征。

优势特色旅游资源是沙漠旅游地发展的前提条件，是指沙漠旅游地必须具有优质的、有特色的旅游资源，这是沙漠旅游地兴起的前提条件。旅游资源是否有特色的评价标准是能否对旅游者产生强烈的旅游吸引力，或满足旅游者某一方面的旅游需求。从中国典型旅游地初期的发展经验来看，它们都是以特色优势资源为发展前提的。沙坡头景区的优势资源就是其在治理沙漠方面取得的辉煌成绩，旅游吸引力与其治沙成果的认可度成正相关的关系；巴丹吉林的优势资源就是其审美度极高的"沙山湖泊"胜景，以及沙漠内部各种科学未解之谜；鸣沙山的优势资源就是其在历史文献中的知名度；武威沙漠公园的优势资源就是其人工树木、花草对当地沙丘小环境的改善；库布齐七星湖的优势资源就是其对沙区产业的成功探索。目前已开发并投入运营的沙漠旅游景区，都是以特色优势资源作为旅游地发展的先决条件。

政府积极参与旅游产业是沙漠旅游地高速发展的动力。改革开放以后，中国旅游产业高速发展，"政府主导"是其最鲜明的特征。从典型沙漠旅游地的发展进程看，地方政府全面参与旅游产业是促进沙漠旅游地高速发展的最主要因素。当地政府参与旅游产业的措施主要有：制定旅游发展规划、对外进行旅游地宣传、监管旅游服务质量、出台相关政策促进旅游企业发展（或直接参与旅游企业经营管理）、加强旅游基础设施建设、培训旅游服务人员、平衡旅游地各利益方的关系等。不难发现，政府参与旅游发展的角度是全方位的，而且越是在旅游地发展初期，政府的直接经营行为越多；随着旅游地发展的日趋成熟，政府也慢慢地从经营行为中退出，转向服务行为。但是，地方政府往往不是沙漠旅游地的最先发起方，在旅游资源的吸引力已经吸引初期旅游者到来后，政府才会参与旅游发展。可以说，政府对沙漠旅游地相关产业的参与行为有一定的滞后性。但是，一旦政府全面参与旅游产品供给，沙漠旅游地也随之进入高速发展期。

综合性沙漠旅游景区是沙漠旅游地发展的方向。在发展初期，受沙漠旅游地特色旅游资源的影响，旅游产品特色十分鲜明。但是，随着旅游地的不断发展，旅游景区建设特别是旅游产品的设计逐渐趋同，沙漠旅游地也会出现同质化的倾向。沙坡头景区依托于沙坡头国家级自然保护区，因此在发展初期生态旅游是其最鲜明的产品形象，这与鸣沙山的历史文化形象、巴丹吉林的探险科考形象、武威的主题公园形象有很大的差别。在此后的经营过程中，为了满足不同游客的需要，沙坡头开始向综合性沙漠旅游景区迈进：大力挖掘景区内的历史文化资源，如沙坡鸣钟、长城遗址等，强调其历史文化价值；开发通湖草原往返沙坡头的徒步路线，显示其探险产品；在区内建立沙生植物园等人造景观，并开设滑沙、骑骆驼、冲浪车等游乐项目，使其更像一个沙漠游乐公园。沙坡头的生态形象被弱化，旅游接待量却逐年攀升。这种情况不仅仅出现在沙坡头，几乎所有的沙漠地都走在通往"综合性沙漠旅游景区"这条路上。《巴丹吉林沙漠旅游区巴丹湖景区详细规划（2006）》中就将巴丹吉林定位为"以风情体验、文化休闲、拓展训练、科普教育功能为一体的沙漠旅游大本营、大众沙漠休闲旅游区"；《沙坡头旅游发展总体规划（2012）》计划将沙坡头旅游区打造成集生态观光、休闲度假、沙漠运动、水上娱乐、爱国主义教育于一体的大型综合性沙漠度假旅游目的地。沙坡头和巴丹吉林在旅游地开发初期，旅游特色还非常鲜明，在政府的强力推动下，强调"综合性"已经成为两个沙漠旅游目的地的核心定位。

获取经济效益、社会效益、生态效益是沙漠旅游地发展的目标。沙漠旅游产业的经济效益包括：增加沙区经济收入、拉动沙区相关行业发展、促进沙区产业调整、提供就业机会等，旅游产业对经济发展的意义已经得到了各方认可。旅游产业的社会效益包括：加强旅游者对沙区的了解、传承沙区传统文化和民俗文化、提高国民素质、增强沙漠旅游地的知名度等，沙漠旅游的社会效益不像经济效益可以通过经济统计数字清晰地表现出来，但从沙漠旅游地发展的经验来看，旅游产业对旅游社区的社会文化转型具有重要的意义。沙漠旅游产业的生态效益包括：提高旅游者的生态环保意识、宣传中国的治沙成绩、为沙漠旅游地的环保工作提供资金支持等。不科学的旅游开发，也会在三大效益之间造成一定的矛盾，特别是经济效益和生态效益的矛盾，旅游规划水平在平衡二者矛盾的过程中不断得到提升。

三 中国沙漠旅游地发展模式产生原因

中国沙漠旅游地的发展模式与澳大利亚、美国等国家的沙漠旅游地发展模式有很大的区别。从发展前提来看，美国的拉斯维加斯缺少有代表性的优势特色旅游资源，而是依靠发展博彩业蓬勃发展起来的；旅游地接待设施的改善与维护的资金主要是私人资本投入，政府除收取牌照费和相关税收外，并不对沙漠旅游景区经营提供太多的指导；沙漠旅游地的发展定位特色鲜明，综合性沙漠旅游景区在国外沙漠旅游地发展过程中几乎没有；景区的发展目标也非常单一，在不违反法律的前提下，只选择"三大效益"中一个作为发展目标，以此规避目标多样化带来的发展冲突。与之相比，中国沙漠旅游地发展模式具有很强的特殊性，这与中国旅游产业发展的宏观环境和中国沙漠旅游地自身的微观情况都有很大的关系，具体可以总结为以下几点。

第一，政府主导旅游发展是产生中国沙漠旅游地发展模式的根本原因。政府全面参与旅游产业与中国沙漠旅游资源的国有性质和旅游业发展的时代背景紧密相关，也与改革开放以后政府工作重点的转移有着重要的关联。中国旅游资源的国有性质，决定了政府在景区发展规划方面具有话语权；沙漠地区大多经济落后、基础设施建设薄弱、生态系统脆弱，这些不利条件也需要政府对旅游产业加强投入和引导；改革开放后政府的工作重点转向以经济建设为中心，旅游作为一种产业类型在促进经济发展方面的作用得到了各方认可，政府介入旅游产业发展也是促进地方经济建设的一种表现。

因此，可以从两个方面来认识"政府主导"对沙漠旅游地发展的作用。一方面，政府主导可以集中各方资源，短期内迅速提高沙漠旅游地的旅游基础设施建设和旅游接待水平，中卫机场的修建就是最明显的例子；政府还可以对沙漠旅游区的旅游资源进行整合营销，这也是单独一两个旅游企业无法完成的。所以说，政府主导旅游产业发展对沙漠旅游地的快速崛起具有重要的作用。另一方面，政府主导也容易导致景区建设"求大、求全"，造成沙漠旅游地的同质化。客观地认识政府对沙漠旅游地发展的作用，对于分析中国沙漠旅游地发展模式产生的原因具有重要的意义。

第二，对旅游产业的经济形态定位是中国沙漠旅游发展模式的重要原因。旅游业对社会经济的影响是全方位的，三大效益相辅相成，但是在现实生活中，旅游产业的经济作用更容易受到人们的重视。在这种产业定位下，追求经济利益最大化就会成为景区发展的首要动机，不仅政府重视旅游产业的经济影响，旅游企业、旅游从业者、当地社区等旅游核心利益相关者都对旅游产业的发展有很强的经济诉求。在这种背景下，确立综合性沙漠旅游景区的发展定位，如满足不同旅游者的旅游需求、扩大景区目标市场的范围、增加旅游者的到访量、延长旅游者的停留时间，可以有力地促进旅游综合收入的增加。另外，不同的旅游产品类型也可以丰富景区的投资渠道，增加沙漠地区外部资金的使用效率，调动社会各方力量来发展旅游业。但是这种产业定位也有一定的弊端，如使沙漠旅游地的发展方向过于单一、产品特色不鲜明，对于沙漠旅游地的长远发展很不利。

第三，中国旅游景区的发展评价指标体系过于单一也是造成这种发展模式的原因之一。目前，中国对旅游景区的评价主要是依据《旅游景区质量等级评定与划分》这一国家标准（以下简称"标准"）进行的，也就是通常所说的景区"A级"评价标准。该标准实施细则包括三个方面：服务质量与环境质量评分细则、景观质量评分细则和游客意见评分细则。对所有准备评"A"的景区都用此标准进行评定，评价因子、指标权重、评分标准等不会因为景区类型而有所区分，然后根据各景区所得的分数确定景区1A至5A的标准。制定全国统一标准，对于提高旅游景区服务质量和管理水平以及旅游景区的对外营销等都很有好处，对中国旅游产业的发展起到了积极的促进作用。但是，由于评价体系过于标准化，各沙漠旅游地都将此标准作为旅游景区发展的指导性文件，并以此来争取评得更高的等级；再加上沙漠旅游地可开发的资源本身并不多，导致产品雷同甚至景区同质化的现象在所难免。

第四，大众旅游需求对沙漠旅游地发展模式的影响。随着经济的持续增长，居民可支配收入和公共假期逐渐增多，中国已进入"大众旅游阶段"，旅游再不是少数人的福利。"大众旅游"对旅游交通、旅游接待、旅游企业等各个方面都产生了深远的影响，其中也包括对沙漠旅游地发展的影响。旅游者的需求是复杂而多变的，旅游地为了满足不同旅游者的需求，必须针对性地设计不同的旅游产品。沙漠旅游地可开发的旅游产品类型包括观光型、度假型、娱乐型、疗养型、探险型、体验型、科普型，每种旅游产品类型都有其特定的目标人群。当沙漠旅游地都将大众旅游者作为自己的目标客户的时候，其景区建设也会针对自身的资源特点而开发出相对应的产品，而这种产品设计过程直接导致中国沙漠旅游地发展模式的趋同化和单一性。

四 沙漠旅游地发展前景与模式导入

通过对中国沙漠旅游地发展特征、模式内涵和产生原因三方面的分析，以及对中国旅游发展宏观环境的判断，可以认为，"大众化的综合性沙漠旅游地"是未来中国沙漠旅游地发展的归宿。从沙坡头、巴丹吉林等少数发展速度较快的沙漠旅游地的"旅游规划"中，已经可以看出这样的趋势。没有潜力实现这一目标的沙漠旅游地，将只能在非常艰难的市场环境中生存。

对模式进行总结的目的之一就是指导中国沙漠地区旅游产业的发展。中国沙漠旅游地的发展从时间上看经历了"资源—市场—形象—创新"四种导向模式；从结构上看包括"发展前提、发展动力、发展方向和发展目标"四个基本内容。这种建立在对沙漠旅游地发展经验的认识能否上升为一种模式化的"理论"，还需要看其是否能够具有可复制性来加以检验。这种验证不是本章可以明确的问题，验证的过程需要时间积累和新样本的引入。但是任何一种模式的运行都需要相对应的导入条件，在中国旅游发展环境相对稳定的前提下，导入条件更多地就表现为沙漠旅游地的自身条件。

第一，沙漠地区的旅游资源条件。旅游资源禀赋情况既包括沙漠旅游资源本身，也包括可以和沙漠旅游资源进行联合开发的其他旅游资源。旅游资源的优质度不能只看其等级，更重要的是对旅游者的吸引力。这是沙漠旅游地发展的前提。

第二，沙漠地区的旅游气候条件。沙漠旅游的活动主要在户外进行，因此气候条件对沙漠旅游开发的影响更为强烈，气候条件具有一定的稳定性，不易受人类活动的影响。这是沙漠旅游地发展的必要条件之一。

第三，沙漠地区的区位交通条件。在现在交通运输条件下，地理空间距离已经不是阻碍人类活动的主要因素，但交通距离仍然与旅游时间成本和旅行经济成本有很大的关联。所以，在旅游资源品位相当的条件下，交通因素就成为影响沙漠旅游地发展的关键因素。

第四，沙漠地区的社会经济条件。开发沙漠旅游需要大量的资金投入，旅游产业又是典型的服务密集型产业，对沙漠地区的经济发展水平和优质服务劳动力的供给状况都有一定的要求。

第五，当地政府的旅游产业政策。中国沙漠旅游地发展模式的主要特征之一就是政府对旅游产业的影响，在经济发达地区，民间资本较多，旅游产业融资并不困难。但在沙漠地区，政府对旅游产业的重视程度直接决定了区内旅游产业的发展速度和规范程度。

以上五个方面是对其他沙漠地区能否导入沙漠旅游地发展模式的条件要求，当然沙漠旅游地的发展也会受到国家宏观经济环境和国家旅游产业政策的影响，这些宏观因素对每一个沙漠地区来说都是相同且稳定的，所以，本章对此不加讨论。中国沙漠旅游虽然已经初具规模，但相对于广袤的沙漠地区，还有很大的上升空间，即使已经开发的景点也大多处在发展阶段，具有稳定形象定位和系列化主题产品的沙漠旅游地还比较少。判断哪些地区会沿着中国沙漠旅游地发展模式走得更远，还需要对中国各沙漠旅游地的发展潜力进行评价，并在此基础上明确中国沙漠旅游地的发展方向。

第五章　沙漠旅游气候舒适度研究

天气情况对旅游活动有重要的影响，这已被国内外学者广泛证明[1]，曹伟宏等学者就对"丽江旅游气候舒适度"与"客流量变化"的相关性进行了分析[2]。沙漠旅游活动主要在室外进行，因此气候条件对沙漠旅游开发的影响更为强烈。目前，国内沙漠旅游的相关研究成果主要集中在沙漠旅游资源开发方面，鲜有对沙漠旅游区气候条件的相关研究成果，这种研究现状与"中国沙漠旅游的发展速度"和"沙漠旅游活动对天气条件的依赖程度"极不相符。本章将全国八大沙漠、四大沙地周围的沙漠毗邻地区按行政区划分为"沙漠旅游发展潜力区"，利用各潜力区的气象数据，分析各潜力区的旅游气候条件，希望能对各沙漠区的旅游开发决策提供必要的参考。

第一节　沙漠区域与气候舒适法

一　研究区域

中国沙漠主要分布在新疆、甘肃、宁夏、青海、内蒙古等省份，

---

[1] Otero-Giráldez, M. S., Álvarez-Díaz, M. and González-Gómez, M., "Estimating the Long-Run Effects of Socioeconomic and Meteorological Factors on the Domestic Tourism Demand for Galicia (Spain)", *Tourism Management*, 2012, 33 (6).

[2] 曹伟宏、何元庆、李宗省：《丽江旅游气候舒适度与年内客流量变化相关性分析》，《地理科学》2012年第12期。

与东部发达地区相比，这些省份建设资金有限、劳动力外流、生态环境较为脆弱。在发展沙漠旅游产业的过程中，从旅游设施建设、旅游景区规划，到制定产业政策、旅游产品促销，都需要当地政府发挥重要作用。因此，本章"沙漠旅游发展潜力区"就是以各沙漠毗邻行政区为基本研究单位，并按毗邻沙漠和所属省份加以区分的，共分为29个潜力区，如表5-1所示。为防止重复计算，对于同时与两个沙漠毗邻的地区，本章只将其归到其中一个沙漠里。本章所使用的相关气象数据来自中国气象科学数据共享服务网（http://cdc.cma.gov.cn）。

表5-1　　　　　　　　　中国沙漠旅游发展潜力区

沙漠	潜力区		地区	省份	沙漠	潜力区		地区	省份
塔克拉玛干	轮台	S1	巴音郭楞蒙古自治州	新疆	腾格里	民勤	S16	武威市	甘肃
	阿拉尔	S2	阿克苏地区	新疆		武威	S17	武威市	甘肃
	民丰	S3	和田地区	新疆		中卫	S18	中卫市	宁夏
	岳普湖	S4	喀什地区	新疆		阿拉善左旗	S19	阿拉善盟	内蒙古
古尔班通古特	阜康	S5	昌吉回族自治州	新疆	库布齐	杭锦旗	S20	鄂尔多斯市	内蒙古
	和布克赛尔	S6	塔城地区	新疆		达拉特旗	S21	鄂尔多斯市	内蒙古
	哈密	S7	哈密地区	新疆		准格尔旗	S22	鄂尔多斯市	内蒙古
	奇台	S8	昌吉回族自治州	新疆	毛乌素沙地	鄂托克前旗	S23	鄂尔多斯市	内蒙古
库木塔格	鄯善	S9	吐鲁番地区	新疆		乌审旗	S24	鄂尔多斯市	内蒙古
	敦煌	S10	酒泉市	甘肃		榆林	S25	榆林市	陕西
柴达木盆地	格尔木	S11	海西蒙古族藏族自治州	青海	浑善达克沙地	多伦	S26	锡林郭勒盟	内蒙古
巴丹吉林	额济纳旗	S12	阿拉善盟	内蒙古	科尔沁沙地	翁牛特旗	S27	赤峰市	内蒙古
	阿拉善右旗	S13	阿拉善盟	内蒙古		开鲁	S28	通辽市	内蒙古
乌兰布和	乌海	S14	乌海市	内蒙古	呼伦贝尔沙地	新巴尔虎左旗	S29	呼伦贝尔市	内蒙古
	磴口	S15	巴彦淖尔市	内蒙古					

二 研究方法

国外学者较早关注到气候对旅游行为的影响,他们通过对具体区域的研究,利用实验方法提出了很多旅游气候舒适评价的模型[1],形成了一些比较有代表性的研究成果。国内气候与旅游之间的关系研究主要集中在两个方面,一是引入气候模型对旅游目的地进行旅游舒适度评价[2];二是对气候条件变化和旅游客流季节变化进行拟合运算,分析气候条件对旅游客流的影响[3]。在对旅游气候舒适度进行评价的时候,经常使用一些指数指标,包括温湿指数(THI)、风寒指数(WCI)、风效指数(K)、着衣指数(ICL)、温湿度阳光风指数(THSW)等指数模型。为了使气候舒适度评价更科学,也有学者选择若干指数指标并对指数权重进行定义,生成新的综合指数。如马丽君等[4]经常使用的"$C = 0.6XTHI + 0.3XWCI + 0.1XICL$"和曹伟宏等[5]使用的"$CCI = 0.6NK + 0.3NTHI + 0.1NICL$"。

本章拟从旅游气候舒适度和"不适游天气"频率两个角度对各沙漠旅游潜力区气候舒适条件进行分析。在旅游气候舒适度评价方面,考虑到沙漠区旅游活动的特点,本章选择温湿指数和风寒指数作为基础计算量,利用德尔菲法对这两个指数权重进行赋值,并建立沙漠旅游气候舒适指数(Desert Comfort Index, DCI)。再利用景区游客月接待量比例,对温湿指数和风寒指数权重进行检验,最终确定沙漠

---

[1] Agnew, M. D. and Viner, D., "Potential Impacts of Climate Change on International Tourism", *Tourism and Hospitality Research*, 2001, 33 (1).
[2] 刘清春、王铮、许世远:《中国城市旅游气候舒适性分析》,《资源科学》2007年第1期。
[3] 马丽君、孙根年、马耀峰:《气候舒适度对热点城市入境游客时空变化的影响》,《旅游学刊》2011年第1期。
[4] 马丽君、孙根年、谢越法:《50年来东部典型城市旅游气候舒适度变化分析》,《资源科学》2010年第10期。
[5] 曹伟宏、何元庆、李宗省:《丽江旅游气候舒适度与年内客流量变化相关性分析》,《地理科学》2012年第12期。

旅游气候评价综合指数模型。对沙漠区旅游活动影响较大的天气指标是气温和风速，所以本章主要以气温和风速作为阈值指标来计算特殊天气频率及变化趋势，进而对各沙漠旅游发展潜力区进行分析。

第二节 沙漠旅游气候舒适度分析

舒适旅游气候是指旅游者无须借助任何避暑、驱寒措施就能保证旅游活动正常进行，且生理感觉舒适的气候条件。[①] 除一些治沙成果展示厅以外，沙漠旅游的活动范围主要在室外进行，加之沙漠地区基础设施条件有限，不可能在沙漠里建立太多的纳凉休息设施，因此，旅游气候舒适评价对于发展沙漠旅游具有更加重要的意义。

一 沙漠旅游气候舒适指数

对沙漠旅游活动影响最大的是气温和风速，因此，本章选择温湿指数和风寒指数作为评价沙漠旅游气候舒适情况的基本函数。由于沙漠旅游旅行方式多样，包括徒步穿越、沙漠观光、探险车冲浪、露营探险等，无法使用统一的人体代谢率指标。另外，户外服装的科技含量和设计水平，也已经远远超过了20世纪80年代的水平。基于以上考虑，本章没有使用着衣指数[②]作为基本参考指标。

温湿指数（THI）和风寒指数（WCI）都是利用人体与周围环境间的热量交换来评价气候舒适情况，区别是温湿指数考虑的是湿度对体感温度的影响，而风寒指数考虑的是风速对热量交换的影响。温湿指数（THI）计算公式为式（5-1），风寒指数（WCI）计算公式为式（5-2），其中 t 为摄氏气温（℃），f 为相对湿度（%），v 为风速

[①] 吴普、席建超、葛全胜：《中国旅游气候学研究综述》，《地理科学进展》2010年第2期。
[②] 着衣指数采用1979年澳大利亚学者Freitas提出的标准模型，主要利用气温、人体代谢率、太阳辐射吸收率、太阳高度角、风速5个指标进行计算。

(米/秒)。二者的分级标准及赋值见表 5-2。本章在这两个指数的基础上，利用德尔菲法建立沙漠旅游气候舒适指数（DCI）模型，计算方法为式（5-3），其中 *NTHI* 和 *NWCI* 为温湿指数和风寒指数。

$$THI = (1.8t + 32) - 0.55(1-f)(1.8t - 26) \quad (5-1)$$

$$WCI = (t - 33)(10.9\sqrt{v} + 9.0 - v) \quad (5-2)$$

$$DCI = 0.4N_{THI} + 0.6N_{WCI} \quad (5-3)$$

表 5-2　　　　温湿指数、风寒指数的分级标准及赋值

温湿指数（THI）		风寒指数（WCI）		舒适级别与赋值	
分值范围	感觉程度	分值范围	感觉程度	舒适级别	赋值
[0, 40)	极冷	(-∞, -1000)	寒冷风	特别不舒适	1
[40, 45)	寒冷	[-1000, -800)	冷风	不舒适	3
[45, 55)	偏冷	[-800, -600)	稍冷风	一般舒适	5
[55, 60)	清	[-600, -300)	凉风	较舒适	7
[60, 65)	凉	[-300, -200)	舒适风	舒适	9
[65, 70)	暖	[-200, -50)	暖风	较舒适	7
[70, 75)	偏热	[-50, 80)	热风	一般舒适	5
[75, 80)	闷热	[80, 160)	炎热风	不舒适	3
[80, +∞)	极闷热	[160, +∞)	酷热风	特别不舒适	1

二　沙漠旅游气候舒适指数检验

在沙漠旅游气候舒适指数（DCI）模型里，温湿指数（THI）和风寒指数（WCI）的权重是利用德尔菲法由专家打分确定的，所以必须对这两个权重进行相应的检验。其他学者的研究成果显示：气候舒适度与旅游者客流分布有很强的关联度[①]。因此，本章利用宁夏沙坡头景区近五年的月度游客比例，对 DCI 进行拟合检验，如果计算出的

---

① 马丽君、孙根年、马耀峰：《气候舒适度对热点城市入境游客时空变化的影响》，《旅游学刊》2011 年第 1 期。

回归方程拟合度较好,证明权重系数可以进一步使用,否则将进行必要的系数调整。考虑到除气候舒适度外,暑期、小长假、黄金周等也会对旅游月度客流分布产生很大的影响,因此本章将虚拟指数 H 加入拟合计算,虚拟值取值设定为"0;0.5;1"。假定客流月度变化量的方程为 $Q = aXDCI + bXH + c$,其中 Q 为月度客流比例,$XDCI$ 为月度沙漠旅游气候舒适指数赋值,XH 为虚拟指数,a、b 为系数,c 常量。各变量取值见表 5 - 3。

表 5 - 3 沙坡头各月客流比例、温湿指数、风寒指数、沙漠气候综合指数值

月份	1月	2月	3月	4月	5月	6月	7月	8月	9月	10月	11月	12月
Q(%)	0.11	0.21	0.30	2.44	11.88	8.85	17.02	27.26	14.61	15.05	2.01	0.26
N_{THI}	1	1	3	5	9	7	7	7	7	5	1	1
N_{WCI}	3	3	5	7	9	9	9	9	9	7	5	3
X_{DCI}	2.2	2.2	4.2	6.2	7.8	8.2	8.2	8.2	7	6.2	3.4	2.2
X_H	0	0	0	0	0.5	0	0.5	1	0	0.5	0	0

注:Q 值为近五年每月游客接待量占全年接待量百分比的五年平均值;N_{THI} 和 N_{WCI} 是近 30 年中卫气象站气温、湿度、风速的月平均值,利用式(5 - 1)和式(5 - 2)计算得出;5 月有小长假、7 月开始进入暑期、10 月有黄金周,所以这三个月 X_H 赋值"0.5",8 月是暑期,X_H 赋值"1",其他月份赋值"0"。

利用 SPSS 17.0 进行回归线性分析,得到客流月度变化量的方程为:

$$Q = 1.591 XDCI + 15.922 XH - 3.735 \quad (5-4)$$

模拟出的指数模型 $R^2 = 0.884$、调整 $R^2 = 0.858$,这说明得到的模型和真实数据拟合度较好,但仍有拟合优度的上升空间;F 统计量为 34.156,大于 $F0.01(2, 9) = 8.020$,表明线性回归在 0.01 水平上显著,表明 XDCI 和 XH 对客流量有显著的影响;tDCI 和 tH 分别为 3.151 和 4.204,都大于 $0.02t/2(9) = 2.821$,表明二者对客流量有极其显著的影响。所以,本章认为式(5 - 4)是成立的,而且拟合情况良好。[①] 因此可以认为,用温湿指数(THI)和风寒指数(WCI)作为数据基础建

---

① 夏怡凡:《SPSS 统计分析精要与实例详解》,电子工业出版社 2010 年版,第 170—185 页。

立沙漠旅游气候舒适指数（DCI）是可行的。①

三 各潜力区气候舒适度

上文已经对沙漠旅游气候舒适指数（DCI）的运算方法做了说明和相关验证，下面将利用各沙漠旅游发展潜力区所在地的30年（1981—2010年）的气象数据来计算各潜力区的沙漠旅游气候舒适指数，具体结论见表5-4，其中"$DCI \geq 7$"为气候舒适月份，"$5 \leq DCI < 7$"为一般舒适月份，"$DCI < 5$"为不舒适月份。

表5-4　　　　沙漠旅游发展潜力区各月气候舒适指数

月份		1月	2月	3月	4月	5月	6月	7月	8月	9月	10月	11月	12月
轮台	S1	3.4	3.4	6.2	7.0	8.2	6.2	6.2	6.2	9.0	6.2	5.4	3.4
阿拉尔	S2	3.4	3.4	6.2	7.0	8.2	8.2	6.2	6.2	9.0	6.2	4.6	3.4
民丰	S3	3.4	4.2	6.2	7.0	9.0	7.0	6.2	6.2	9.0	6.2	5.4	3.4
岳普湖	S4	3.4	3.4	6.2	7.0	9.0	8.2	6.2	6.2	9.0	7.0	5.4	3.4
阜康	S5	2.2	2.2	3.4	6.2	7.8	8.2	6.2	8.2	7.8	6.2	3.4	2.2
和布克赛尔	S6	2.2	2.2	2.2	5.0	7.0	7.8	7.8	7.8	7.0	4.2	2.2	2.2
哈密	S7	2.2	3.4	5.0	7.0	9.0	6.2	6.2	6.2	9.0	6.2	3.4	3.4
奇台	S8	1.0	1.0	2.2	6.2	7.8	8.2	8.2	8.2	7.0	5	2.2	1.0
鄯善	S9	3.4	3.4	6.2	7.0	7.0	6.2	5.4	6.2	8.2	6.2	6.2	3.4
敦煌	S10	2.2	3.4	5.0	7.0	7.8	6.2	6.2	8.2	7.8	6.2	4.2	2.2
格尔木	S11	2.2	2.2	4.2	5.0	7.0	7.0	7.8	7.8	7.0	5.0	3.4	2.2
额济纳旗	S12	1.0	2.2	5.0	7.0	7.8	8.2	7.4	8.2	7.8	6.2	2.2	2.2
阿拉善右旗	S13	2.2	2.2	5.0	6.2	7.8	8.2	7.8	8.2	7.8	6.2	2.2	2.2
乌海	S14	1.0	2.2	4.2	6.2	7.8	8.2	6.2	8.2	7.8	6.2	3.0	2.2

---

① 此公式拟合度较好，只能证明用温湿指数和风寒指数为基础数据并取其权重为0.4和0.6计算"沙漠旅游气候舒适度"的方法是可行的；但不能用此公式对其他沙漠区的游客接待进行预测，因为各沙漠情况不同，此拟合系数是根据沙坡头一个地区计算的，不具有代表性。

续表

月份		1月	2月	3月	4月	5月	6月	7月	8月	9月	10月	11月	12月
碛口	S15	2.2	2.2	4.2	6.2	7.8	8.2	6.2	8.2	7.8	6.2	3.4	2.2
民勤	S16	2.2	2.2	4.2	6.2	7.8	8.2	8.2	8.2	7.8	6.2	4.2	2.2
武威	S17	2.2	3.4	4.2	6.2	7.8	8.2	8.2	8.2	7.0	6.2	3.4	3.4
中卫	S18	2.2	2.2	4.2	6.2	7.8	8.2	8.2	8.2	7.0	6.2	4.2	2.2
阿拉善左旗	S19	2.2	2.2	4.2	6.2	7.8	8.2	8.2	8.2	7.8	6.2	4.2	2.2
杭锦旗	S20	1.0	2.2	3.0	5.0	7.0	7.8	8.2	7	7.0	5.0	2.2	1.0
达拉特旗	S21	2.2	2.2	4.2	6.2	7.8	8.2	7.4	8.2	7.0	6.2	3.4	2.2
准格尔旗	S22	3.4	3.4	4.2	6.2	7.8	8.2	6.2	8.2	7.0	6.2	3.4	3.4
鄂托克前旗	S23	2.2	2.2	4.2	6.2	7.8	8.2	7.0	8.2	7.0	6.2	3.4	2.2
乌审旗	S24	1.0	1.0	2.2	5.0	5.8	7.8	8.2	7.0	7.0	5	2.2	1.0
榆林	S25	2.2	2.2	4.2	6.2	7.8	8.2	7.4	8.2	7.8	6.2	3.4	2.2
多伦	S26	1.0	1.0	2.2	5.0	7	7.8	7.0	7.8	6.2	4.2	1.0	1.0
翁牛特旗	S27	1.0	1.0	2.2	5.0	7.8	8.2	7.4	7.4	7.8	5	2.2	1.0
开鲁	S28	1.0	1.0	2.2	5.0	7.8	8.2	7.4	7.4	7.8	5	2.2	1.0
新巴尔虎左旗	S29	1.0	1.0	1.0	4.2	7	7.8	8.2	7	6.2	4.2	1.0	1.0
舒适区比例		0:0:29	0:0:29	0:9:20	8:20:1	28:1:0	26:3:0	18:11:0	23:6:0	27:2:0	1:25:3	0:4:25	0:0:29

注：各月舒适区比例按"舒适区数量：一般舒适区数量：不舒适区数量"统计。

统计 DCI 的计算结果，从纵向来看，5 月、6 月、9 月大多数沙漠区的旅游气候舒适度都比较好；7 月和 8 月部分沙漠区气温较高，但是仍有大部分区域适合开展旅游活动；4 月、10 月大部分沙漠地区处于一般舒适区，少量区域气候条件不舒适；1 月、2 月、3 月、11 月、12 月各潜力区的旅游气候舒适度都不太好。这也从一定程度上说明了沙漠旅游是一种季节性非常明显的旅游活动。从横向来看，各潜力区的舒适期都在 4—5 个月，轮台、哈密、鄯善三个区的舒适期只有 3 个月，额济纳旗的舒适期最长，达 6 个月；各地区的舒适指数曲线明显呈现两种形状，"M"形和"∩"形，"M"形的主要特征是春秋时节气候条件较为舒适，冬季寒冷、夏季炎热，均不适合开展沙漠旅游，"∩"形的主要特征是夏季舒适度也比较高，因此将 5—9 月连成一段较长的旅游舒适期。

除气候舒适度外，天气情况也会对沙漠旅游活动产生很大的影响，下文将对各潜力区旅游活动产生负面影响的天气进行分析。

第三节　不适游天气对气候舒适指数的影响

天气是经常不断变化着的大气状态，既是一定时间和空间内的大气状态，也是大气状态在一定时间间隔内的连续变化。天气条件对旅游活动影响较大，如台风、大雾、强降雨、极高温、极低温等都会对旅游产生很强的负面影响。[1] 沙漠区降雨量普遍较小，所以在沙漠区对旅游影响最大的天气因素就是气温和风速。11月至次年3月大多数沙漠区旅游舒适度较差，不适宜接待旅游者。下面分析各沙漠旅游开发潜力区4—10月的气温和风速情况。

一　气温和风速阈值界定

沙漠旅游活动主要区域在室外，而且沙漠区植被较少，基本没有天然纳凉场所，在高温和热辐射的长时间作用下，旅游者机体体温调节会出现障碍，也就是人们常说的"中暑"[2]。发生中暑与气温、湿度、风速等天气条件都有关系，也与个人体质紧密相连。但是，当气温超过33℃时，发生中暑的概率大大增加，所以北京等城市规定在33℃天气下露天工作需要支付高温补贴。[3] 刘清春等也认为当气温高过32.8℃，旅游者会感到明显的不适。[4] 本章以日最高气温32.8℃为阈值，达到这一标

---

[1] Rogers, D. P., Shapiro, M. A., Brunet, G. et al., "Health and Climate—Opportunities", *Procedia Environmental Sciences*, 2010 (1).

[2] 谭晓风、丁颖、于晓华：《中暑预防的研究进展》，《东南国防医药》2009年第6期。

[3] 《北京市关于进一步做好工作场所夏季防暑降温工作有关问题的通知》〔京劳社资发(2007) 123号〕。

[4] 刘清春、王铮、许世远：《中国城市旅游气候舒适性分析》，《资源科学》2007年第1期。

准就归类为"不适游高温日"。

沙粒被风吹起会严重影响旅游者在沙漠中的活动，因此，风速也是沙漠旅游天气条件分析不可缺少的一个因素。"起沙风速"是沙漠研究的热点问题之一，它与沙粒粒径、地表性质（如粗糙度、水分条件）等多种因素有关，一般干燥疏松的沙粒起动风速约为4—7米/秒。[1] 钱正安等也认为，地面出现6—9米/秒的风即能将地面沙尘吹到空中。[2] 沙尘高度在2米左右，会严重影响旅游活动的进行，所以本章以日最大风速7米/秒为阈值，达到这一标准就归类为"不适游起沙日"。下文基于"不适游高温日"和"不适游起沙日"的出现频率来分析各沙漠旅游发展潜力区的旅游天气条件。

二 各潜力区不适游天气频率

根据上文确定的气温和风速的阈值，我们对29个沙漠旅游发展潜力区每年4—10月"不适游高温日"和"不适游起沙日"的数量进行统计，然后计算出各月平均"不适游"日数。高温日数用M1表示，起沙日数用M2表示，统计结果如表5-5所示。

表5-5　　沙漠旅游发展潜力区各月"高温、起沙"平均日数

月份	4月		5月		6月		7月		8月		9月		10月		平均	
	M1	M2	M1	M2	M1	M2	M1	M2	M1	M2	M1	M2	M1	M2	M1	M2
S1	0.5	3.3	4.1	5.4	12.9	7.1	19.2	4.9	16.3	4.1	2.1	2.0	0	0.7	7.9	3.9
S2	0.5	3.0	4.1	6.4	11.5	7.9	14.5	4.1	11.6	1.9	1.3	0.4	0	0.6	6.2	3.5
S3	0.8	5.3	4.0	6.7	11.9	8.1	17.9	6.0	16.6	4.3	2.5	1.8	0	1.0	7.7	4.7
S4	0.3	5.9	0.7	8.1	5.7	8.6	12.1	6.3	7.5	6.3	0.4	2.3	0	1.5	3.8	5.2

---

[1] 农业大词典编辑委员会编：《农业大词典》，中国农业出版社1998年版，第1276页。
[2] 钱正安、宋敏红、李万元：《近50年来中国北方沙尘暴的分布及变化趋势分析》，《中国沙漠》2002年第2期。

续表

月份	4月 M1	4月 M2	5月 M1	5月 M2	6月 M1	6月 M2	7月 M1	7月 M2	8月 M1	8月 M2	9月 M1	9月 M2	10月 M1	10月 M2	平均 M1	平均 M2
S5	0.2	7.0	4.9	8.7	14.9	10.9	21.2	8.0	16.8	7.0	2.7	3.7	0	0.9	8.7	6.6
S6	0	10.4	0	14.6	0.1	12.0	0.5	6.9	0.2	6.6	0	5.4	0	5.7	0.1	8.8
S7	0.2	7.9	5.0	7.2	16.6	5.6	22.6	4.0	19.0	3.4	3.0	0	0	1.2	9.5	4.5
S8	0.1	10.7	0.6	12.3	4.5	11.1	9.4	9.9	8.0	8.0	0.9	6.5	0	5.7	3.4	9.2
S9	2.6	1.0	8.7	1.7	27	1.7	30	0.3	28	1.0	8.3	0.7	0.3	0	15.0	0.9
S10	0.5	10.2	2.4	9.0	11.9	7.1	18.4	7.1	13.7	4.5	1.3	3.3	0	3.3	6.9	6.4
S11	0	11.8	0	14.2	0	12.5	0.4	12.1	0.1	9.2	0	6.6	0	4.7	0.1	10.2
S12	0.1	18.7	3.0	18.3	15.3	16.8	23.1	16.0	15.4	12.8	1.3	10.0	0	9.5	8.3	14.6
S13	0	21.1	0.2	21.5	3.6	21.6	9.6	22	4.2	20.6	0.3	17.9	0	15.4	2.6	20.0
S14	0.2	18.5	2	19	10.5	17.8	18	17.7	11.1	14.3	1.2	11.1	0	9.7	6.1	15.4
S15	0	18.1	0.9	17.2	1.5	12.9	4.3	8.9	1.1	7.2	0	6.3	0	7.4	1.1	11.1
S16	0	15.8	0.4	14.7	3.9	11.5	9.4	10.3	5.4	7.6	0.3	6.3	0	7.3	2.8	10.7
S17	0	10.4	0.2	10.4	1.3	7.4	5.5	6.8	2.5	5.1	0.1	3.0	0	2.2	1.4	6.5
S18	0	7.6	0	7.1	1.1	4.6	2.4	4.7	0.9	4.1	0.1	2.7	0	3.4	0.6	4.9
S19	0	14.8	0	17.7	0.7	16.9	3.2	17	1.3	15	0.1	10.5	0	6.9	0.8	14.1
S20	0	15.2	0	15	0.2	11.2	1	9.4	0.1	7.8	0	7.6	0	7.4	0.2	10.5
S21	0.1	11.2	0.5	10.7	3.4	8.8	6.5	6.9	1.6	4.4	0.2	3.5	0	4.7	1.8	7.2
S22	0.3	14.3	1.8	12.5	7.1	8.7	10.2	4.8	3.7	2.8	0.5	1.9	0	2.8	3.4	6.8
S23	0	17.7	0.1	18.3	1.3	14.9	4.5	13.4	1.1	10.7	0.2	8.6	0	8.5	1.0	13.2
S24	0	20.2	0.3	20.4	0.4	15.4	2.1	14.1	0.4	11.1	0	14.8	0	12.5	0.5	15.5
S25	0.1	14.5	0.7	13.6	3.1	10.7	6.1	7.7	1.9	6.1	0.3	4.5	0	4.9	1.7	8.9
S26	0	23.9	0	23.5	0.2	18.5	0.8	13.4	0.1	9.2	0	12.9	0	18.5	0.2	17.1
S27	0	21.1	0	20.1	2.4	12.6	3.5	8.4	1.5	4.4	0.2	8	0	13.4	1.2	12.6
S28	0.1	22.8	1.1	23.1	4.7	17.2	5.7	11.4	3.1	8.3	0.3	11.3	0	16.5	2.1	15.8
S29	0	17.1	0.2	17.5	1.9	12.2	2.9	10.0	2	8.6	0.1	10.3	0	10.1	1.0	12.3

从29个潜力区的M1和M2统计数据来看，4月、5月、9月、10月"不适游高温日"出现频率较低，7月、8月、9月、10月"不适游起沙日"出现频率较低，所以9—10月将会成为很多气候条件不好的沙漠景区旅游接待的最高峰；各潜力区按所受影响不同可以分为

"偏高温影响""偏起沙影响"和"双高影响"三类，第一类以鄯善（S9）、哈密（S7）、轮台（S1）等为代表，第二类以格尔木（S11）、乌审旗（S24）、磴口（S15）等为代表，第三类以额济纳旗（S12）、乌海（S1）、阜康（S5）等为代表；也有一些区域受气温和风速的影响都比较小，包括中卫（S18）、武威（S17）、达拉特旗（S21）、岳普湖（S4）等。

三　将修订值代入气候舒适运算

利用各月不适游天数，对沙漠旅游气候舒适指数（DCI）进行修订。修订过程如下：

首先，对各潜力区4—10月不适游天数进行Z-Score标准化转换，即用每个原始值减去原始值的平均值，再除以原始数列的标准差，计算公式如式（5-5）所示。

$$Z = \frac{M - \overline{M}}{\sigma} \tag{5-5}$$

其中，$\sigma = \sqrt{\frac{1}{N}\sum_{i=1}^{N}(M - \overline{M})^2}$。$Z$是标准化以后的数值，$M$是原始数值，$\overline{M}$是原始值的平均值，$\sigma$是原始数值组的标准差。

进行无量纲处理后，各月不适游天数转化为一组平均值为0、标准差为1的数值，数值越大表明不适游天数越多。以这组变量作为DCI的不适游天数修订值。

其次，用表5-4计算得到的4—10月DCI值，减去计算得到的修订值，获得修订后的DCI值。

最后，再对各潜力区4—10月修订后的DCI值求和，计算结果如表5-6所示。

表 5-6　各沙漠旅游发展潜力区"修订后 DCI" 4—10 月之和

潜力区	DCI值	潜力区	DCI值	潜力区	DCI值	潜力区	DCI值	潜力区	DCI值
轮台 S1	50.4	哈密 S7	49.2	阿拉善右旗 S13	43.9	阿拉善左旗 S19	51.1	榆林 S25	54.3
阿拉尔 S2	54.4	奇台 S8	51.3	乌海 S14	42.9	杭锦旗 S20	49.4	多伦 S26	41.3
民丰 S3	51.4	鄯善 S9	45.8	磴口 S15	51.6	达拉特旗 S21	55.1	翁牛特旗 S27	48.2
岳普湖 S4	56.6	敦煌 S10	51.5	民勤 S16	52.4	准格尔旗 S22	52.7	开鲁县 S28	44.3
阜康 S5	48.8	格尔木 S11	49.5	武威 S17	56.9	鄂托克前旗 S23	48.6	新巴尔虎左旗 S29	44.6
和布克赛尔 S6	50.7	额济纳旗 S12	43.6	中卫 S18	59.1	乌审旗 S24	43.3		

第四节　沙漠旅游区气候舒适度判断

本章利用温湿指数和风寒指数，建立沙漠旅游气候舒适指数（DCI）模型"$DCI = 0.4NTHI + 0.6NWCI$"。本节以沙坡头景区"月 DCI 数值"和"月虚拟假日指数"为自变量，以"月客流量比例"为因变量，利用 SPSS 17.0 的线性回归功能建立拟合关系，以此检验该模型的科学性。结论证明拟合关系良好，DCI 对客流变化的影响是非常显著的，进而证明建立的 DCI 模型信度较好。

下文利用建立的 DCI 模型，对全国 29 个沙漠旅游发展潜力区 12 个月的气候舒适指数进行计算。数据表明：大多数潜力区都有 4—5 个适游月份；每年的 11 月至次年 3 月，没有一个潜力区处于适游状态，这 5 个月也正是沙漠旅游景区的旅游淡季，这进一步说明了沙漠旅游对气候条件的强依赖性；大多数潜力区的 5—9 月旅游舒适指数较高，但同时这段时间也是沙漠区气温较高的季节，因此需要利用"高温日"和"起沙日"对沙漠旅游气候舒适指数进行修订。

高温和大风对旅游活动有明显的负效应。32.8℃和7米/秒为高温和风速导致"不适游"的阈值，通过统计30年来29个潜力区4—10月各月"高温日"和"起沙日"的日数来分析各潜力区的月度不适游天气特征。数据表明：阈值选择合理，有很强的区别度；从月度指标上来看，4月、5月、9月主要是风速对旅游的影响较大，6月、7月、8月主要是气温对旅游的影响较大，10月气温和风速的影响都比较小；从各潜力区的不适游日数来看，新疆各潜力区大多受高温的影响较大，以鄯善、哈密、轮台等地为代表，内蒙古各潜力区大多受大风的影响较大，以多伦、乌审旗、开鲁等地为代表，青海格尔木、陕西榆林和甘肃民勤主要受大风的影响，宁夏中卫、甘肃武威和内蒙古达拉特旗的不适游日数较少。

将各潜力区月度不适游天数进行无量纲处理，并以标准化之后的各变量为沙漠旅游气候舒适指数的修订值，并对修订之后的4—10月DCI求和。DCI总和超过55分的共有4个地区，分别是宁夏中卫、甘肃武威、新疆岳普湖和内蒙古达拉特旗。国家首批5A级景区宁夏沙坡头就位于中卫，中国第一个沙漠主题公园就建在甘肃武威，被称为"中国沙漠风光旅游之乡"的达瓦昆旅游风景区就位于新疆岳普湖，达拉特旗的响沙湾旅游景区已经成为集观光、娱乐、度假、探险于一体的综合性沙漠旅游景区。可见，沙漠旅游气候舒适综合指数排在前四位的地区，在沙漠旅游景区开发方面已经走在了前列，旅游产业已经成为当地发展的重要推动力。当然，并不能说"沙漠旅游气候舒适指数越高，沙漠旅游产业就越发达"，旅游气候条件只是沙漠旅游发展的一个重要因素。旅游产品的多元化与旅游方式的个性化，将使越来越多的沙漠旅游产品进入大众的视野，各沙漠区也会找到自身独特的旅游发展之路。

第六章　沙漠旅游游客行为特征

　　旅游者是旅游活动的主体，在市场经济条件下，旅游者对旅游产业发展起主导性作用。沙漠旅游作为一项特种旅游项目，其旅游主体一定具有同传统旅游项目相比不同的特征。但是，目前中国对沙漠旅游的研究除了综述性的成果以外，大多集中在针对具体地点进行的沙漠旅游资源开发研究上，对于沙漠旅游者行为的基础研究略显不足。旅游者对旅游目的地、旅行交通方式、旅游产品组合等具有主导性的选择权，但不同类型景区的主要目标旅游者也不尽相同，在年龄、性别、文化程度、收入、婚姻状况等人口学特征方面以及出游方式、交通工具选择、旅行费用等旅游行为特征方面，都会有一定的差异，沙漠旅游在旅游者特征分析方面还没有比较权威的统计。

　　此外，旅游者的出游并不会在时间上和空间上均匀分布，而是受多方面因素的影响，出现明显的时空波动。游客的时空分布特征就是对旅游者出游波动规律的总结，它是研究旅游景区相关经营策略的重要理论依据[1]。因此，对各类型旅游地客流分布特征及其影响因素的研究，一直是旅游地理研究中的一大重要课题，形成了很多代表性的

---

[1] Otero-Giráldez, M. S., Álvarez-Díaz, M. and González-Gómez, M., "Estimating the Long-Run Effects of Socioeconomic and Meteorological Factors on the Domestic Tourism Demand for Galicia (Spain)", *Tourism Management*, 2012, 33 (6).

研究成果[①]。与传统旅游项目相比，沙漠旅游具有很多特殊性，对沙漠旅游景区客流时空分布规律的研究，是沙漠旅游系统化研究的重要环节，但是，中国目前的相关研究成果却很少。为了探讨中国沙漠旅游景区客流的时空分布特征，本章以鸣沙山月牙泉景区、沙坡头景区、巴丹吉林沙漠景区为研究对象，通过对这三个典型景区的分析，使我们对沙漠旅游地游客行为特征有一个整体的把握。

第一节　旅游者社会人口学特征

为了研究沙漠景区旅游者的社会人口学特征，研究小组利用随机抽样的方法（SRS），对沙坡头和巴丹吉林两个景区进行了调研。为保证调研统计数据具有代表性，每次问卷的发放比例与两个景区的调研时间占全年的客流比例基本相符。在沙坡头共发放问卷700份，其中有效问卷684份，有效率97.7%；在巴丹吉林共发放问卷800份，其中有效问卷779份，有效率97.4%。这些问卷都是调研小组成员现场"一对一"解释、指导和帮助问卷的填写，保证了问卷有较高的有效性。

问卷见附录1—2。将问卷中第一部分旅游者随机样本社会人口学特征结果进行统计并整理，形成表6-1。

表6-1　沙坡头、巴丹吉林旅游者随机样本社会人口学特征统计

项目	内容	沙坡头		巴丹吉林		合计	
		样本数	比例（%）	样本数	比例（%）	样本数	比例（%）
性别	男性	355	51.9	442	56.7	797	54.5
	女性	329	48.1	337	43.3	666	45.5

[①] 邓明艳：《成都国际旅游市场旅游流特征的分析》，《经济地理》2000年第6期；陆林、宣国富、章锦河：《海滨型与山岳型旅游地客流季节性比较——以三亚、北海、普陀山、黄山、九华山为例》，《地理学报》2002年第6期；李创新、马耀峰、张佑印：《中国旅游热点城市入境客流与收入时空动态演化与错位——重力模型的实证》，《经济地理》2010年第8期；杨兴柱、顾朝林、王群：《城市旅游客流空间体系研究——以南京市为例》，《经济地理》2011年第5期。

续表

项目	内容	沙坡头 样本数	沙坡头 比例（%）	巴丹吉林 样本数	巴丹吉林 比例（%）	合计 样本数	合计 比例（%）
年龄	18岁以下	102	14.9	39	5.0	141	9.6
	18—30岁	233	34.1	287	36.8	520	35.5
	31—45岁	218	31.9	296	38.0	514	35.1
	46—60岁	77	11.3	146	18.7	223	15.2
	60岁以上	54	7.9	11	1.4	65	4.4
文化程度	初中及以下	89	13.0	39	5.0	128	8.7
	高中/中专	180	26.3	185	23.7	365	24.9
	大专/本科	306	44.7	429	55.1	735	50.2
	研究生	109	15.9	126	16.2	235	16.1
职业情况	公务员	96	14.0	102	13.1	198	13.5
	教师	58	8.5	72	9.2	130	8.9
	技术人员	76	11.1	88	11.3	164	11.2
	管理人员	108	15.8	103	13.2	211	14.4
	普通职员	66	9.6	143	18.4	209	14.3
	私营老板	32	4.7	80	10.3	112	7.7
	自由职业	38	5.6	63	8.1	101	6.9
	工人	36	5.3	13	1.7	49	3.3
	农民	5	0.7	4	0.5	9	0.6
	学生	108	15.8	39	5.0	147	10.0
	军人	9	1.3	6	0.8	15	1.0
	退休人员	40	5.8	24	3.1	64	4.4
	其他	12	1.8	42	5.4	54	3.7
月收入	无收入	110	16.1	44	5.6	154	10.5
	<3500元	223	32.6	128	16.4	351	24.0
	3500—5000元	214	31.3	315	40.4	529	36.2
	5001—8000元	119	17.4	204	26.2	323	22.1
	>8000元	18	2.6	88	11.30	106	7.2
婚姻状况	单身	119	17.4	56	7.2	175	12.0
	热恋未婚	140	20.5	157	20.2	297	20.3
	已婚无子	108	15.8	263	33.8	371	25.4
	已婚有子	317	46.3	303	38.9	620	42.4

一 沙漠旅游者性别特征分析

在沙坡头被调研的 684 人中，男性 355 人，占 51.9%；女性 329 人，占 48.1%，男性游客略多于女性游客；在巴丹吉林被调研的 779 人中，男性 442 人，占 56.7%；女性 337 人，占 43.3%，男性高过女性 13.4%，男性游客明显多于女性。为了形象地说明这一问题，我们将沙漠旅游者的性别基本数据整理成图 6-1，来作进一步的分析。沙漠旅游者中的男性明显多于女性，这说明沙漠旅游比较吸引爱冒险、有一定体力的男性游客。巴丹吉林的男性游客比例明显高于沙坡头的男性游客比例，这说明偏探险性质的沙漠景区的男性游客比例要高于偏科考性的沙漠景区。

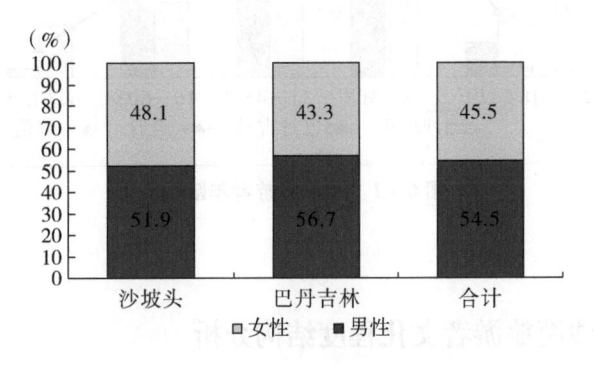

图 6-1 沙漠旅游者性别特征

二 沙漠旅游者年龄特征分析

从统计数字上看，沙坡头 18—30 岁年龄段的游客最多，占总人数的 34.1%；巴丹吉林 31—45 岁年龄段的游客最多，占总人数的 38%；整体来看，这两个年龄段是沙漠旅游客源的主力部分，合计占 70% 以上。从图 6-2 中可以看出，沙漠旅游者的年龄段主要处于 18—45 岁，中青年是主要客源，并以此向两边递减，老年市场和儿童市场不是沙漠旅游的主要目标市场；沙坡头"18岁以下"年龄段和"60岁以上"年龄段的客源比例明显高于巴丹吉林，但其他三个年龄段比例少于巴丹吉林，这说明沙坡头的客源结构更加均衡，偏重沙漠治理的景区定位及在保卫包兰铁路中的辉煌成就，使其更能吸引青少年和老年旅游者；而巴丹吉林的神秘与探险主题，对体力更好的中青年市场更有吸引力。

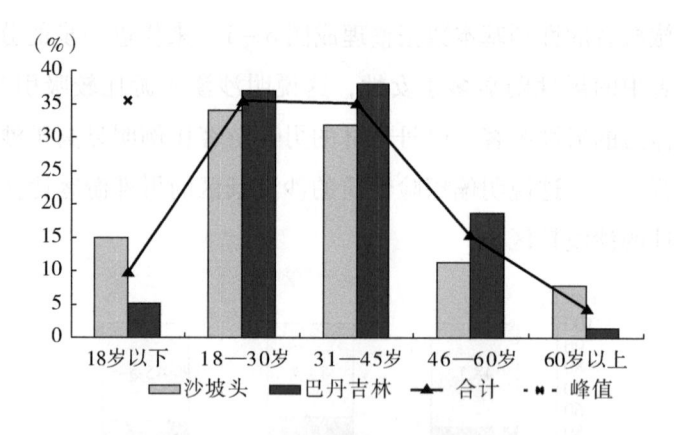

图6-2 沙漠旅游者年龄特征

三 沙漠旅游者文化程度结构分析

沙漠旅游者的整体学历较高，且两个景区没有明显差别（见图6-3），都是大专/本科学历所占比例最大，在沙坡头占到总人数的44.7%，在巴丹吉林占到总人数的55.1%。沙坡头在"初中及以下"和"高中/中专"两个组比巴丹吉林更高，主要是由沙坡头在青少年学生市场具有较强的影响力导致的。总体来说，沙漠旅游者的文化程度较高。这主要是因为，文化程度越高，对信息的搜集能力和对新事物的接受能力也会越强，对景观的感悟能力和审美理解力也有可能越强，并且高教育背景也有利于获得更高的收入，因此他们更愿意接受沙漠旅游这

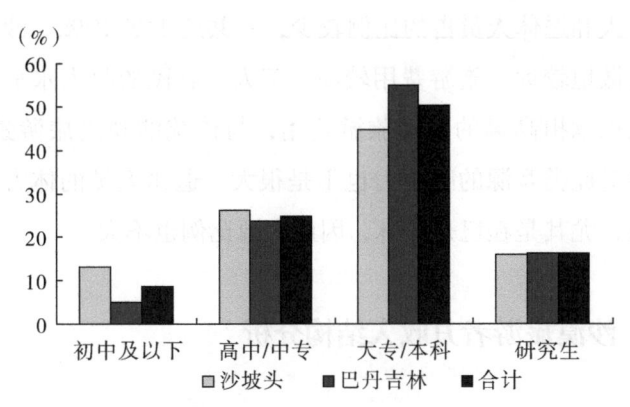

种特种旅游形式,并能够为这种旅游体验支付足够的费用。

图6-3 沙漠旅游者学历结构

四 沙漠旅游者职业类型分析

将沙坡头和巴丹吉林两景区游客汇总以后,计算各职业所占百分比,结果如图6-4所示。在中国沙漠旅游者职业构成里,排在前五名的是公务员、管理人员、普通职员、技术人员和学生,这五类职业构成了总人数的63.4%;教师、私营老板、自由职业者这三类职业是中

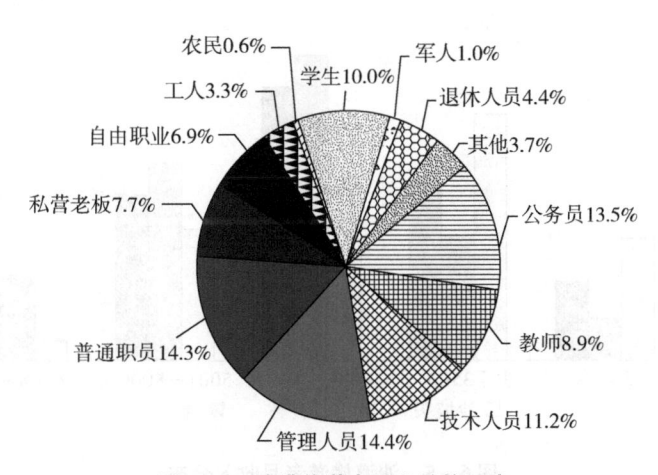

图6-4 沙漠旅游者职业结构示意

间人群,也将是未来一段时间内或有较大增长的一部分客源;农民、工人、军人和退休人员占的比例较少,一共还不足10%。沙漠景区距离交通集散地较远,旅游费用较高,工人、农民的收入水平整体相对偏低,难以承担高额的沙漠旅游费用;与传统的观光旅游景点相比,沙漠旅游对此类客源的吸引力也不是很大。退休人员的体力无法支持沙漠旅游,尤其是在巴丹吉林,因此客源比例也不大。

五 沙漠旅游者月收入结构分析

沙漠旅游者的收入也整体呈现正态分布的特征,中等收入者居多,然后向高低两端递减,这基本符合社会收入的结构特征(见图6-5)。但在细微之处两景区也略有差异,沙坡头的最大比例游客月收入区间是少于3500元,然后向高收入方向递减;而巴丹吉林的最大比例游客月收入区间是3500—5000元,然后向两边递减;在低收入的两个区间,沙坡头的比例超过巴丹吉林,在趋高的后三个区间巴丹吉林的比例较高。出现这种情况,一方面是因为沙坡头的学生游客比例很大,而学生属于无收入人群;另一方面是沙坡头距离中卫城区比较近,可

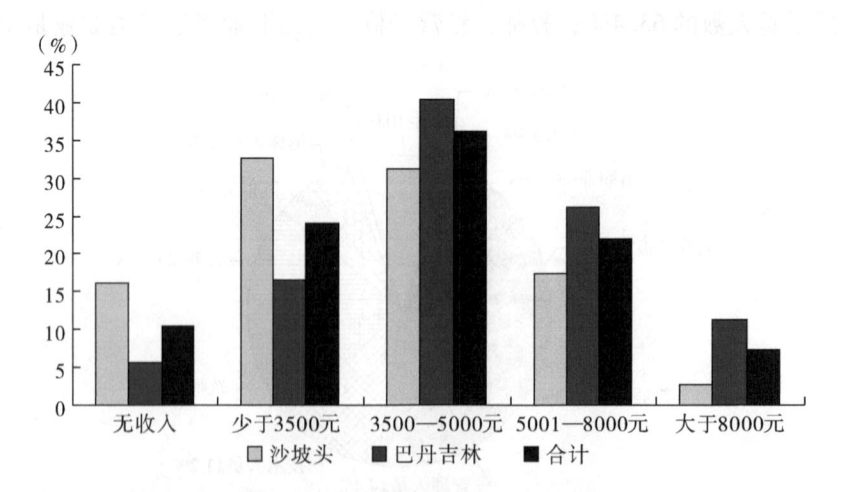

图6-5 沙漠旅游者月收入分布

当天往返,降低了本地客源的旅游成本。

六 沙漠旅游者婚姻状况分析

沙漠旅游者的婚姻状况有明显的差异,沙坡头"单身"和"已婚有子"两种状况的比例明显高于巴丹吉林,这主要是由学生市场的影响导致的。家长带领还在上学的孩子出游,导致沙坡头在这两种状况的比例较高。巴丹吉林的主体游客是"已婚",一方面是因为巴丹吉林的旅游费用更高,需要旅游者有一定的经济基础;另一方面巴丹吉林距离中国核心城市较远,旅途较辛苦,又以"探险"和"神秘"为主要品牌形象,故在未成年学生市场没有太强的吸引力。具体分布见图6-6。

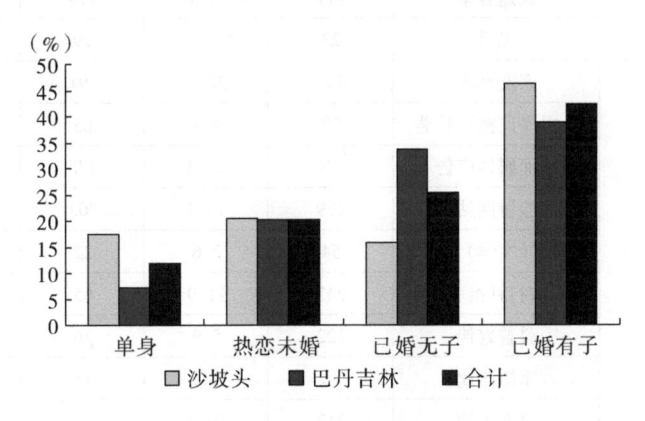

图6-6 沙漠旅游者婚姻状况分布

第二节 旅游者出游行为特征

旅游者出游行为特征包括旅游的方式、旅行交通工具、旅游信息获取渠道等。研究旅游者的出游行为对于沙漠旅游景区规划、沙漠旅游营销组合等都具有重要的参考意义。在本章调研的过程中,除上述三项外,也对旅游费用、旅游目的、重游计划三个方面做了统计,但是从最后的调研结果看，旅游者对这三项的理解存在重大偏差，因此本节只对旅游方式、交通工具和旅游信息三方面的数据进行了整理，统计结果见表6-2。

表6-2　沙坡头、巴丹吉林旅游者随机样本出游行为统计

项目	内容	沙坡头 样本数	沙坡头 比例（%）	巴丹吉林 样本数	巴丹吉林 比例（%）
出游方式	参团	121	17.7	105	13.5
出游方式	散客	563	82.3	674	86.5
交通工具①	自驾车	446	65.2	554	71.1
交通工具①	火车	98	14.3	87	11.2
交通工具①	长途客车	117	17.1	119	15.3
交通工具①	飞机	23	3.4	19	2.4
景点信息获取方式②	亲友推荐	468	22.9	191	10.7
景点信息获取方式②	电视（广播）广告	99	4.8	65	3.7
景点信息获取方式②	平面媒体广告	374	18.3	370	20.9
景点信息获取方式②	旅游网站	279	13.7	703	39.6
景点信息获取方式②	影视（文学）作品	54	2.6	22	1.2
景点信息获取方式②	旅行社推荐	243	11.9	65	3.7
景点信息获取方式②	科普宣传	122	5.9	76	4.3
景点信息获取方式②	重游至此	86	4.2	11	0.6
景点信息获取方式②	家在本地	212	10.4	87	4.9
景点信息获取方式②	其他途径	108	5.3	185	10.4

一　沙漠旅游者出游方式分析

旅游出游方式包括团队和散客两种，20世纪90年代初期，在中

---

① 此处"交通工具"指游客从客源地到景区周边旅游集散地的交通工具。
② 每名游客限选三项，然后对每项结果进行统计，故各统计量总和超过了被调研人数。

国旅游市场刚刚起步的时候,团队旅游形式几乎垄断了100%的出境游、90%的入境游、80%的国内游,曾一度被认为是"旅游的唯一形式"。进入21世纪后,中国经济高速发展,各级政府在公路、铁路、民航等交通基础设施方面加大了投入力度,特别是汽车开始逐渐进入中国家庭,加之国内游客旅游心理不断成熟,国内旅游方式的主流也悄然发生了变化。根据2011年全国旅游市场抽样调查显示,团队旅游形式已经下降到18%,取而代之的是蓬勃发展的散客自由行,已占到旅游市场的82%。沙坡头、巴丹吉林及全国团队散客出游比例数据见图6-7。从中可以明显看出,沙漠旅游景区的散客率更高,两个景点都高于全国82%的平均水平。巴丹吉林的散客率比沙坡头更高,一方面是因为巴丹吉林开发较晚,基础设施状况不如沙坡头,团队旅游线路开发多有不便;另一方面是因为巴丹吉林的旅游者大多是为了追求刺激、探险,团队旅游线路固定,缺少自由度,与其旅游心理不相符。

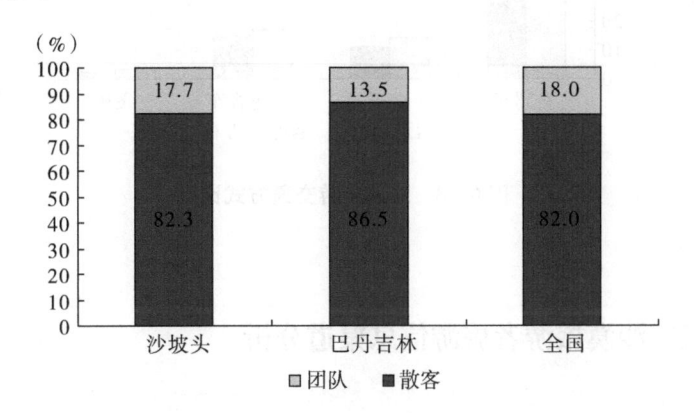

图6-7 沙漠旅游出游方式比例

二 沙漠旅游者交通方式分析

旅游者出游的交通工具包括飞机、火车、轮船、长途客车、自驾车等。汽车在中国的普及度越来越高，这也在深刻改变着中国国内旅游交通工具的选择，特别是 2012 年国庆节期间国内开始执行的"节假日小型车高速公路免费通行政策"，更是强有力地促进了国内自驾旅游的发展。图 6-8 反映的是沙坡头和巴丹吉林游客交通工具选择方式的比例。可以看出，自驾车是沙漠旅游者首选的交通工具，其舒适方便、停行自由、线路选择个性等特点更适合沙漠旅游；除自驾车这种方式外，沙坡头旅游者选择火车、长途客车和飞机三种交通方式的比例都高于巴丹吉林。这是因为沙坡头依托中卫市，其基础设施比较完善，建有机场，宝兰铁路从此通过，长途客车直通银川，这些都为旅游者出游提供了多种交通方式选择。

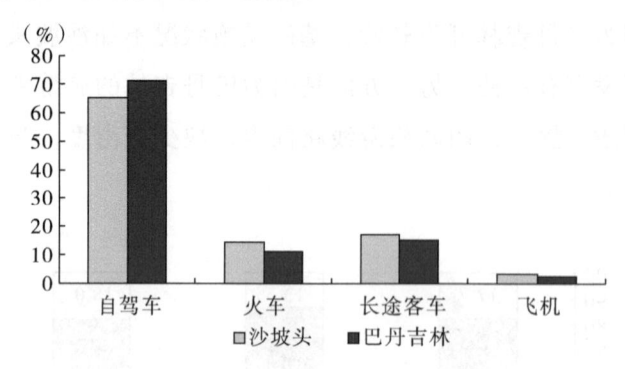

图 6-8 沙漠旅游交通方式比例

三　沙漠旅游者旅游信息渠道分析

旅游者通过何种渠道获取旅游信息，一方面受到景区营销方式的影响，另一方面也与旅游者信息收集习惯有关。了解沙漠旅游者的旅游信息渠道，对于判断沙漠旅游的目标游客、展开针对性旅游营销等工作都具有重要作用。在调研问卷中，笔者将旅游者获得景点信息的渠道分为 10 种，包括亲友推荐、电视（广播）广告、平面媒体广告、旅游网站、影视（文学）作品、旅行社推荐、科普宣传、重游至此、家在本地、其他途径。被测旅游者可以在其中选择1—3项，然后对旅游者所选项进行统计，统计结果如图6-9所示。可以发现，旅游网站、亲友推荐和平面广告是沙漠旅游者获取旅游信息的主要途径，这说明沙漠旅游者更喜欢利用网络新媒体来收集信息，并且对于口碑营销有很强的忠诚度，喜欢通过图片了解景区特点并进行冷静的独立判断；影视（文学）作品、电视（广播）广告和重游至此是沙漠旅游者最少获取信息的方式，这说明影视营销和电视广告对沙漠旅游促销的作用比较小，重游率比较低说明沙漠旅游还处在初级发展阶段，游客主要是多中心型的猎奇游客。

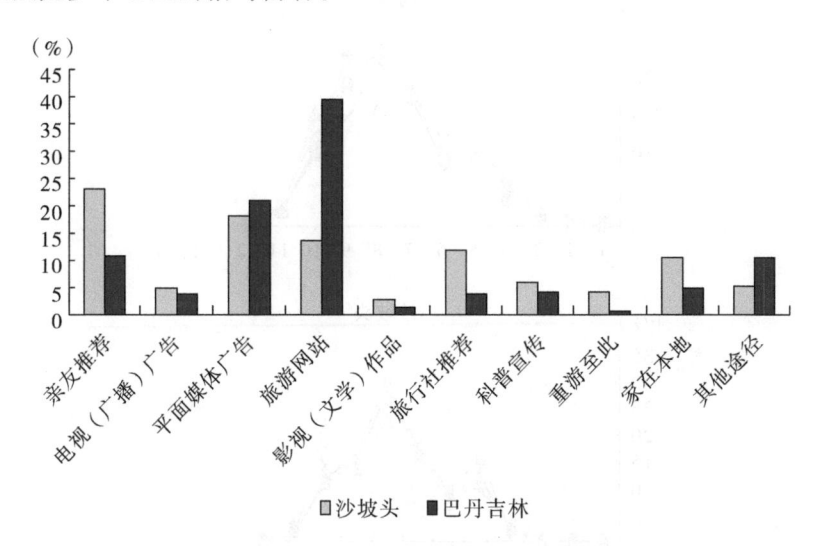

图 6-9 沙漠旅游者信息获取渠道分类

第三节 沙漠旅游客流时间特征

由于巴丹吉林沙漠巴丹湖景区开发较晚，为了对比需要，本章以鸣沙山、沙坡头、巴丹吉林5年的游客数为基础数据，对沙漠旅游客流情况进行分析。

一 客流季节性分布特征

用三景区每月接待游客数量除以全年接待游客数量,就可以得到每月接待游客占全年接待量的百分比,本节以此来分析各景区的月度变化规律,如图6-10所示。通过对5年里各月接待游客比例趋势的图形比较,我们发现三景区每年的基本走势大体相似,这说明游客的季节性分布特征非常明显。鸣沙山5月是一个小高峰,8月是一个大

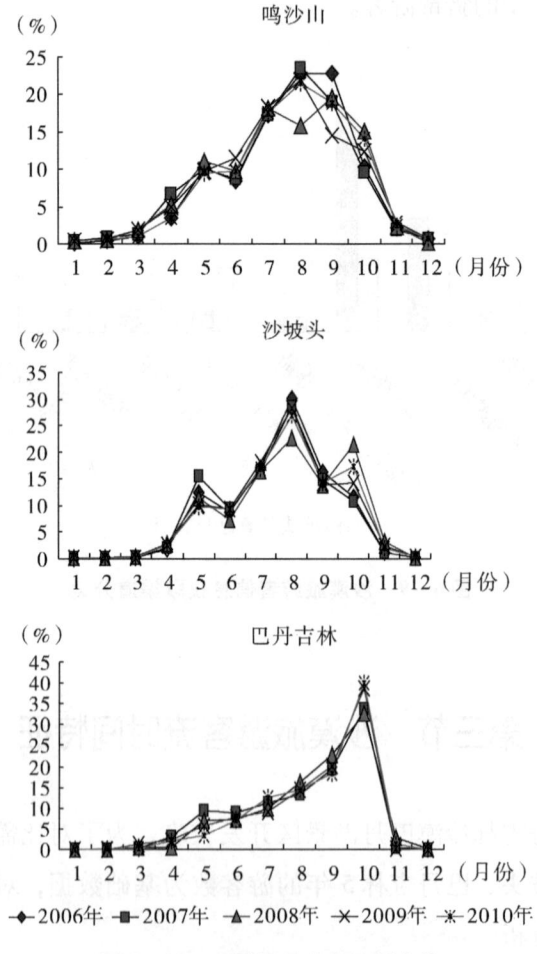

图6-10 三景区月度客流量占比

高峰，"大小双峰"是鸣沙山月度客流变化的明显特征；沙坡头5月和10月是两个小高峰，8月是一个大高峰，"三峰"是沙坡头最明显的特征；巴丹吉林是以10月为最高峰的一个"独峰"特征分布，而且客流出现单坡特征，从4月开始客流缓慢升高，到10月达到高峰，10月以后客流迅速下降，高峰和低谷非常明显。

将每月游客接待比例平均，可以得到五年来每月平均游客接待趋势，如图6-11所示。如果将月平均客流量百分比大于年平均月客流量的月份定为旺季、处于年平均月客流量80%—100%的月份定为平季、低于年平均月客流量80%的月份定为淡季的话[1]，鸣沙山和沙坡头两个景区的旺季均出现在5—10月，没有平季；巴丹吉林的旺季为6—10月，5月为平季。三个景区的淡季均出现在11月至次年的4月。鸣沙山和沙坡头的最大客流高峰都出现在8月，并逐渐向两边递减，趋向于正态分布；巴丹吉林出现在10月，无正态分布特征。沙坡头和巴丹吉林"峰凸"现象比较明显，鸣沙山景区高峰相对平缓。

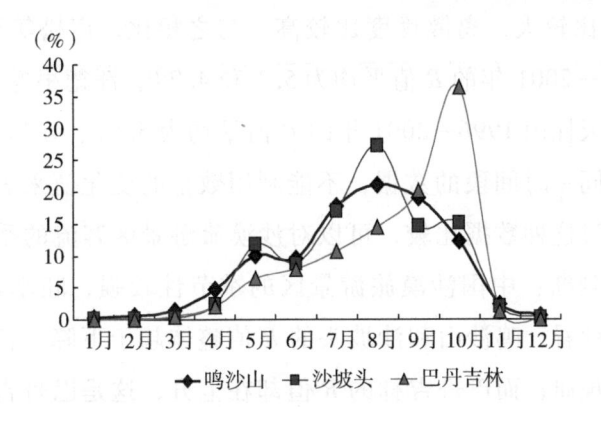

图6-11 三景区月度平均客流量分布趋势

通过对三景区旅游淡旺季的分析，可以发现沙漠旅游景区的月度

---

[1] 陆林、宣国富、章锦河：《海滨型与山岳型旅游地客流季节性比较——以三亚、北海、普陀山、黄山、九华山为例》，《地理学报》2002年第6期。

集中程度很高，鸣沙山5—10月接待的游客数量占到了全年接待量的89.87%，沙坡头达到了94.67%，巴丹吉林达到了96.84%。本章通过对三景区各月接待量百分比数值离散程度的比较，分析三个景区的客流月度集中程度。为此，本章引入标准差计算公式［式（6-1）］来说明这一问题。

$$\sigma = \sqrt{\frac{1}{N}\sum_{i=1}^{N}(X_i - \overline{X})^2} \qquad (6-1)$$

标准差越大，表明这组数值的离散程度越高，进而说明月游客接待集中程度越高。由于是对月度数值进行百分比离散计算，$N=12$，X平均值为8.33（100除以12个月），因此式（6-1）变形为：

$$R = \sqrt{\frac{1}{12}\sum_{i=1}^{12}(X_i - 8.33)^2} \qquad (6-2)$$

将三景区2006—2010年每月接待百分比数代入式（6-2），再分别求出5年来的平均值，结果见表6-3。从计算结果看，三景区的 R 值都比较大，离散程度比较高。与之相比，卢松等计算西递、宏村1994—2001年的 R 值平均为5.1和4.2[1]，汪德根等计算黄山、九华山、天柱山1996—2001年的 R 值平均为5.57、4.73和6.78[2]。由于不是同一时间段的数据，不能利用数量的变化值来表达程度差异。但通过这种数据比较，可以对沙漠旅游景区客流的季节集中性进行定性判断：中国沙漠旅游景区的季节性较强，旺季比较集中。从时间序列看，鸣沙山和沙坡头的 R 值整体趋于下降，符合景区运营的基本规律；而巴丹吉林的 R 值却在上升，这是巴丹吉林依靠节庆活动开展事件营销的结果。从三个景区的比较情况看，鸣沙山的五年均值最低，巴丹吉林最高，这也从一个侧面说明偏文化型的沙

---

[1] 卢松、陆林、王莉：《古村落旅游客流时间分布特征及其影响因素研究——以世界文化遗产西递、宏村为例》，《地理科学》2004年第2期。

[2] 汪德根等：《山岳型旅游地国内客流时空特性——以黄山、九华山为例》，《山地学报》2004年第5期。

漠景区季节集中程度最弱，偏探险型的沙漠旅游景区季节集中程度最强。

表6-3　　　　　　　2006—2010年三景区月接待比重标准差

景区	2006年R值	2007年R值	2008年R值	2009年R值	2010年R值	均值
鸣沙山	8.59	7.98	7.48	7.47	7.96	7.89
沙坡头	9.57	9.18	8.52	9.00	8.86	9.03
巴丹吉林		10.30	10.56	11.55	11.83	11.06

二　客流季节性影响因素分析

从上面的研究结果看，中国沙漠旅游景区具有明显的季节性，而且各月份的客流比例十分相似。这说明影响沙漠旅游景区客流季节性变动的主要原因是相对稳定的自然因素和社会因素，偶发因素作用不大。其中，自然因素包括温度、风速、湿度、日照等，社会因素包括闲暇时间、可自由支配收入、审美因素、旅游风尚等。

气候舒适度是解释自然因素影响游客季节性变动的主要指标[1]。比较常用的气候舒适度指标是温湿指数（THI）和风效指数（K）[2]。

$$THI = (1.8t + 32) - 0.55(1 - f)(1.8t - 26) \quad (6-3)$$

$$K = -(10\sqrt{v} + 10.45 - v)(33 - t) + 8.55s \quad (6-4)$$

其中，t为摄氏气温（℃），f为相对湿度，v为风速（米/秒），s为日照时数（小时/天）。根据三个景区所在地气象站30年（1981—

---

[1] Butler, R. W., "Seasonality in Tourism: Issues and Implications", *Tourism Review*, 1998, 53 (3).

[2] 陆林、宣国富、章锦河：《海滨型与山岳型旅游地客流季节性比较——以三亚、北海、普陀山、黄山、九华山为例》，《地理学报》2002年第6期；刘清春、王铮、许世远：《中国城市旅游气候舒适性分析》，《资源科学》2007年第1期；孙根年、马丽君：《西安旅游气候舒适度与客流量年内变化相关性分析》，《旅游学刊》2007年第7期。

2010年)气象数据的各月均值①,计算出三景区各月的 THI 指数和 K 指数,如表6-4所示。

表6-4　　　　　　　　三景区 THI 指数和 K 指数

景区	指数	1月	2月	3月	4月	5月	6月	7月	8月	9月	10月	11月	12月
鸣沙山	THI	28.3	37.6	47.1	56.3	63.2	68.7	71.4	69.1	61.6	51.0	40.2	29.6
	K	-839.0	-732.3	-577.9	-394.8	-232.6	-121.4	-83.5	-119.6	-247.8	-423.5	-626.4	-806.6
沙坡头	THI	28.9	35.1	44.4	54.5	61.3	66.7	69.9	67.7	59.9	50.9	40.0	30.9
	K	-843.1	-783.0	-641.3	-451.8	-303.6	-201.6	-157.6	-201.9	-318.2	-452.4	-635.6	-795.5
巴丹吉林	THI	29.7	36.7	45.2	54.2	61.2	66.8	69.9	67.9	61.2	51.8	41.4	32.0
	K	-908.7	-843.7	-700.2	-496.6	-324.6	-190.8	-138.3	-187.9	-326.1	-508.9	-710.4	-880.2

为了更准确地对三景区的气候舒适度进行量化分析,本章参考体感舒适指数,并结合其他相关文献的方法对 THI 指数和 K 指数进行标准分级和赋值②,详见表6-5。将三景区的 THI 指数和 K 指数代入其中,得到表6-6。

表6-5　　　　　　　THI 指数和 K 指数分级标准及赋值

| THI 指数 ||| K 指数 ||| 舒适级别 |
范围	身体感觉	赋值	范围	身体感觉	级别	
[0, 40)	极冷	1	(-∞, -1200)	寒冷风	--	特别不舒适
[40, 45)	寒冷	3	[-1200, -1000)	冷风	--	不舒适
[45, 55)	偏冷	5	[-1000, -800)	稍冷风	+-	一般舒适
[55, 60)	清	7	[-800, -600)	凉风	+	较舒适
[60, 65)	凉	9	[-600, -300)	舒适风	++	舒适
[65, 70)	暖	7	[-300, -200)	暖风	+	较舒适

---

① 沙坡头所在的中卫气象站1991—2003年数据缺失,故气象资料选取年份向前顺延12年并加上2011年。

② 刘清春、王铮、许世远:《中国城市旅游气候舒适性分析》,《资源科学》2007年第1期;孙根年、马丽君:《西安旅游气候舒适度与客流量年内变化相关性分析》,《旅游学刊》2007年第7期。

续表

| THI 指数 ||| K 指数 ||| 舒适级别 |
范围	身体感觉	赋值	范围	身体感觉	级别	
[70, 75)	偏热	5	[-200, -50)	热	+ -	一般舒适
[75, 80)	闷热	3	[-50, 80)	炎热	-	不舒适
[80, +∞)	极其闷热	1	[80, +∞)	酷热	- -	特别不舒适

表 6-6　　三景区各月 THI 指数和 K 指数评价结果

景区	指数	1月	2月	3月	4月	5月	6月	7月	8月	9月	10月	11月	12月
鸣沙山	THI+K	1+-	1+	5++	7++	9++	7+-	5+-	7+-	9+	5++	3+	1+-
沙坡头	THI+K	1+-	1+	3+	5++	9++	7+	7+-	7+	7++	5++	3+	1+
巴丹吉林	THI+K	1+-	1+-	5+	5++	9++	7+-	7+-	7+-	9++	5++	3+	1+-

从气候舒适度指标来看，三景区11月至次年2月体感寒冷，不适宜户外旅游活动的开展，3月沙坡头仍然偏冷，4—10月是三景区气候舒适度较高的旅游月份。气候舒适度较差的月份都是三景区的旅游淡季，但气候条件较为舒适的月份不全是旅游旺季，这说明气候因素是沙漠旅游活动开展的必要条件之一，对沙漠旅游客流时间分布有重要的影响。

除自然因素外，社会因素也对沙漠旅游的季节性分布产生了重要的影响。首先，闲暇时间对沙漠旅游淡旺季分布有很大的影响。沙漠旅游的旺季正好是中国节假日较为集中的时间，五一、端午、中秋三个小长假和十一黄金周都是旅游高峰期。7月、8月两个月虽然天气比较炎热，但由于正值暑假，开发较早的鸣沙山、沙坡头仍然有全年最高的客流量。其次，旅游审美因素也对沙漠旅游客流产生了重要影响。鸣沙山下的月牙泉边生长着一片小红花罗布麻，人称"七星草"，每年6月、7月、8月小花盛开如繁星一般，深受旅游者喜爱。9月、10月两个月巴丹吉林的胡杨林叶子变黄，景色壮美、气势动人。阿拉善盟从2000年开始举办"胡杨节"，国庆节前后10天为最佳观赏时间，审美因素与黄金周效应共同促成了巴丹吉林的10月客流量高峰。此外，旅游风尚也对沙漠旅游客流季节性分布有一定的影响。近年来，生态旅游、探险旅游逐渐成为国内新的旅游热点，特别是在学生和都市白领客户群里有广泛的市场，学生旅游客流主要集中在暑期，都市白领长距离旅游客流主要集中在国庆黄金周。因此，具有生态科普性质的沙坡头8月客流量为最高峰，而以探险观光见长的巴丹吉林10月客流量为最高峰。

第四节　沙漠旅游客源空间特征

一　资料来源

本节对沙坡头和巴丹吉林的游客问卷中客源地部分进行分省份统计，测算出各省份游客所占总有效调研数量的百分比。考虑到机票、火车票等交通费用都是以行驶距离作为定价基础的，经济距离和地理交通距离具有密切的相关性，所以本章地理因素选择地理交通距离为参考指标。地理距离是各省份的省会（首府）至中卫和阿拉善右旗的公路里程[①]；人口以2010年第六次人口普查公布的各省份人口数为基准，取万以上数字得到；经济因素主要选取各省份的地区生产总值、城镇居民消费水平和城镇居民可支配收入三个指标，数据来自《中国统计年鉴》[②]，所有数据详见表6-7。

[①] 《中国公路交通图集》，中国地图出版社，gs（2007）968号。
[②] 国家统计局统计数据，http://www.stats.gov.cn/tjsj/。

表6-7 沙坡头、巴丹吉林旅游者客源空间分布及客源地基本情况统计

省份	距离沙坡头（千米）	距离巴丹吉林（千米）	总人口（万）	城镇人口（万）	地区生产总值（亿元）	城镇居民消费水平（元）	城镇居民可支配收入（元）	沙坡头（%）	巴丹吉林（%）
宁夏	219	999	630	302	1689.65	14739	15344.49	13.22	1.61
甘肃	370	506	2558	919	4120.75	11881	13188.55	12.71	10.67
陕西	878	1122	3733	1706	10123.48	13977	15695.21	11.30	5.56
山西	1014	1738	3571	1716	9200.86	12279	15647.66	7.06	4.39
青海	602	738	563	252	1350.43	11878	13854.99	6.42	2.19
北京	1510	2234	1961	1686	14113.58	27071	29072.93	6.16	10.96
河南	1359	1638	9403	3622	23092.36	13958	15930.26	5.91	5.70
内蒙古	970	1752	2471	1372	11672	16728	17698.15	5.65	13.01
四川	1550	1362	8042	3234	17185.48	13457	15461.16	5.26	4.09
河北	1225	1949	7185	3158	20394.26	13619	16263.43	5.01	1.90
湖南	2125	2404	6570	2845	16037.96	14707	16565.7	2.31	0.88
江苏	2059	2340	7866	4737	41425.48	18243	22944.26	2.18	0.15
重庆	1562	1747	2885	1530	7925.58	15260	17532.43	2.18	7.89
山东	1561	2102	9579	4762	39169.92	17726	19945.83	1.93	0.88
浙江	2339	2620	5443	3355	27722.31	23624	27359.02	1.93	0.15
天津	1536	2260	1294	1028	9224.46	20466	24292.6	1.80	9.80
广东	2733	3012	10432	6903	46013.06	23511	23897.8	1.67	9.65
湖北	1819	2098	5724	2845	15967.61	13576	16058.37	1.67	1.17
广西	2420	—	4602	1842	9569.85	13969	17063.89	1.41	—
福建	2702	—	3689	2106	14737.12	17920	21781.31	1.28	—
贵州	1910	—	3475	1174	4602.16	12221	14142.74	1.28	—
辽宁	2279	3145	4375	2719	18457.27	17489	17712.58	0.77	0.15
黑龙江	2831	—	3831	2132	10368.6	12402	13856.51	0.26	—
上海	2357	2639	2302	2056	17165.98	34588	31838.08	0.26	9.06
安徽	1971	—	5950	2558	12359.33	13259	15788.17	0.13	—
江西	2194	—	4457	1950	9451.26	12593	15481.23	0.13	—
新疆	2393	1855	2182	934	5437.47	12486	13643.77	0.13	0.15

二 客源市场集中度分析

客源市场的分布结构主要是指游客的地理来源和强度[1]。从统计数据上看，沙坡头的客流地域空间分布省份有 27 个，巴丹吉林有 21 个，后者的客源市场集中度更强一些。为了客观地比较二者的客源市场集中度，我们利用地理集中指数来对这两个景区进行定量分析，公式如下：

$$G = 100 \times \sqrt{\sum_{i=1}^{n}\left(\frac{X_i}{T}\right)^2} \quad (6-5)$$

其中，G 为客源市场集中指数，X_i 为第 i 个客源市场游客数量，T 为旅游地接待游客总量，n 为客源地总数。G 值越趋近于 100，表明客源市场越集中；G 值越小，表明客源市场越多越分散。经过计算，沙坡头的客源市场集中指数是 27.4，巴丹吉林的客源市场集中指数是 32.1，这表明沙坡头的客源空间分布更加分散，巴丹吉林的客源空间分布相对集中。客源地集中有利于景区对主要客源市场展开针对性营销；但客源市场过分集中，容易导致景区经营不稳定，受到主要客源地旅游负面事件或经济、政治等因素的影响，经营风险较大。从目前的研究成果看[2]，随着景区管理和营销的成熟，客源市场集中指数是在不断下降的。

本节将客源市场所占份额大于 10% 的定义为核心客源市场；2%—10% 的为主要客源市场；0.1%—2%（不含）的为普通客源市场；0.1% 以下的为待开发旅游市场。可以发现，沙坡头的客源分布比较广泛，以宁夏沙坡头为中心，市场重要程度逐渐向外扩散，基本符合"距离衰减规律"；巴丹吉林的客源地分布相对集中，待开发市场区域较广。北京、广东、上海等省份虽距离景区较远，但市场地位却很重要，这说明经济实力对客源分布影响比较大。下面我们利用主要指标的相关系数来进一

---

[1] 保继刚、楚义芳：《旅游地理学》（第三版），高等教育出版社 2012 年版，第 78—81 页。
[2] 利用同样方法计算，黄山 1994 年和 2001 年的 G 值分别是 34.66、28.41，8 年间 G 值下降了 18.03%；九华山 1997 年和 2002 年的 G 值分别为 49.13、43.61，6 年间 G 值下降了 11.24%。

步说明这一问题。

三 客源空间分布影响因素分析

距离衰减规律认为：不考虑其他条件的情况下，旅游客源的空间比重随客源地与旅游景区间距离的增加而下降，反之则上升。但是在现有研究条件下，在旅游实证过程中，很难将其他因素完全剔除，而只考虑旅行距离对客源空间分布的影响。因此，本节提出简单距离衰减规律失灵现象[1]，很多中国学者用不同类型的客流空间曲线来说明客流空间分布规律[2]。根据表6-7展示的材料，本节以各地区游客百分比和距景区空间距离两项数据，画出沙坡头和巴丹吉林两景区客源地理空间曲线，如图6-12所示。从趋势曲线可以发现沙坡头基本符合距离衰减规律，趋势线拟合度为0.85；巴丹吉林几乎没有出现距离衰减，趋势线拟合度仅为0.02。

为进一步探讨两沙漠景区客源空间的影响因素，本节将核心市场和重要市场的客源比例分别同表6-7中的各要素指数进行数据相关性分析，计算结果如表6-8所示。通过对两组数列的比较，可以发现：沙坡头客源比例和与景区距离的相关系数最大，达到0.871，属于强相关；与城镇人口数量和地区生产总值的相关性也比较高。结合上文得出的客源市场集中指数，可以判断沙坡头属于大众型旅游景区。从相关系数看，巴丹吉林的客源比例与各要素之间的相关性系数均未超过0.8，没有强相关的要素关系，这说明巴丹吉林作为新开发的沙漠景区，其客源市场还在不断孕育过程中[3]。与地理距离和人口因素相

---

[1] 张捷、都金康、周寅康：《自然观光旅游地客源市场的空间结构研究》，《地理学报》1999年第4期。

[2] 吴必虎、唐俊雅、黄安民：《中国城市居民旅游目的地选择行为研究》，《地理学报》1997年第2期。

[3] 陶伟、倪明：《中西方旅游需求预测对比研究：理论基础与模型》，《旅游学刊》2010年第8期。

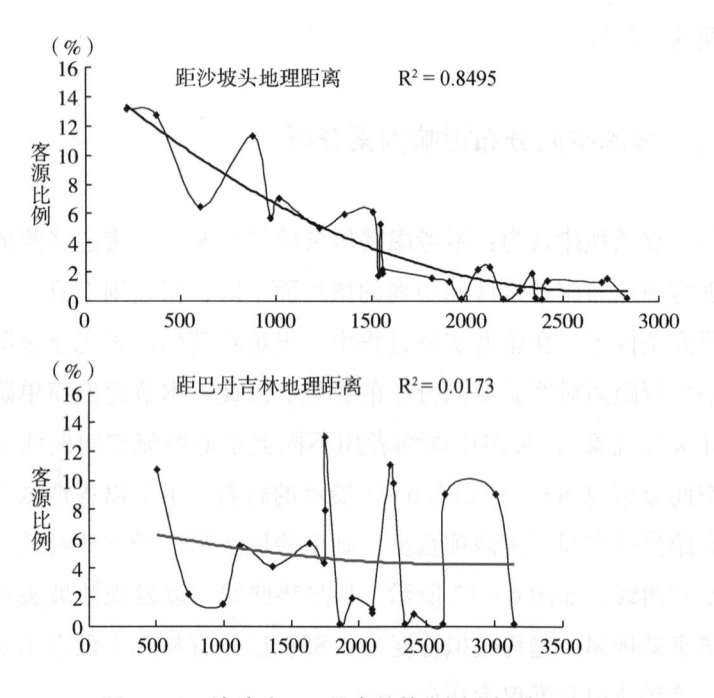

图 6-12　沙坡头、巴丹吉林的客源比例地理空间

比，巴丹吉林的客源比例与经济因素相关性较强，特别是与城镇居民消费水平和城镇居民可支配收入两个指标的相关性较强，这说明巴丹吉林现在的主要目标群体还是收入较高、消费较高的城市白领，这也从另一角度印证了上文提出的"其客流高峰出现在10月，而不像其他两个景区出现在7—8月的暑假期间"的观点。

表 6-8　沙坡头、巴丹吉林客源比例与各要素相关系数

景区	客源比例	地理距离	总人口	城镇人口	地区生产总值	城镇居民消费水平	城镇居民可支配收入
沙坡头客源比例	1	0.871	0.497	0.609	0.588	0.237	0.364
巴丹吉林客源比例	1	0.387	0.161	0.052	0.185	0.492	0.494

第五节 沙漠旅游者行为总结

综合来看,尽管沙坡头和巴丹吉林景区在旅游者社会人口学特征和旅游行为特征方面还有一些差别,但综合来看仍然可以发现沙漠旅游者具有如下人口学特征:第一,男性比例大于女性,男性旅游者更喜欢充满刺激、新奇并带有科普性质的沙漠旅游项目;第二,年龄主要集中在 18—45 岁这个年龄段,这个年龄段的游客有一定经济基础、家庭负担小、身体状态好、自我挑战意识强,这些都有利于他们选择沙漠旅游产品;第三,文化程度较高,沙漠旅游者中大学以上学历的占到了 60%,这部分游客对沙漠旅游的审美价值有很强的鉴赏力,更关注环保等社会问题,并乐于接受新生事物;第四,公务员、企业高管和职业白领等职业所占比例较大,他们收入相对较高、工作压力较大、休假时间有保障,可以承担高额旅游费,更愿意逃离繁忙的城市,也有时间进行长途旅行;第五,已婚人士居多。

从旅游行为来看,沙漠旅游者在旅游形式上更倾向散客出游,散客方式在旅游线路安排上更加自由、旅游的目标性也更强。在旅行交通工具选择上大多沙漠旅游者会选择自驾车,既可以克服沙漠地区基础设施薄弱的缺陷,又使旅游过程方便快捷、旅游线路设计也更加个性化。从沙漠旅游者获取景点信息的渠道上看,旅游网站、亲友推荐和平面媒体广告是最普遍的方式,因此沙漠旅游营销应该在原有平面媒体宣传的基础上,更加注重旅游电子商务运作和口碑营销。

中国沙漠旅游景区的客流季节性非常明显,旅游淡旺季突出,且中间没有平季。月客流量的离散程度也高于其他学者测算的山地类旅游景区。虽然同属于沙漠旅游景区,但是鸣沙山、沙坡头、巴丹吉林三景区在客流季节性特征方面也不尽相同:历史人文资源丰富的鸣沙山季节性最弱,以高大沙山和神奇湖泊见长的巴丹吉林季节性最强。这也从一个侧面印证了"旅游核心吸引力越偏向自然类的景观,客流季节性越明显，反之，越偏人文类的景观越不明显"的规律。对比5年的客流季节性离散指数，可以发现鸣沙山和沙坡头有下降趋势，而巴丹吉林上升明显。这说明鸣沙山和沙坡头旅游经营管理日趋成熟，旺季接待峰值已趋近饱和，旅游客流集中度逐渐下降，旅游经营风险和经济收益越来越稳定。巴丹吉林由于是新开发的景区，旅游促销宣传和目标市场定位非常明确，旺季接待峰值随着年接待量的上升而逐渐上升，客流的集中程度也随之加强。但2010年十一黄金周的接待量已经达到最大接待饱和度，从2011年开始，巴丹吉林十一黄金周的客流已经开始向前后移动，在9月下旬和10月中旬又形成了两个"隐性黄金周"。

　　三个景区的THI指数和K指数表明：气候舒适度较差的月份都是旅游淡季，气候舒适度较好的月份却不全是旅游旺季，气候舒适度是沙漠旅游的一个重要的必要条件。旅游者的闲暇时间分布也对客流季节性产生影响，由于三个景区地处中国西部，与中国主要客源地的地理距离较大，游客出游的时间成本较高，这就使沙漠景区客流季节分布受闲暇时间的影响程度更大。因此，三个景区的旅游旺季也是中国节假日公休比较集中的时间。旅游审美因素也对沙漠景区的客流季节性产生一定的影响。伴随沙漠地区特殊植物最具观赏性的季节而产生的客流高峰，在巴丹吉林尤为明显。

　　中国沙漠旅游景区的客源分布较广，沙漠类旅游景区的客源市场集中程度偏高，对部分重点区域的市场过分依赖，这不利于景区经营风险的控制；但从另一角度看，也可以说明沙漠旅游景区还有很大的区域市场开发空间。从两个景区对比来看，巴丹吉林比沙坡头的市场集中性更强，这说明沙坡头的市场空间格局要大于巴丹吉林，这也反映出两个景区处于不同的景区生命周期阶段。

　　对沙坡头影响最大的是距离因素，其次是城镇人口数和地区生产总值，这个结果基本符合"与地理距离成反比，与客源地区内人口和经济发展水平成正比"的旅游地理学景点客源分布规律。而巴丹吉林却没有显性的影响因素，相关性较大的是城镇居民可支配收入和消费水平。出现这种结果一方面是因为巴丹吉林的年接待量较小，旅游者大多为"先锋型"专业旅游爱好者，而非"大众型"旅游者，所以常识性规律特征并不明显；另一方面是因为巴丹吉林距离主要旅游客源地较远，旅行费用较高，旅游者属于具有一定经济实力的"小众"游客，和大尺度下的各种统计因素相比较自然相关度不高。

  作为一种新兴的旅游类型，沙漠旅游已经展示出了强大的生命力，苍凉、神秘的沙漠旅游地必将吸引更多旅游者的到来。旅游产业的发展在提高沙漠地区人民生活水平、改善沙漠地区经济结构等方面更是有不可替代的作用。但是，沙漠地区的生态系统也是十分脆弱的，旅游行为对环境的破坏已经在其他地区被反复上演，如何使沙漠地区尽可能"趋旅游经济之利，避环境破坏之害"，还需要我们对沙漠旅游景区游客时空特征做进一步的研究，建立游客时空特征模拟预警方案，这条路任重道远。旅游者行为由最开始的零散到目前的有规律可循，证明中国的沙漠旅游正在走向成熟。

第七章 基于利益相关者视角的沙漠旅游地生命周期特征

旅游地在不同的发展阶段会出现不同的发展特征。为了解释这种现象，地理学家们将生物学领域的"生命周期"理论引入旅游地的研究，借以说明旅游地从产生到消亡的全过程。经过几代旅游地理学家的努力，旅游地生命周期理论已经日趋完善，作为旅游地发展的解释模式理论，已被应用到各种旅游目的地发展、演化的研究中，在旅游地宏观决策、客源预测等方面发挥了巨大的作用。本章将从旅游地生命周期理论的评述入手，将利益相关者分析引入沙漠旅游地发展的研究过程，并以沙坡头景区为例分析中国沙漠旅游地的生命周期规律，从志工旅游的视角提出延长沙漠旅游地生命周期的构想。

第一节 旅游地生命周期理论

20世纪60年代，德国地理学家克里斯坦勒在研究地中海沿岸乡村旅游地的演化过程时，提出旅游乡村的发展可以分为发展阶段、增长阶段、衰退阶段三个阶段[1]。这是旅游地生命周期理论的第一次使

---

[1] Christaller, W., "Some Consideration of Tourism Location in Europe: The Peripheral Regions-Underdeveloped Countries-Recreation Areas", *Papers in Regional Science*, 1964, 12 (1).

用。70年代以后,在对旅游地发展演化的研究中,不断有学者提出新的模型。美国学者斯坦斯菲尔德在研究美国大西洋城的旅游发展演化时,使用了发展、增长、成熟、再增长的阶段划分理论,其思想也是使用生命周期的方式来解释旅游地的演化[①]。目前,被学术界广泛使用的旅游地生命周期理论是1980年由加拿大学者巴特勒提出的,他系统阐述了该理论的曲线形态、划分阶段以及各生命周期阶段的特征[②]。

一 旅游地生命周期阶段划分

巴特勒认为旅游地的发展不会是一成不变的,大体会经历探索、参与、发展、巩固、停滞和衰落或复兴,共六个阶段,如图7-1所示。不同阶段在游客、旅游设施和旅游吸引物等方面都有不同的特征,因此景区要采取不同的营销策略,当地政府也会有不同的策略,详见表7-1。

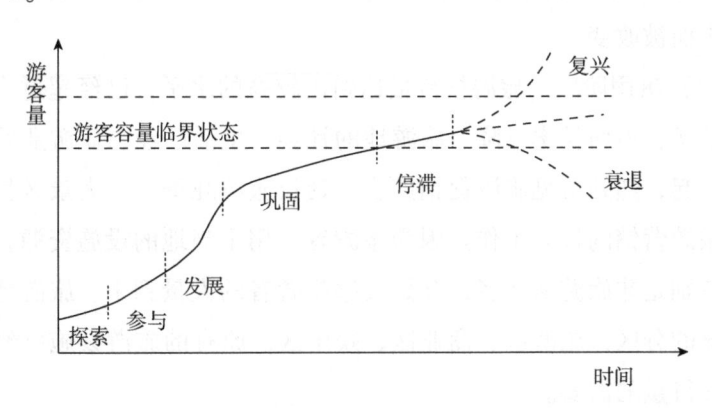

图7-1 巴特勒旅游地生命周期曲线

[①] Stansfield, C., "Atlantic City and the Resort Cycle: Background to the Legalization of Gambling", *Annals of Tourism Research*, 1978, 5 (2).

[②] Butler, R. W., "The Concept of a Tourist Area Cycle of Evolution: Implications for Management of Resources", *Canadian Geographer*, 1980, 24 (1).

（1）探索阶段。这是旅游地发展的初级阶段，只有较少的旅游者进入旅游地，旅游地可能还没有被建设成一个真正意义上的景区，也没有相应的旅游服务接待设施，旅游地保持原来的自然和人文风貌。

（2）参与阶段。旅游者逐渐增多，旅游活动也不像原来那样零散，当地居民开始为旅游者提供一些必要的旅行帮助以获取报酬，原来的生活也因为旅游接待而改变。旅游者在出游时间、人口学特征等方面，开始出现一些规律性特征，有组织的旅游开始出现。当地政府开始规范旅游接待市场、改善旅游基础设施和旅游服务设施。旅游景区出现并开始商业化经营。

（3）发展阶段。旅游地开始针对目标市场进行景区促销，旅游接待量增长迅速，一个比较成熟的旅游市场逐渐形成。旅游产业收益稳定，开始有外来资本注入，本地区简陋的接待设施逐渐被大规模的、现代化的旅游接待机构取代。本地从事旅游产业的人口增加，旅游业开始成为当地的支柱产业。旅游地的自然、人文环境因为旅游者的大量到来而被改变。

（4）巩固阶段。旅游接待量达到比较高的水平，已经超过当地居民的数量，但增长率下降。旅游地的社会、生活已经与旅游业紧密联系在一起，随处可见旅游促销广告，延长旅游旺季、扩大景区目标市场是旅游营销的核心工作。因为旅游者占用了当地的设施资源，部分居民特别是非旅游从业者，开始反感旅游者的大量到来。旅游地开始有明显的分区：旅游区、商业区、娱乐区，原有的旅游设施已经不能满足接待量的需要。

（5）停滞阶段。游客接待量达到最大值，旅游环境承载力已经趋于饱和或不断被突破，旅游质量下降，旅游活动的负面效应越来越强，社会、环境、经济问题开始出现。旅游目标市场已经全部开发完毕，很大程度上依靠旅游重游以及会议旅游等形式。旅游接待设施过剩，需要付出很大努力才能维持客户规模。旅游地的人造景观增多，原有的自然和人文旅游吸引力或被改变或被人造景观取代。

（6）衰落或复苏阶段。旅游地已经不能和新兴旅游地竞争，市场衰落、游客分流。旅游业开始衰退，旅游服务设施面临转型，或被取代或荒废消失，剩余的旅游接待产能无处化解。旅游接待设施开始向社区服务设施转化，当地居民可以用较低的价格购买优质的旅游设施自用。原来的旅游地完全失去旅游吸引力，可能变成名副其实的"旅游贫民窟"。当然，旅游地也有可能进入复苏阶段，这要求旅游地发生根本性的改变，转变有两种途径，一是增加人造景观吸引力，但不能与周围的景观重复，避免出现"遮蔽效应"；二是发挥未开发的自然旅游资源优势，重新启动市场。

表 7-1　　　　　　　　　旅游地生命周期各阶段标志

旅游地发展阶段	旅游地生命周期阶段特征			
	旅游者	旅游设施	旅游吸引力	当地政府
探索阶段	少量的"多中心型"旅游者	少有或没有旅游基础设施	只有未经规划的旅游吸引物	不重视旅游产业发展
参与阶段	旅游者开始增多，出现规律性特征	基础设施改善，旅游接待设施增多	开始出现经营性景区，并进行宣传	开始投资旅游基础和服务设施
发展阶段	接待量迅速增长，大众型旅游出现并逐渐占据主流	出现现代化、大规模的旅游设施，外来投资注入	人造景观出现，旅游吸引力作用明显，并大力宣传	重视旅游业发展，出台鼓励措施
巩固阶段	增长速度放缓，游客量超过当地居民数量	和当地基础设施结合到一起，居民和游客"争抢"公共设施	广泛的广告宣传以克服季节性和开发新市场	充分了解旅游业的重要性，开始分区以鼓励旅游业发展
停滞阶段	接待量达到顶点，达到容量限制	旅游设施饱和后，出现过剩现象	旅游地形象与环境脱离，旅游吸引物不再流行	旅游环境整治，努力维护地区旅游形象
衰落阶段	客源市场在空间和数量上开始负增长	对旅游业的投资开始撤出，当地资本接手这些设施	旅游地仅能吸引一些"怀旧"的旅游者	转变旅游设施为公共服务设施
复兴阶段	吸引新的探索型游客到来	保持旅游设施的正常运转	全新的吸引物出现，或开发新资源	出台促进旅游业升级、复兴的新政策

在巴特勒旅游地生命周期理论产生之前，没有什么模型可以完整地对旅游地演化过程进行分析、界定。该理论在旅游地研究领域产生了重大作用：一方面，可以阐释旅游地发展过程中的一些普遍规律，进而为旅游地的规划、营销、旅游投资等提供必要的参考；另一方面，也可以作为旅游地发展的预测工具，为旅游地政府的旅游发展政策提供理论建议。因此，旅游地生命周期理论被广泛应用到世界各地的旅游发展研究中。

二 旅游地生命周期理论应用

迈耶-阿伦特用巴特勒旅游地生命周期理论分析了格兰德岛的旅游发展情况；通过对当地旅游发展各阶段的划分，分析各阶段当地居民生活的变化；当地居民对海岸线的保护没有发挥作用，旅游地开始进入停滞阶段，并按照生命周期理论开始进入衰退阶段，当地社区也为改变旅游业的现状做了一些努力，但能否实现复兴还需要时间的检验[1]。盖茨通过对尼亚加拉大瀑布旅游的开发历程进行研究，提出其发展规律与旅游地生命周期模型有很多差异；为此他提出尼亚加拉大瀑布景区永久性进入巩固停滞阶段，不会出现衰落或者复兴了[2]。

当然，也有学者在实际研究中，对巴特勒旅游地生命周期理论提出了各种变形。海伍德根据不同的市场细分，将旅游地的生命周期分为不同产品的生命周期，不同细分市场影响着这些产品的生命周期，所以这些旅游产品对整个旅游地生命周期的贡献率也是不一样的[3]。海伍德认为旅游地生命周期的演变与七个因素有重要关系：现有竞争

---

[1] Meyer-Arendt, K. J., "The Grand Isle, Louisiana Resort Cycle", *Annals of Tourism Research*, 1985, 12 (3).
[2] Getz, D., "Tourism Planning and Destination Life Cycle", *Annals of Tourism Research*, 1992, 19 (4).
[3] Haywood, K. M., "Can the Tourist Area Life Cycle be Made Operational", *Tourism Management*, 1986, 7 (3).

者行为、潜在竞争者的威胁、旅游消费的替代物、环保主义者的观点、旅游从业者的意见、旅游者的需求、政府组织的政策影响。这七种力量在旅游地演化的过程中都发挥着不可替代的作用。尽管自旅游地生命周期理论问世以来，对其批评的声音就没有停止过，但是接受、使用它的学者更多。国外学者大都以巴特勒旅游地生命周期理论作为理论基础，根据研究区的不同发展情况，提出对生命周期理论的具体修订。

20世纪90年代后，巴特勒旅游地生命周期理论传入中国，保继刚等在《旅游地理学》中第一次全面系统地介绍了这一理论，并介绍了旅游地生命周期理论在国外的应用与实践，认为旅游地生命周期理论对旅游规划、旅游市场影响、旅游宏观决策等旅游发展政策都有积极的指导作用[1]。在介绍这一理论的同时，保继刚等还使用旅游地生命周期理论对广东丹霞山[2]等景区做了案例分析。

除保继刚外，中国大部分学者对巴特勒旅游地生命周期理论也是持支持态度的，谢彦君也是国内较早介绍并使用旅游地生命周期模型的学者之一。他不仅详细介绍了该理论，还从需求、效益和环境这三个要素出发，分析它们对旅游地生命周期的调控方式[3]。陆林利用旅游地生命周期理论对黄山、九华山两景区的旅游发展进行了研究，指出二者正处于发展阶段，应采取积极措施，使两地逐渐进入巩固阶段[4]。也有一些学者对旅游地生命周期理论提出了质疑，认为其不能自圆其说，存在逻辑上的漏洞[5]。正是在这些学术争议中，旅游地生命周期理论日趋完善。杨春宇在《旅游地发展研究新论：旅游地复杂系统

---

[1] 保继刚、楚义芳：《旅游地理学》（修订版），高等教育出版社1999年版，第106—113页。

[2] 保继刚、彭华：《旅游地拓展开发研究——以丹霞山阳元石景区为例》，《地理科学》1995年第1期。

[3] 谢彦君：《旅游地生命周期的控制与调整》，《旅游学刊》1995年第2期。

[4] 陆林：《山岳型旅游地生命周期研究——安徽黄山、九华山实证分析》，《地理科学》1997年第1期。

[5] 杨森林：《"旅游产品生命周期论"质疑》，《旅游学刊》1996年第1期；阎友兵：《旅游地生命周期理论辨析》，《旅游学刊》2001年第6期。

演化理论、方法、应用》中，更是将旅游环境承载力理论（TECC）和Logistic 曲线模型引入旅游地生命周期的研究，试图使各阶段的划分更加量化、更合理①。

在中国沙漠旅游地的发展研究中，学者也是广泛使用旅游地生命周期理论来分析响沙湾②、巴丹吉林③、沙湖④等沙漠旅游地的发展过程，并对沙漠旅游地的发展趋势进行预测，形成了一批标志性的研究成果。

三　对旅游地周期理论的商榷

旅游产业本身的复杂性，决定了很难用一种模型对旅游地的发展进行充分、系统的解释。旅游地生命周期理论利用客流和旅游地特征变化之间的关系，概括了旅游地发展过程中各个阶段的特征，对旅游地发展的一般规律做了归纳，经过学术界的广泛讨论、应用，已经日趋成熟，成为同类研究中最重要的理论。

库珀曾对旅游地生命周期理论作了系统的评价⑤，他认为旅游地生命周期理论的应用可概括为三个方面：一是作为旅游地的解释模型，旅游地生命周期理论作为旅游地演化趋势的一般规律，可以作为旅游市场发展分析和旅游地社区演化的工具模型；二是指导市场营销和规划，该理论能够为旅游地政府和旅游企业决策层提供市场变化趋势预

---

① 杨春宇：《旅游地发展研究新论：旅游地复杂系统演化理论、方法、应用》，科学出版社 2010 年版，第 32—52、113—115 页。

② 杨引弟、李九全：《沙漠型旅游区——银肯响沙湾景区生命周期分析》，《资源开发与市场》2008 年第 4 期。

③ 尹郑刚：《沙漠旅游地生命周期演变研究——以巴丹吉林沙漠为例》，《经济地理》2011 年第 6 期。

④ 王联兵、刘小鹏：《宁夏沙湖旅游地生命周期分析与发展预测研究》，《干旱区地理》2010 年第 3 期。

⑤ Cooper, C., "The Destination Life Cycle: An Update", in A. V. Seaton ed., *Tourism: The State of the Art*, John Wiley & Sons, Inc., 1994, pp. 340–346.

判,为其决策提供参考;三是作为预测工具,对旅游业未来一段时间的发展规模作出预测,但这也可能是该理论最难以得到发展的地方。虽然该理论饱受争议,但库珀还是认为接受这一理论的趋势更强,因为它提供了一个方便且可行的认识旅游地变化的方式。

库珀对旅游地生命周期的评价基本代表了整个学术界的认识,笔者也基本赞同这样的评价。但是对于旅游地生命周期理论笔者认为还有以下几点有待商榷:

第一,对于旅游地探索阶段的认知。巴特勒旅游地生命周期理论认为,在探索阶段的旅游者主要是少数的"多中心型"的游客,这点是不一定的。这种判断如果成立,必须假定在探索阶段来旅游地访问的人全部出于旅游目的,但事实上这是不可能的,尤其是在一些城市,出于公务目的的人也会很多。具体事例已在本章的第三部分做过具体陈述。所以,在研究旅游地初期旅游者心理特征的时候,不能一概而论。

第二,一些宏观因素对旅游地生命周期的影响也非常大。这些宏观因素包括国家旅游政策、旅游流行风尚、经济发展状况等。中国旅游产业的发展带有明显的"政府主导"特征,政府旅游政策对旅游地生命周期的演化具有重要的影响。不同时期也会有不同的旅游流行风尚,这些流行元素会促发或打消旅游者对某一旅游目的地的选择,优秀的旅游地会通过引领流行来开拓新兴市场。经济发展的宏观环境对旅游地的演化也起到非常重要的作用。近年来,中国各旅游地、旅游景区(点)旅游接待量都上涨得很快,这主要得益于同期中国经济的增长,旅游地客流曲线基本反映中国经济的上涨曲线。因此,在旅游地生命周期的研究过程中,对这些宏观因素也必须加以考虑。

第三,旅游地从停滞阶段走向衰退阶段,还是复兴阶段,应在巩固阶段就可以看出趋势了。任何产品都会从"初创、成长"慢慢地走向"成熟",并最终"衰退、消亡",这是市场经济条件下商品的一般规律,旅游产品当然也不例外。但是旅游地的消亡可不一定会出现,因为一个旅游地可以同时承载很多旅游产品,当一个旅游产品即将衰退的时候，可能另一个旅游产品正在走向成熟。旅游地不会因为一两个旅游产品的衰退而进入衰落阶段，除非这个旅游地只有唯一一个（或者占有很大比例的）旅游产品。因此，如果想延长旅游地的生命周期，应该当其处于巩固阶段时，就开始进行产品升级或新产品开发，而不能等到停滞阶段再进行。

第四，旅游地发展各阶段的推动力，也是不同的。旅游产业的复杂性决定了在其周围有着众多的利益相关者，包括旅游者、当地社区、旅游组织、科研机构等，这些利益相关者在旅游地演化过程中的作用和参与程度，是不断变化的。这些利益相关者的利益诉求，深刻影响着旅游地演化的方向、速度和趋势，因此应将旅游利益相关者理论纳入旅游地生命周期的分析中来。下文就以沙坡头为例，对沙漠旅游地的利益相关者及其利益诉求进行分析。

第二节　沙漠旅游地利益相关者分析

一　利益相关者与旅游研究

利益相关者的概念源于管理学，最早出现在20世纪60年代，意指"任何能影响或为组织的行为、决定、政策、实践或目标所影响的个人或群体"[①]。利益相关者理论认为，任何一个企业的发展都离不开各种利益相关者的投入或参与，企业是为受企业决策影响的诸多利益相关者服务的组织。利益相关者理论将政府、社区以及相关的政治、经济和社会环境乃至非人类的因素如自然生态环境等纳入其中，将企业的社会责任和管理紧密联系起来，强调利益协调和发展的可持续性，为企业管理提供了一种全新的模式。利益相关者理论

---

① Carroll, A. B. and Buchholtz, A. K., *Business & Society: Ethics and Stakeholder Management*, Cengage Learning, 2011, pp. 213-229.

以其极强的分析力和解释力,迅速成为管理学研究领域中一种重要的理论范式。

20世纪80年代,随着旅游界对旅游协作、社区参与、旅游可持续发展、旅游伦理、旅游公平等相关研究主题的关注,利益相关者理论被引入旅游研究领域,并迅速成为旅游研究中一种重要的理论工具。在国外,旅游研究者率先将利益相关者理论引入旅游领域并运用于旅游发展规划之中,如马希和亨希尔研究了旅游者、居民的期望及相互影响在旅游发展规划中的重要作用[1];基奥对旅游规划与开发中的社区参与进行研究[2]。目前,国外旅游其他领域也广泛运用利益相关者理论进行理论研究和管理实践,如旅游营销,生态旅游开发与管理,旅游所涉及的政治、社会、伦理问题等诸多方面。国外利益相关者研究已经取得了相当丰富的成果。

近年来,国内旅游界也开始尝试运用利益相关者理论和方法来解决旅游规划与景区管理方面的问题,如张伟、吴必虎[3]以四川乐山市的旅游规划为例,对利益相关者理论在中国区域旅游规划中的应用途径进行研究;黄昆[4]对旅游景区利益相关者(政府部门、当地居民、景区投资者、旅游者和景区员工等)对景区环境管理的影响进行研究。此外,国内学者还将利益相关者理论运用于乡村旅游、生态旅游、古村落旅游、城市旅游、民族旅游等诸多领域。总的来看,以利益协调和可持续发展理念为核心的利益相关者理论已证明其在旅游研究和实践中的应用价值。

---

[1] Marsh, N. R. and Henshall, B. D., "Planning Better Tourism: The Strategic Importance of Tourist Residence Expectations and Interactions", *Tourism Recreation Research*, 1987, 12 (2).

[2] Keogh, B., "Public Participation in Community Tourism Planning", *Annals of Tourism Research*, 1990, 17 (3).

[3] 张伟、吴必虎:《利益主体(Stakeholder)理论在区域旅游规划中的应用——以四川省乐山市为例》,《旅游学刊》2002年第4期。

[4] 黄昆:《利益相关者共同参与的景区环境管理模式研究》,《湖北社会科学》2003年第9期。

二 研究区域与研究过程

（一）选择研究区域

本章选择宁夏中卫沙坡头景区[①]作为典型研究样本来分析沙漠旅游地利益相关者和沙漠旅游地生命周期，有如下几个原因：第一，沙坡头景区开发较早，品质较高，有代表性；第二，沙坡头景区旅游资源丰富，包括沙漠保护区、鸣沙景观、黄河景观、长城遗迹等人文景观，囊括了中国沙漠旅游资源的基本类型；第三，沙坡头景区沙漠旅游产品类型多样，包括博物馆产品、沙地娱乐产品、沙漠影视产品、沙漠探险产品等，涵盖了中国目前已经开发的各种沙漠旅游产品类型；第四，沙坡头景区内有原住民、企事业单位、科研机构，加上其离中卫城区比较近，利益关系比较复杂，适合进行利益相关者研究；第五，沙坡头景区进行了股份制改造，成立了"宁夏沙坡头旅游景区有限责任公司"，投资主体多元化，在沙漠旅游经营模式上走在时代前列。基于以上考虑，本章选择其为利益相关者和生命周期这两个问题的研究样本。

（二）研究假定

根据利益相关者"影响和被影响"定义，笔者在查阅大量相关文献的基础上认为应当从利益相关者的"主动性"、利益相关者的"重要性"和利益相关者利益要求的"紧急性"三个维度对沙坡头景区利益相关者进行假定。在此基础上，笔者构建了沙漠旅游利益相关者基本图谱，认为旅游者、旅游企业、政府部门、旅游从业者、当地社区、行业协会、环保机构、非政府组织、学术专家、新闻媒体、社会公众构成沙漠旅游的利益主体，如图7-2所示。但是这些

[①] 在本书"第四章 沙漠旅游兴起与发展模式"部分也做了详细的介绍，故在此处不做研究区域的概况介绍。

利益相关者与沙漠旅游活动的关联性和对整个旅游活动的影响力是不同的，他们在多大程度上会对旅游活动产生影响，还需要后续的证明。

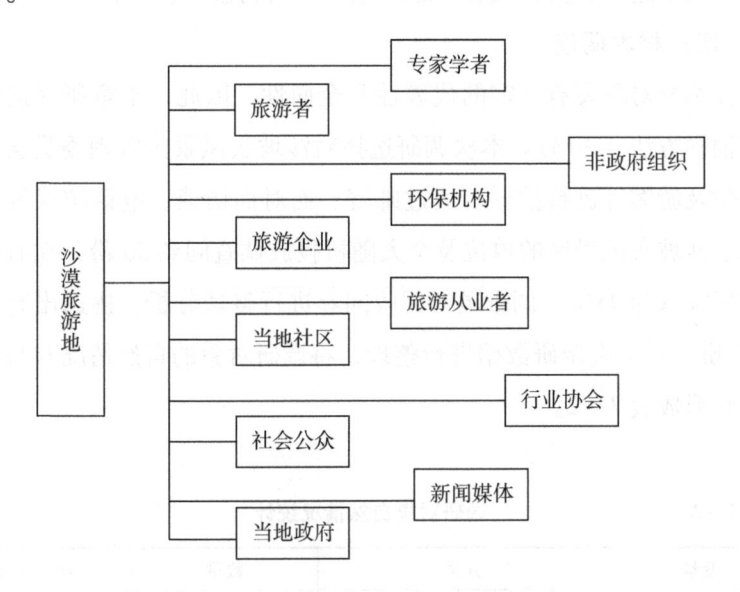

图7-2 沙漠旅游利益相关者图谱

（三）预试调研

本章研究所设计的调查问卷，系研究者依据理论基础及参考其他学者的研究成果自行编制而成，主要考虑利益相关者的主动性、重要性和紧急性。在预试之前已经进行了专家审查与修订。在依据专家意见进行修正后，进行问卷预试。为了进一步了解预试问卷的合理性、正确性、有效性与完整性，本章研究对回收的预试问卷进行了信度和效度检验。在此基础上，剔除初始问卷中的不合格题项，并形成最终的正式调查问卷，见附录3。

问卷共分为三部分，第一部分是被调研者的基本情况，包括性别、年龄、收入、文化程度和身份；第二部分主要调研利益相关者的界定，通过11个假定旅游利益相关者与"主动参与景区的建设，关注景区的发展""在景区旅游发展过程中获利较大"等六个问题的关联度，计算他们在这六个问题里的被选概率（满分为6分）；第三部分主要调研各利益相关者的利益诉求，通过其对"旅游发展"而达成的目标选择，来判断这些利益相关者对旅游地发展的利益诉求点。

（四）样本调查

被选择对象要有一定的代表性和全面性，因此，本章研究选择了随机抽样方法（SRS）。本次调研选择对沙坡头风景区管理委员会、相关单位及游客等进行抽样。通过邮寄、面对面访谈、电话访谈等多种方式在沙坡头风景区的单位及个人随机投放调查问卷50份，在有效时间内回收率为95%。调查员对回收问卷进行整理分析，挑选出有效问卷47份。对本次调研数据进行整理，将调研对象的自然情况和身份描述汇总形成表7-2。

表7-2　　　　　　　　调研对象自然情况统计

变量	分类	数量	百分比（%）
性别	男性	26	55.3
	女性	21	44.7
年龄	18岁以下	1	2.1
	18—30岁	12	25.5
	31—45岁	19	40.4
	46—60岁	13	27.7
	60岁以上	2	4.3
文化程度	初中及以下	1	2.1
	高中/中专	12	25.5
	大专/本科	20	42.6
	研究生	16	34.0
月收入	1000元以下	1	2.1
	1000—3500元	16	34.0
	3501—5000元	17	36.2
	5001—8000元	10	21.3
	8000元以上	3	6.4

续表

变量	分类	数量	百分比（%）
身份	旅游者	9	19.1
	旅游从业者	8	17.0
	当地居民	8	17.0
	学术专家	8	17.0
	公务员	7	14.9
	媒体工作者	7	14.9

（五）数据处理及结果

通过对涉及利益相关的六个问题的关联程度进行分析，最终计算出各利益相关者的被选比重，统计结果如表7-3所示。本章将被选概率大于3.5的定义为核心利益相关者，2.0—3.5的为重要利益相关者，低于2.0的为边缘利益相关者。经过计算、分类，属于沙漠旅游地核心利益相关者的有旅游者、旅游企业、旅游从业者和政府部门；属于重要利益相关者的有当地社区、学术专家、环保机构和新闻媒体；属于边缘利益相关者的有行业协会、社会公众和非政府组织。

表7-3　　　　　　　沙漠旅游利益相关者划分

各利益相关者	沙漠旅游者	旅游企业	旅游从业者	政府部门	当地社区	学术专家	环保机构	新闻媒体	行业协会	社会公众	非政府组织
被选概率	4.12	3.98	3.86	3.62	3.41	3.39	2.86	2.31	1.95	1.54	1.36
种类划分	核心利益相关者				重要利益相关者				边缘利益相关者		

不同利益相关者参与发展旅游产业的动机不相同，这就决定了他们在旅游地生命周期演化的过程中，发挥的作用与发挥作用的阶段也不相同。因此，要想探讨旅游地生命周期演化与不同利益相关者的关系，就必须先搞清楚各利益相关者的利益诉求。

三 沙漠旅游地利益相关者分析

从"影响与被影响"的角度进行分析,旅游者、旅游企业、旅游从业者和政府部门等核心利益相关者是沙漠旅游活动中不可或缺的群体,其利益关系的协调与否可以直接左右沙漠旅游的生存和发展。当地社区、学术专家、环保机构、新闻媒体等重要利益相关者与沙漠旅游活动的关系密切,对沙漠旅游的可持续发展具有重要影响。行业协会、社会公众和非政府组织的利益属于沙漠旅游边缘利益者的范畴,一般体现在经济的关联带动、社会进步、文化发展、精神激励等要素之中,并不直接影响沙漠旅游的发展,但从长远来看,依然具有重要意义。

(一) 沙漠旅游地核心利益相关者

1. 旅游者

依据旅游活动参与程度的不同,可以将旅游者划分为"观光"型旅游者和"体验"型旅游者两类。"观光"型旅游者没去过沙漠,他们大多是慕名前往,以欣赏自然风光为主,保护意识较为淡薄。"体验"型旅游者大多对沙漠有一定的感情,体验沙漠地区的生活,参与防沙固沙的相关活动,感悟沙漠文化、保护环境是他们旅游的主要目的。从调研情况看,目前中国沙漠旅游者大多倾向于"观光"型。因此,中国的沙漠旅游开发应该加强对旅游者的宣传教育,使其充分了解沙漠的形成过程、理解真正的沙漠文化,进而获得满意的旅游体验,这是沙漠旅游能够获得长足发展的核心动力。

2. 旅游企业

作为沙漠旅游核心利益相关者的旅游经营企业主要是指那些直接参与沙漠旅游开发和经营的企业。旅游企业的角色行为具有"双刃剑"作用:一方面,为沙漠旅游的开发注入资金、技术、信息以及管理等,促进旅游业的发展;另一方面,它们追求经济效益的最大化,不合理的开发往往造成对环境资源的破坏。目前，中国沙漠旅游开发大多是采取"政府+企业"或完全企业化模式，可以获得较为可观的经济效益，但也存在景区环境恶化、利益分配不合理等突出问题。中国沙漠旅游的可持续发展需要加强对旅游经营企业的有效监督和引导，正确处理好开发与保护的难题。

3. 旅游从业者

旅游产业是一个庞大的复杂产业，产业关联度很高，除"吃、住、行、游、购、娱"六大旅游要素外，还涉及一系列支持部门，所以可以为社会提供大量的就业机会。这也是各地区着力发展旅游产业的主要动机之一。作为沙漠旅游核心利益相关者的旅游从业者，既包括旅游景区的工作人员、商服人员，也包括旅游地其他为旅游者提供旅游支持的服务人员。目前，中国沙漠旅游景区的从业人员主要来自当地的农牧民，旅游业改变了他们原有的生产生活方式，对于他们来讲，旅游产业是其主要收入来源，旅游产业发展的水平和速度也直接关系着他们的生活质量和幸福指数。因此，他们更加关注旅游地的发展和当地的旅游政策。当然，也有一些旅游从业人员为了眼前的经济利益，而出现欺骗旅游者或破坏旅游资源的行为。对其加强培训是提高旅游地服务质量和塑造旅游地形象的重要保证。

4. 政府部门

中国旅游产业的发展，带有明显的政府主导色彩。政府在促进景区建设、旅游招商引资、旅游行业管理、旅游资源促销等方面都发挥了重要的作用。政府部门以行政权力为依托，可以通过立法、制定规范、制定规划、协调政策、完善基础设施建设、提供激励、促销等手段来影响旅游的发展。因此，在沙漠旅游发展的过程中，政府部门扮演着沙漠旅游"游戏规则"的制定者和管理者、生态环境保护的倡导者、社区发展的支持者和旅游企业的监督者等多重角色，有的地区还建立了旅游景区管委会，政府直接参与旅游产业的建设与市场竞争。然而，从中国沙漠旅游发展的实践来看，政府的角色行为与其理论上的角色规范之间还存在较大偏差。转变政府职能，要从旅游产业发展前期直接参与的"运动员"状态退出来，变成一个为旅游产业发展提供公共服务的"服务员"。

（二）沙漠旅游地重要利益相关者

1. 当地社区

沙漠旅游景区和当地社区本是两个依据不同维度而界定的独立系统，然而沙漠景区与当地社区彼此产生深刻影响，其发展都需要对方的支持和协助，因而具有内在的耦合关系。特别是中国沙漠旅游景区在建设过程中涉及与景区内原住民的关系，受视野和判断力的影响，景区建设前期他们不支持，景区盈利后他们要分利益。当地居民在提高生活水平的愿望下，对旅游业也有着强烈的经济利益诉求，这是可以理解也是必须尊重的。这些利益诉求都需要社区的广泛参与才有完全实现的可能。然而，在目前中国的沙漠旅游实践中，由于社区公民自身意识和参与精神及知识匮乏、能力不足等诸多因素，社区的主体地位往往得不到承认和重视，很大程度上都是被动地参与旅游发展，利益诉求也很难实现。稍有不慎就有可能出现当地社区因为利益无法满足而严重影响景区经营的极端事件，类似事情在黄河石林景区[①]和江西婺源[②]等地都发生过，值得警惕。

2. 学术专家

专家学者通过各种传媒向公众解读沙漠及沙漠旅游的相关知识，提高了大众对沙漠文化及其重要性的认知水平；通过制定相关标准和规范，为沙漠旅游的开发提供必要的依据，并指导和监督旅游经营者的旅游开发行为。沙漠作为重要的地貌类型，具有很强的自然科考价值，对于沙漠化防治、沙漠生态改善等现实问题都有重要的科学价值；同时，沙漠里还散落着很多人类的遗迹、衰败的古城，对这些历史遗

---

① 张鹏翔：《利益之争让黄河石林"很受伤"》，《兰州晨报》2011年10月13日第A16版。
② 王鸿谅：《不满收益分成低　婺源景区村民围堵景点大门》，《三联生活周刊》2011年9月2日。

迹的探查研究，对于了解中国历史环境、区域人口变迁等问题都大有益处。然而，目前只有个别院校和科研机构对沙漠旅游进行过研究，对"沙漠景区的环境承载力""旅游行为对沙漠的生态影响"等重要问题还没有形成代表性的成果。所以，该利益相关者的培育和壮大还需相当长的时日，专家的技术指导功能应在沙漠旅游发展决策过程中发挥更大的作用，这一利益群体应该成为旅游地发展的核心利益相关者。

3. 环保机构

沙漠地区一般自然条件比较恶劣，环境保护的地位非常重要。中国一部分沙漠景区就是由自然保护区发展而来的，沙坡头景区就是其典型代表。沙坡头景区与沙坡头自然保护区有一部分是重合的，因此在沙漠旅游过程中重视对保护区环境的保护、宣传环保思想也是沙漠旅游的重要社会价值所在。沙漠旅游的可持续发展离不开环保人士的参与和支持，更离不开环保部门的监督与管理。因此，对这类沙漠景区的开发更应该注重环保机构的意见，保护功能应该高高凌驾于开发之上。这点可能是环保机构与当地政府、社区、旅游企业在旅游发展利益诉求上最大的区别，也是长远发展与现实需要的矛盾体现。如何平衡这一矛盾，既需要出台相应法律法规、政府相关政策文件，也需要环保部门积极研究新技术、主动参与景区建设，以在旅游地发展过程中发挥更大的作用。

4. 新闻媒体

新闻媒体是旅游发展的中介体，主要担负信息沟通的作用。世界各国旅游发展的经验表明，媒体对旅游的发展具有重要意义。一方面，新闻媒体对旅游目的地、旅游相关知识和旅游经营的成功经验等的宣传会极大地推动旅游的全面发展。另一方面媒体对旅游业发展的监督作用也会有效地规范其发展。目前，中国新闻媒体对沙漠旅游地发展的宣传作用发挥得比较好，但监督职能基本缺失，这与中国的民众新闻习惯、媒体自身定位等诸多因素有关。加强与媒体的沟通能力，也是沙漠景区各利益相关者需要重点提高的能力之一。

(三) 沙漠旅游地边缘利益相关者

1. 行业协会

旅游行业协会在旅游发展规划、研究与开发、行业执行标准、咨询、教育和培训以及与政府的沟通与合作等方面都发挥着重要作用,是旅游发展过程中极为重要的第三方力量之一。目前,国内还未出现专业的有关沙漠旅游行业的协会,其职能基本由旅游行业协会执行,但随着沙漠旅游的迅速发展,这种局面在将来会得到改观。

2. 社会公众

社会公众虽然不参与接待旅游者的活动,但其行为也会对旅游地的整体形象产生重要影响;社区公众虽然没有从旅游产业直接获得经济利益,但旅游产业对地方经济的"乘数效应"也会使其获得间接的经济收益。此外,当地政府为发展旅游而改善当地环境、兴建基础设施、培养文明风尚,也都有利于提高旅游地社会公众的生活质量和生活水平。因此,社会公众应该更加关注旅游地的发展。

3. 非政府组织

非政府组织的英文拼写是"Nongovernmental Organizations",简写为"NGO"。在现代社会里,非政府组织发展非常迅速,在公共管理领域特别是一些社会问题突出而政府和企业又难以发挥作用的领域,发挥着越来越重要的作用。目前,中国非政府组织注册数量增长迅猛,在环境保护、污染治理、扶贫开发、乡村教育、法律援助等公益事业方面对政府职能形成了有益的补充。沙漠地区在很多领域都与非政府组织有着紧密的联系,如阿拉善生态协会(SEE)[①]等。从国外的经验看,非政府组织与旅游产业的对接会开发出很多更具竞争力的新型旅游产品,本章最后一部分将对这一问题进行探讨。

[①] 阿拉善生态协会(SEE)成立于2004年6月5日,是由中国近百名知名企业家出资成立的环境保护组织。SEE是会员制的非政府组织(NGO),同时也是公益性质的环保机构,奉行非营利性原则。在沙漠生态环境保护和沙漠区扶贫项目资助等领域发挥了重要作用。

第三节 典型沙漠旅游地生命周期

上文对沙漠旅游利益相关者进行了分类，并对各利益相关者的利益诉求和发展现状进行了分析、评述，这些利益相关者在沙漠旅游地生命周期所发挥的作用也不尽相同。首先，本节根据沙坡头景区 20 多年来的游客接待量，对沙坡头景区的生命周期进行分析，然后再讨论各利益相关者在旅游地生命周期不同阶段的作用。

一 旅游地生命周期划分

巴特勒旅游地生命周期理论将旅游地的演化分为探索、参与、发展、巩固、停滞、衰落（复兴）六个阶段。后来的学者也基本接受了这种六阶段划分办法，但是关于这六个阶段如何划分却分歧较大。在旅游统计数据比较模糊的时候，一般学者多采用定性划分的办法。近些年来，采用定量手段特别是采用数据回归方式进行生命周期演化方法研究的成果越来越多。比较有代表性的研究方法有以下几种：

按增长幅度划分。王联兵等在对沙湖景区进行生命周期研究的时候，就采用了这种方法[1]。他们根据沙湖景区 1990—2008 年客流量变化趋势，利用"直线预测趋势模型"和"指数预测趋势模型"对各阶段的客流变化进行回归，其就是根据增长幅度来划分的。文章认为：探索阶段的增长幅度处于不规则状态，参与阶段的增长幅度是 0—5%，发展阶段的增长幅度是 5%—10%，巩固阶段的增长幅度是 10%—15%，停滞阶段的增长幅度是 0—5%，衰落阶段增长幅度会出现负值，复兴阶段会重新上涨[2]。为了克服突发事件对旅游客流的影响，作者们采

---

[1] 王联兵、刘小鹏：《宁夏沙湖旅游地生命周期分析与发展预测研究》，《干旱区地理》2010 年第 3 期。

[2] 根据旅游地生命周期各阶段的特征，发展阶段的游客增长速度应该大于巩固阶段的增长速度，所以笔者不同意此处其对增长幅度的描述。

用了"5年游客滑动平均数"对原始数据进行修订。利用"滑动平均数"进行计算是王联兵论文的一大亮点,在旅游生命周期的分析中,滑动平均数很好地克服了研究期内特殊事件对景区划分的影响。

按增长加速度划分。杨春宇在其著作中重点介绍了这个方法。他根据旅游地游客量增长速度与加速度的不同,将旅游地生命周期演化曲线分为三段:第一段是开口向上的抛物线,包括探索阶段、参与阶段、发展阶段;第二段是开口向下的抛物线,包括巩固阶段和停滞阶段;第三段是分歧阶段。依据这种分类,他对各阶段的划分标准做了如下定义:探索阶段的加速度为零,速度也近似零,因此没有相应的预测公式;参与阶段的加速度为零,速度接近一个常数,图形近似有一定斜率的直线,游客量预测公式为"$Y = ax + b$"(一元一次方程)[1];发展阶段的加速度为正,图形近似一条开口向上的抛物线,游客量预测公式为"$Y = ax^2 + bx + c$"(一元二次方程);巩固阶段的加速度为负,图形近似一条开口向下的抛物线,游客量预测公式为"$Y = -ax^2 + bx + c$"(一元二次方程);停滞阶段加速度为零,旅游地游客量增长也为零,会在某一数量附近徘徊;分歧阶段会有三种情况,加速度为正时旅游地进入复兴阶段,加速度为负时旅游地进入衰退阶段,加速度为零时旅游地处于停滞阶段的客流水平,旅游地成熟期得到维持。此方法的最大亮点是:利用分段函数的方法,对生命周期曲线各阶段的数据进行拟合。这样可以取得更好的拟合效果,精确率也更高。

当然,大多数学者[2]都直接采用公式拟合的方法,对景区的客流量和时间进行回归公式拟合,然后选择检测指数较好的公式来对景区的未来客流量进行预测。

---

[1] 这里主要介绍作者划分生命周期各阶段的方法,因此没有对公式的导出过程做具体陈述。此公式及本段以下的公式中的 Y 都指客流量,x 为时间,a、b、c 都为变量。鉴于此处写作目的,文中对各字母的代表量不做具体陈述。

[2] 李睿、应菊英、章珠娥:《溶洞型旅游地生命周期特点的定量研究——以浙江瑶琳洞为例》,《经济地理》2004年第5期;尹郑刚:《沙漠旅游地生命周期演变研究——以巴丹吉林沙漠为例》,《经济地理》2011年第6期。

库珀[①]曾经对巴特勒旅游地生命周期理论做过经典评价,其中之一就是"作为预测工具,生命周期理论很难得到发展"。笔者也认为生命周期理论的最大意义是"利用客流和旅游地特征变化之间的关系,概括了旅游地发展过程中各个阶段的特征,对旅游地发展的一般规律做了归纳",而不是提供一个预测客流量变化的工具。事实上,旅游产业的复杂性决定了很难通过一个模型将其影响因素全部囊括。仅仅利用过去若干年的客流数据就拟合公式,再用这个公式对未来数据进行预测,就更不科学了。特别是在经济、社会都高速发展的中国,这种预测就更难了。鉴于此,本章利用生命周期理论对沙坡头景区的发展规律进行分析,而不对其未来客流进行具体的预测,因此本章参考其他学者[②]的定性指标,将旅游地生命周期的游客接待量增长比例定为表7-4的范围,以此作为对沙坡头景区生命周期定性划分的依据。需要说明的是,虽然"参与阶段"的增长幅度在0—10%,与"巩固阶段"的5%—10%和"停滞阶段"的0—5%有重叠,但其增长基数是不同的,在参与阶段是低基数增长,在巩固阶段和停滞阶段是高基数增长。

表7-4　　　　旅游地生命周期六个阶段对应的增长率幅度

阶段	探索阶段	参与阶段	发展阶段	巩固阶段	停滞阶段	衰落阶段
增长幅度	不规则变动	0—10%	超过10%	5%—10%	0—5%	负增长

二　景区客流量变化及生命周期

早在1958年中国科学院就在沙坡头设立了沙漠科学实验站,那时前往沙坡头的主要是研究沙漠治理的科研工作者。1984年,宁夏回族

[①] Cooper, C., "The Destination Life Cycle: An Update", in A. V. Seaton ed., Tourism: The State of the Art, John Wiley & Sons, Inc., 1994, pp. 340–346.

[②] 周丽君、杨青山:《长白山旅游地生命周期的判定及调控措施研究》,《东北师大学报》(自然科学版)2010年第2期。

自治区政府批准建立"沙坡头自然保护区",这是中国第一个沙漠生态自然保护区。沙坡头在治沙领域取得的成绩特别是神奇的"草方格",开始吸引中外游客前来参观,沙坡头的旅游接待从此开始。1985年沙坡头景区成立,沙坡头的旅游接待开始进入新的阶段。起初几年沙坡头景区的年接待量都维持在5万左右,从1990年开始,其接待量才开始稳步提高,详见表7-5。

表7-5　　　　　沙坡头景区历年游客接待量及增长率

年份	年接待量（万人次）	年增长量（万人次）	增长比例（%）	年份	年接待量（万人次）	年增长量（万人次）	增长比例（%）
1990	5.5			2002	15.1	1.8	13.5
1991	5.8	0.3	5.5	2003	10.8	-4.3	-28.5
1992	6.0	0.2	3.4	2004	13.7	2.9	26.9
1993	6.3	0.3	5.0	2005	16.9	3.2	23.4
1994	6.4	0.1	1.6	2006	17.6	0.7	4.1
1995	6.9	0.5	7.8	2007	21.37	3.8	21.1
1996	7.0	0.1	1.4	2008	22.8	1.4	6.7
1997	7.5	0.5	7.1	2009	33	10.2	44.7
1998	7.2	-0.3	-4.0	2010	40.4	7.4	22.4
1999	10.4	3.2	44.4	2011	44.3	3.9	9.7
2000	11.5	1.1	10.6	2012	47.2	2.9	6.5
2001	13.3	1.8	15.7				

资料来源:中卫沙坡头旅游发展有限公司。

需要说明的是,2005年沙坡头景区实行了一票制改革,将原来包兰铁路以北的"大漠景区"和铁路以南的"黄河景区"合二为一(见图7-3),统一管理、统一核算,景区整体接待量大幅爬升。但是考虑到本章主要探讨的是沙漠景区的生命周期,并且前后之间也需要对比资料的延续性,因此,本章2005年以后的数据仍然选用的是北景区的游客入园量。

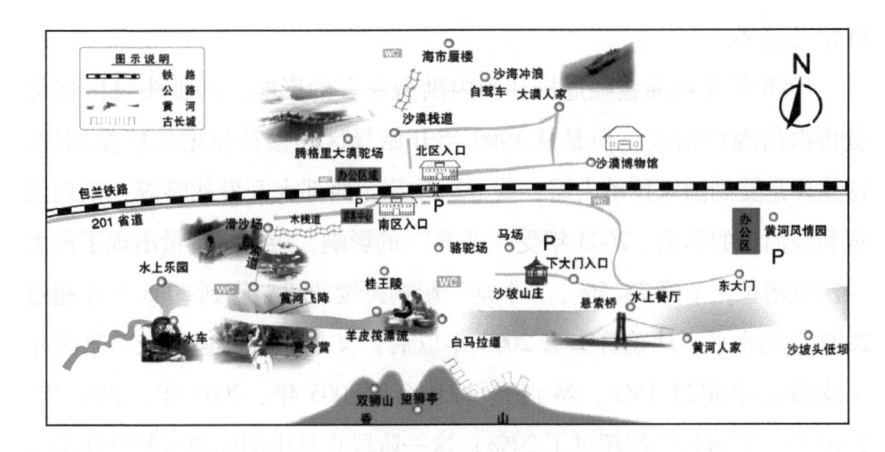

第七章　基于利益相关者视角的沙漠旅游地生命周期特征　185

图 7-3　沙坡头景区示意（2005 年后）

资料来源：沙坡头景区宣传手册。

为了更好地分析沙坡头景区的生命周期，本章利用 1987 年以来的客流量绘制图 7-4。从图中我们可以看出如下演变路径。

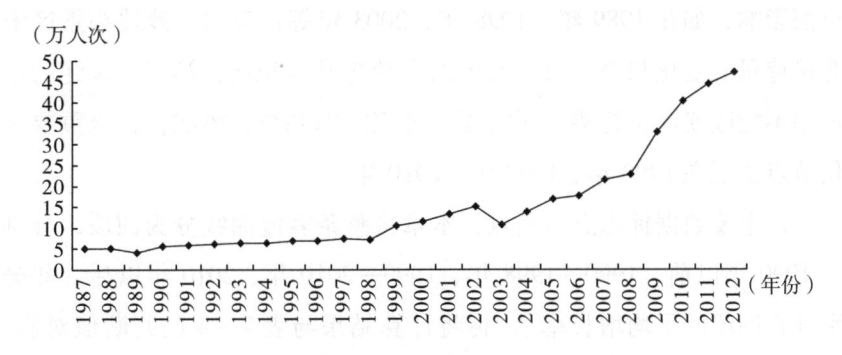

图 7-4　1987 年以来沙坡头景区客流量变化

资料来源：中卫沙坡头旅游发展有限公司。

1990 年以前，沙坡头景区游客接待量较少，且 1989 年游客接待量还出现负增长，由于统计年份较少，不能做规律性判断。1990—1997 年，景区游客接待量缓慢上升，上升幅度基本成一条直线，虽然有部分年份的上涨幅度较大，如 1995 年和 1997 年上涨幅度都在 7% 以上，但这主要是由接待基数较低导致的，整体上没有改变这一时期的低增长趋势。

　　1998年受亚洲金融危机和国内洪涝灾害的影响，沙坡头景区接待量再次出现负增长，但是从1999年开始景区的接待量增长速度加快，这主要是受到国家拉动内需、黄金周政策、西部大开发战略等一系列宏观利好消息的影响。2003年受"非典"的影响，游客接待量出现了最大一次负增长，下降28.5%，"非典"影响持续两年，直到2005年才超过2002年的水平。从趋势上看2003年以后，又是一段高速增长，景区年平均增长率超过15%，特别是2004年、2005年、2007年、2009年、2010年，年增长率都超过了20%；这一阶段正是中国国内旅游发展最为迅速的时期，全国各类景区（点）的增长速度都非常明显。2011年以后，增长速度放缓，连续两年增长速度回落到10%以下，由于连续数据点过少，不能做规律性判断。

　　上述变化说明：第一，特殊事件对沙坡头景区游客接待量会产生负面影响，如在1989年、1998年、2003年等；第二，沙坡头景区游客接待量的变化与全国旅游发展的大趋势基本相同；第三，单纯的增长率不能改变增长趋势，还需要参考当时的基数；第四，客流重要变化节点出现在1990年、1999年、2010年。

　　以重要数据标志点为断点，本章将整条客流曲线分为四段，分别是1990年以前、1990—1998年、1999—2010年、2010年以后，并分别计算四段的平均增长率[①]，再将计算结果与表7-4的判断值对应，形成对沙坡头景区生命周期的判断，结果见表7-6。需要说明的是，2011年以后数据较少，其属于巩固阶段的判断是基于现有数据做出的，不排除以后几年实际客流数据与本章的结论有很大出入，届时会采用新数据对此结论进行修订。

[①] 平均增长率计算公式在前文已经详细介绍，在此不做冗述。

表7-6　　　沙坡头景区各阶段游客接待量年平均增长率

时间	1990年以前	1990—1998年	1999—2010年	2010年以后
年平均增长率	不规则变化	3.9%	14.2%	5.3%
生命周期分类	探索阶段	参与阶段	发展阶段	巩固阶段

三　生命周期各阶段利益相关者的作用

上文对沙坡头景区生命周期各阶段进行了划分，下面结合沙坡头景区的开发历程和利益相关者构成，来分析沙漠旅游各利益相关者在沙坡头景区生命周期各阶段的参与情况，以及它们对推动旅游地演化的作用。

（1）探索阶段（1990年以前）。沙坡头的治沙工作是从20世纪50年代开始的，这一时期来沙坡头的主要是一些治沙科研人员。1984年沙坡头自然保护区成立以后，来这里参观考察的中外游客才逐渐增多。特别是1985年沙坡头景区成立以后，外来旅游者的考察活动在区域选择、活动线路、食宿接待、旅游解说等方面更加规范，旅游市场慢慢开始启动，但客流人数还很不稳定，且空间、季节规律很不明显。

从这一阶段沙坡头的旅游发展来看，环保机构在旅游地的发展初期发挥了重要作用。以"草方格"为代表的治沙设施和沙漠自然生态系统，是这一时期沙坡头最重要的两个旅游吸引物，二者都与环保机构紧密相关。这一时期的旅游者也主要是环境方面的专家学者及相关专业的学生，了解沙坡头的治沙成果是他们旅游的主要目的，因此环保机构客观上还起到了旅游接待的作用。此外，这一时期新闻媒体也是沙坡头旅游地的重要利益相关者，尽管它们对沙坡头的报道都集中在沙坡头的治沙成果方面，但也对旅游地的发展起到重要的作用：一方面加强了环境治理专家学者及学生对沙坡头的了解，促使他们前来参观；另一方面对普通大众也是一种"旅游地知名度"的积累，在条件成熟的时候,这种"知名度积累"就会转化为强烈的"旅游动机"。这一时期当地政府虽然也积极促成沙坡头景区的建立,但其主要目标还是对沙坡头的保护,而非发展旅游;当地的旅游从业人员数量非常少[①],商业性旅游企业处于空白状态,当地社区和社会公众对旅游产业也是完全陌生的。

(2)参与阶段(1990—1998年)。这一时期是中国改革开放以后思想碰撞最为激烈的一段时间,受宏观政策的影响,国家和地方的旅游政策还不稳定,对商业性私营旅游接待的发展还有争议。沙坡头在原有资源优势的基础上,旅游接待量稳步提升,并且在生态环保领域取得了一系列奖项:1992年因其治沙成果获得国家"科技进步特别奖";1994年晋升为国家级自然保护区,并被联合国环境规划署命名为"全球环境保护500佳";沙坡头先后成为中国生态系统研究网络站(CERN)、科技部国家野外科学观测重点站、联合国教科文组织人与生物圈研究点以及国际沙漠化治理研究培训中心的培训基地,被誉为"沙漠科学城"。这些成绩经新闻媒体报道以后,更加强化了沙坡头的旅游形象,旅游地的发展也进入了一个新的阶段。

沙坡头在生态环境治理方面获得荣誉的同时,也吸引了大批国内外学者参观、考察,更吸引了很多农林院校的学生来此见习。考虑到春秋风沙较大,这些参观、见习活动大多安排在暑期进行,这就使沙坡头的旅游接待出现了明显的季节规律和明确的目标人群。由于游客到访量的增大,中卫市的各大单位招待所开始对访问者开放,有些招待所更是出现了"承包经营"的模式,一些单位的大客车也在运送对口单位的外来参观者,各类旅游企业在慢慢成长,旅游从业者也在逐渐增加。中卫政府还翻修了中卫县城通往沙坡头景区的道路,开通相关班车线路,并向沙坡头景区投入资金和人员编制,建设旅游接待设

---

① 1986年宁夏沙坡头旅游管理所共有员工18名,其中管理人员2名、行政人员1名、售票员2名、讲解员2名、安全引导员4名、保洁人员7名。资料来源:宁夏沙坡头旅游有限公司。

施，帮助其提高服务质量；加强对沙坡头黄河景区的规划力度。沙坡头当地社区也在发生变化，社区居民开始在景区上班，有些家庭开始接待旅游者，向农家乐的方向转移，社区家庭的收入结构悄然发生变化。生活环境的改善特别是一些基础设施的完善，使社会公众也对旅游业产生好感。

（3）发展阶段（1999—2010 年）。这一阶段是沙坡头旅游大发展阶段，在国家宏观政策的指导下，沙坡头地区旅游建设力度加大，沙坡头景区整体规划日趋合理，北区以大漠风光为主、兼顾治沙成果展，南区以黄河景观为主、兼顾人文娱乐活动。景区因资源独特、设施齐全、交通便利、保护有效等优势，2000 年被国家旅游局正式批准为 4A 级旅游景区，2007 年被国家旅游局批准为首批 5A 级旅游景区。景区游客接待量和旅游综合收入连创新高，当地各项社会事业都因为旅游产业的繁荣而发生深刻的变革。

从这一阶段沙坡头获得的"荣誉"看，其已经从一个"沙漠科学城"转变为"沙漠旅游城"。2004 年被国家体育总局授予"全民健身二十个著名景观"，同年 10 月又被中央电视台评为"中国十大最好玩的地方"；2005 年 10 月被《国家地理》杂志评为"中国最美丽的五大沙漠之一"；2006 年 3 月被《环球游报》评为"中国最值得外国人去的 50 个地方之一"。沙坡头的旅游形象完成了一次"华丽转身"。当地政府继续加强对旅游基础设施的建设，将中卫城区到沙坡头景区的道路扩宽（双向 12 车道）、翻修中卫火车站。值得一提的是中卫香山民用机场[①]于 2008 年 12 月 26 日正式通航（这是西北地区唯一一个从争取、建设到管理项目都由地方负责的机场）。同时，当地政府还积极开展旅游促销、宣传，2002 年沙坡头旅游区成功举办了中国宁夏

---

① 中卫香山机场位于市区西北 9 千米处，属国内支线机场，于 2007 年 9 月 22 日批准立项，2008 年 3 月 16 日开工建设，同年 8 月 31 日主体工程顺利竣工，并于 2008 年 12 月 26 日正式通航，共投资 3.7 亿元，年旅客吞吐量 15 万人次。机场建设速度创造了西北民航史上立项审批和建设速度最快纪录，可见地方政府对旅游基础设施发展的决心与力度。

(沙坡头)大漠黄河国际旅游节；2003年举办了中国宁夏沙坡头黄河漂流节，利用沙坡头旅游区特色，推出具有自己特色的品牌节庆活动，对宣传和提升景区形象起到了轰动效应。

在当地政府大力加强旅游基础设施建设的同时，沙坡头也吸引了大量外来资本的注入，当地旅游服务设施得到了根本性的改变。吸引民间资本注入景区娱乐设施建设，如沙漠摩托车、飞渡黄河、观光电梯等项目均是景区吸引外来资本建设的。当地社区也逐渐融入旅游发展，景区区内原住民逐渐迁出，在景区东面建立"童家村"专门进行"农家乐"旅游接待；区内牧民利用其饲养的骆驼与景区合作开展"骑骆驼游沙漠"的项目，区内农民还将传统的羊皮筏子引入黄河景区，与景区合作开展"羊皮筏子游黄河"的旅游项目。2005年，沙坡头景区进行资本整合，南北景区实行一票制，景区内开始增加越野车、冲浪车、滑沙等游乐项目。在大力发展观光旅游的同时，沙坡头也没有忽视其生态保护区的职能，中国治沙博物馆、沙生植物园等一批宣传生态环保理念的科普教育景点相继落成，旅游产品种类更加丰富、结构更加完整。

在旅游发展的过程中，中卫的城市地位也发生了变化。2003年12月中卫县升级为中卫市，原中卫县城改名为沙坡头区[1]，从这个命名也可看出旅游对当地经济社会的影响。非政府组织在这一时期也悄然兴起，2004年6月5日由中国近百名知名企业家出资成立的阿拉善SEE生态协会（SEE）就是其典型代表。SEE是会员制的非政府组织，同时也是公益性质的环保机构，奉行非营利性原则，在沙漠治理、沙漠科普、生态项目推广、沙漠社区旅游等方面发挥了积极的作用。此时新闻媒体对沙坡头的报道也慢慢地转向对沙漠旅游资源的宣传上来了。

（4）巩固阶段（2010年以后）。2010年沙坡头沙漠旅游者突破40

---

[1] 《国务院关于同意宁夏回族自治区设立地级中卫市等有关行政区划调整的批复》〔国函（2003）139号〕，索引号000014349/2003-00229，发文日期：2003年12月31日。

万人次，旅游者人数首次超过沙坡头区 39.59 万[①]的总人口量。2011 年沙坡头旅游区游客接待量接近 50 万人次，旅游直接收入突破 5000 万元大关，国内综合收入达到 12.16 亿元，旅游业真正发展成中卫经济的支柱产业。全市目前具有接待能力的旅游景区（点）共计 20 处，旅行社 7 家，注册导游 180 人，旅游星级宾馆 8 家，拥有客房 2880 间，床位 5680 张，餐位数达到 38000 多个。旅游直接从业人员 2500 余人，间接拉动就业 15000 多人。目前，食、住、行、游、购、娱六大要素协调配套的产业体系初步形成，旅游业已成为中卫具有鲜明特色和竞争力的优势产业之一。

　　中卫的旅游产业也在向深层次发展，主要表现在以下三个方面：第一，制定国家级沙漠旅游服务标准。通过制定《中卫市旅游服务标准体系》，鼓励示范区内旅游景区和企业通过国家相关质量认证，不断完善、全面规范旅游各服务要素软硬件标准，使其逐步成为国家沙漠旅游服务标准，树立国际化的沙漠旅游标杆。第二，创新文化旅游融合标志。深度挖掘中卫历史文化、民族文化、地方特色文化，在服务形象、服务语言、服务方式、艺术表现等方面形成独有的地方文化特色，实现旅游和文化的有机结合，使中卫旅游因文化而兴盛，使中卫文化因旅游而久远。第三，整合旅游资源推动"上市"融资。由宁夏沙坡头旅游产业集团有限责任公司与深圳惠江实业集团公司合资合作，成立宁夏沙坡头旅游控股有限责任公司，注册资金 1 亿元[②]。其中，宁夏沙坡头旅游产业集团有限责任公司出资 5500 万元，占 55%，深圳惠江实业集团公司出资 4500 万元，占 45%，对沙坡头旅游资源进行全面整合、深度开发。在时机成熟的时候，推动沙坡头景区整体上市，为中卫旅游发展带来新的契机。上文调研的就是这一时期各利

---

　　① 在沙坡头区 39.59 万总人口中，非农业人口有 14.01 万，仅占总人口的 35%，其他近 65% 的农业人口分散在其下辖的乡村里。

　　② 资料来源：市政府第 164 次常务会议决定通过。见于《中卫日报》（2012 年 11 月 2 日）的文章——《中卫市政府决定：成立宁夏沙坡头旅游控股有限责任公司》。

益相关者的参与情况，核心利益相关者、重要利益相关者、边缘利益相关者的分类已经非常明显。

综上分析，我们发现在沙漠旅游地发展的过程中，各利益相关者的参与程度与重要程度是在不断变化的，因此沙漠旅游的利益相关者与沙漠旅游地的生命周期一样，也是一个动态的过程，详见表7-7。利益相关者的参与既是推动生命周期演化的基本力量，也是生命周期改变的重要标志。

表7-7　　　　生命周期各阶段利益相关者的参与情况

阶段	时间	利益相关者参与情况		
		核心利益相关者	重要利益相关者	边缘利益相关者
探索阶段	1990年以前	环保机构、旅游者	政府部门、新闻媒体	当地社区、旅游从业者
参与阶段	1990—1998年	环保机构、旅游者、政府部门	旅游企业、新闻媒体	当地社区、旅游从业者、学术专家
发展阶段	1999—2010年	政府部门、旅游者、旅游企业、	旅游从业者、环保机构、新闻媒体	社会公众、非政府组织、学术专家
巩固阶段	2010年以后	旅游者、旅游企业、旅游从业者、政府部门	当地社区、学术专家、环保机构、新闻媒体	行业协会、社会公众、非政府组织

为了进一步分析不同生命周期阶段利益相关者参与的变化情况，根据本书第二章对典型沙漠旅游地发展历程的总结，本章将其他四个典型沙漠旅游地的利益相关者情况按初创阶段和现阶段进行整理，形成表7-8。

表7-8　　　　典型沙漠旅游地利益相关者的参与情况

景区	发展阶段	核心利益相关者	重要利益相关者
鸣沙山	初创阶段	政府部门、历史爱好者	旅游者
	现阶段	政府部门、旅游者、旅游企业	旅游从业者、学术专家、当地社区、新闻媒体

续表

景区	发展阶段	核心利益相关者	重要利益相关者
武威沙漠公园	初创阶段	利益单位、当地居民	旅游者、政府部门
	现阶段	旅游者、旅游企业、政府部门	旅游从业者、当地社区
巴丹吉林	初创阶段	科考人员、当地居民	当地社区、政府部门
	现阶段	旅游从业者、旅游企业、政府部门、旅游者	学术专家、新闻媒体、当地社区
库布齐七星湖	初创阶段	利益单位、当地社区、商务旅游者	政府部门、学术专家
	现阶段	旅游企业、政府部门、当地社区、新闻媒体	旅游者、旅游从业者、学术专家

可以发现如下几个特点：第一，在初创阶段，各景区的利益相关者有很大的差别，发展到现阶段后，各景区的利益相关者基本趋同；第二，政府部门和旅游企业是所有景区现阶段的核心利益相关者，这也是旅游地成熟的标志之一；第三，发展初期各景区旅游者类型有很大差别，发展到现阶段旅游者普遍向大众旅游者转化。由此可见，沙坡头景区利益相关者与生命周期的对应特征是比较典型的。所以，下文继续以沙坡头景区为例，对沙漠旅游地的未来发展进行预判。

四 对未来生命周期的预判

从2011年、2012年两年的游客接待量来看，沙坡头景区的接待量上涨速度放缓，总接待量已经超过区内常住人口数，旅游设施向标准化、现代化发展，大量的人造景观已经改变了原有的生态环保旅游的吸引力，旅游地也出现了明显的分区。这些现象都标志着沙坡头进入了旅游地生命周期的巩固阶段。进入巩固阶段一方面说明经过多年的努力，沙坡头景区已经进入了一个接待量、旅游综合收入都相对稳定且处于高位的成熟期；另一方面说明在未来一段时间内旅游地的客流量不会有大幅度的上涨。这一点当地政府、旅游企业必须有清醒的认识。

旅游地生命周期虽然描述了旅游地从产生到消亡的过程，但是并没有对每一阶段的维持时间做出研判。从旅游发展的经验来看，特别是在旅游市场相对成熟的欧洲和美洲，有些旅游地一直保持在长盛不衰的成熟期内，即使在2008年全球经济衰退的大背景下，也没有出现衰落的迹象。理想的生命周期应该是"探索阶段早一点、参与阶段快一点、发展阶段猛一点、巩固阶段长一点、停滞阶段远一点"。因此，使旅游景区保持在接待量和旅游收入相对稳定的成熟巩固阶段，延长旅游的生命周期，是每一个旅游研究者必须思考的问题。参考国外旅游地的发展经验，延长旅游地生命周期的策略无外乎以下几类：

第一，增加产品类型，使旅游产品丰富化以满足更多目标市场的旅游需求；第二，加强营销投入，刺激新兴市场，扩大目标人群，开发淡季市场；第三，提高服务质量，提高旅游重游率和游客满意度，重视口碑效应；第四，整合旅游资源，稳定或重塑旅游形象，或增加人造景观以提高旅游吸引力，或加强旅游合作与其他景区联合营销互通市场信息；第五，加强基础设施建设，使旅行方式更快捷、更舒适、更安全，使旅游地的金融、医疗、通信等服务设施体系更完善；第六，注意环境保护，重视旅游资源的可持续发展。不同旅游地会根据自身的地域情况，选择不同的措施，但整体战略思想应该差别不大。

对沙坡头来说，以上各策略都在不同程度的启动过程中。沙坡头景区的沙漠旅游产品类型非常全面，几乎涵盖了中国目前能够见到的所有沙漠旅游产品，包括沙漠观光型、沙地娱乐型、生态展示型、环保科研型、生态探险型、民俗体验型、沙漠影视型、文化沙漠型、休闲度假型等。沙坡头的营销推广活动也做得很好，包括在中央电视台做广告、吸引影视剧在景区取景、举办各种文化节庆活动，等等。沙坡头在服务质量方面也走在了沙漠旅游地的前列，《中卫市旅游服务标准体系》很可能会成为中国同类旅游地的整体行业标准。在旅游形象塑造方面，中卫以创建全国优秀旅游城市为契机，对A级旅游区、城市建筑群、城市主街区一律进行风格化、特色化、模式化改造，实现"形、光、色""韵、味、调"的和谐统一，努力打造独具特色的城市形象。

这些措施都为延长沙坡头景区旅游生命周期提供了坚实的保障。在这些常规而又经典的策略中，沙坡头已经走在了前列，笔者也很难再给出什么具体的建议。

第四节　沙漠旅游地旅游产品设计新思路

常规的延长生命周期策略，沙坡头都已在进行中。参考国外类似生态旅游景区的发展策略，提高利益相关者的参与度是延长生命周期的主要策略。通过上文分析，在目前沙坡头的旅游利益相关者中，行业协会、社会公众和非政府组织的关联性还比较低，因此通过提高它们的旅游参与度将会对延长景区生命周期产生重要的作用。

行业协会在行业管理、专项宣传、提升服务质量等方面都可发挥巨大的作用；社会公众对于提高地区的旅游形象很有好处，旅游形象不仅仅体现在建筑上，更体现在普通公众的精神面貌上；非政府组织与旅游结合将会产生一种特殊的旅游形式——志工旅游（也可称为志愿者旅游），对于志工旅游产品的设计思路，中国的研究还比较少，下面本章将就沙坡头景区沙漠志工旅游产品开发问题进行专门的探讨。

一　志工旅游概念与发展

志工旅游（Volunteer Tourism）又称"志愿者旅游"，是指旅游者以自愿的方式，利用自己的闲暇时间和可自由支配收入，到欠发达地区参与志工服务工作，并帮助当地居民提高生活水平和维护生态和谐的活动。这种旅游活动兴起于20世纪80年代，是替代性旅游的主要形式之一，具有明显的"利他性"和"自我实现性"。可以说，志工旅游的兴起具有深刻的历史意义，它与非政府组织功能、环境保护事业和旅游业的快速发展紧密联系。作为一种新型旅游活动，志工旅游在国外已得到较快发展。据统计，全球每年参与志工旅游的人数达1600万[1]，并成为增长最迅猛的旅游类型之一。国外学者对志工旅游的内涵[2]、旅游动机[3]、旅游影响[4]等做了大量的研究工作，其研究结论对于本章沙漠志工旅游产品的设计具有一定的借鉴意义。

目前，国内对志工旅游的研究仍属于初级阶段，主要研究内容集中在对西方研究成果的整理与介绍[5]、志工旅游的概念探讨[6]及旅游动机分析[7]等方面，其他角度研究成果非常少。志工旅游产品设计非常单一，多以扶贫旅游、会展旅游和节事旅游形式出现，志工旅游的社会公益属性无法在现有旅游产品消费过程中实现。志工旅游属于"后

---

[1] *Volunteer Tourism: A Global Analysis*, Tourism Research and Marketing, Barcelona: Atlas, 2008.

[2] Brown, S. and Morrison, A. M., "Expanding Volunteer Vacation Participation: An Exploratory Study on the Mini—Mission Concept", *Tourism Recreation Research*, 2003, 28 (3); Butcher, J., "A Humanistic Perspective on the Volunteer-Recipient Relationship: A Mexican Study", in P. Dekker and L. Halman, eds., *The Values of Volunteering—Cross-Cultural Perspectives*, New York: Kluwer Academic, 2003; Guttentag, D. A., "The Possible Negative Impacts of Volunteer Tourism", *International Journal of Tourism Research*, 2009, 11 (6).

[3] Coghlan, A., "Volunteer Tourism as an Emerging Trend or an Expansion of Ecotourism a Look at Potential Clients' Perceptions of Volunteer Tourism Organizations", *International Journal of Nonprofit & Voluntary Sector Marketing*, 2006 (8); Gray, N. J. and Campbell, L. M., "A Decommodified Experience? Exploring Aesthetic, Economic and Ethical Values for Volunteer Ecotourism in Costa Rica", *Journal of Sustainable Tourism*, 2007, 15 (5); McGehee, N. G. and Santos, C. A., "Social Change, Discourse and Volunteer Tourism", *Annals of Tourism Research*, 2005, 32 (3).

[4] Scheyvens, R., *Tourism for Development: Empowering Communities*, Pearson Education, 2002, pp. 296 - 308; Simpson, K., "Doing Development: The Gap Year, Volunteer-Tourists and a Popular Practice of Development", *Journal of International Development*, 2004, 16 (5).

[5] 宗圆圆：《欧美的公益旅游研究》，《四川师范大学学报》（社会科学版）2010年第1期；明镜、王金伟：《国外志愿者旅游研究综述》，《北京第二外国语学院学报》2010年第5期；饶华清：《澳大利亚旅游志愿者组织对我国旅游业的启示》，《重庆科技学院学报》（社会科学版）2010年第6期。

[6] 高科：《志愿者旅游：概念、类型与动力机制》，《旅游论坛》2010年第2期；熊剑峰、明庆忠：《公益旅游：内涵、价值及体验本质》，《旅游论坛》2011年第4期。

[7] 宗圆圆：《公益旅游动机、体验与影响研究述评》，《旅游科学》2012年第3期；赖勤：《公益旅游若干问题研究探讨》，《学术论坛》2010年第4期。

大众旅游"时代的一种高层次旅游，与一个国家的经济水平、旅游成熟度、政策法规等都有很大的联系，所以国内志工旅游的发展还不能完全照搬国外的理论，必须在充分考虑旅游地情况的基础上，进行理论创新和产品创新。

二 沙漠志工旅游的特点与利益机制

尽管志工旅游具有普通大众旅游的一般特征，如花费时间和金钱、离开惯常地以及旅游目的为体验旅游经历而非赚钱等，但又体现出较大的差异性，具体表现在志工旅游者动机、志工旅游体验、志工旅游目的地特征、志工旅游中介四个方面。首先，志工旅游者动机受到社会、发展实践技能、文化交流及观光游览等不同因素的影响，因而旅游动机具有多样性和复杂性特点。其次，志工旅游体验与其他类旅游体验相比存在较大不同，是旅游活动与志工服务的有机结合，旅游者在参与目的地社区的志工服务过程中，体验当地的文化，实现个人价值。再次，志工旅游目的地多集中于欠发达地区。旅游者既可以通过志工服务来为当地的环保工作服务，改变当地落后的经济、生态面貌，又可以欣赏当地独有的自然风光。最后，志工旅游组织扮演着旅行中介的角色，旅游者向志工旅游组织交纳一定经费，志工旅游组织负责联系有志工旅游项目的目的地社区。

沙漠地区大多经济落后、生态环境恶劣，比较符合志工旅游的目的地选址要求。其之所以可以在全球范围内快速发展，最重要的原因之一就是它具有一套考虑到各利益群体的利益机制。志工旅游所涉及的利益主体包括目的地社区居民、政府、生产企业、志工旅游者、志工旅游组织等，可以说，志工旅游利益主体在旅游开发过程中的地位是多层次的，其利益诉求也是多元化的（见图7-5），而这些不同地位主体的利益分享存在着显著差异，即使处于相同地位主体的利益分享也存在层次之分。

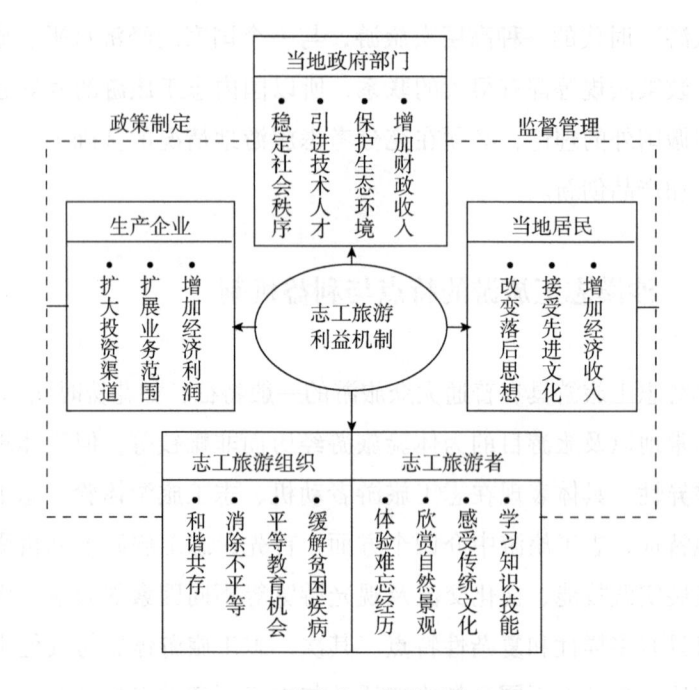

图 7-5　沙漠志工旅游利益机制

　　沙漠地社区居民希望通过旅游活动来增加经济收入，提高生活质量，实现经济利益与社会利益的分配，并希望能对其所在社区的经济、社会、文化和环境发展起到良性互动的作用。沙漠地政府一方面把志工旅游作为提高当地社会和经济发展的助推器，实现 GDP 和财政收入的持续增长；另一方面，也要保障志工旅游发展不会损害当地社区的利益，努力实现志工旅游的可持续发展。志工旅游者参与志工服务项目是义务性的，在目的地社区的综合消费纯属私人花费，所以生产企业希望扩展业务范围，增加销售利润，实现营业效益最大化。志工旅游者既作为志愿者，又作为旅游者，一方面，想通过参与志工服务工作改变社区经济和文化贫困落后的现状，实现社区经济、文化、环境健康和稳定发展；另一方面，想通过旅游活动实现自身旅游需求和旅游消费效果的最优化，而受自身经济收入、受教育程度、职业背景和社会地位的不同，其旅游期望也存在不一致。志工旅游组织大多为非政府性质的环保组织或教育组织，这些组织从环保理念出发，想通过志工旅游来改变生态脆弱地区的环境状况，尝试利用此种方式来化解旅游产业的负面影响。

三 沙坡头志工旅游产品设计思路

中国还没有自然保护区开发过志工旅游项目，相应的经验比较少，考虑到中国旅游市场的发展特点及旅游者的心理认知，目前还不具备将"志工旅游"作为一种旅游类型进行大规模发展的条件。因此，结合沙坡头自然保护区的情况，笔者提出如下几种志工旅游产品构想，通过探索开发几种旅游产品，进而积累志工旅游项目的开发经验，并为延长沙漠旅游地的生命周期提供有益的参考。

第一种志工旅游产品是"制作草方格"。20世纪50年代，为保护包兰铁路不被流沙覆盖而停运，铁道部和林业部共同筹建了国营中卫固沙农场。经过近两年的反复探索、实验，人们发现将麦草扎入沙中，组成"1米×1米"的方形格对于控制沙丘最为有效，后来又在方格内种植沙生植物加强治沙效果。自1958年秋天开始，中卫动员了成千上万的群众参加治沙义务劳动，利用两年的时间，在通过腾格里沙漠的40千米包兰铁路两侧扎设麦草方格11平方千米，封沙育草230平方千米。可以说"草方格"使沙坡头蜚声海内外，但是今天人们很少有机会亲历草方格的制作场景了。笔者2011年4月至2012年9月前后4次前往沙坡头景区调研，发现几乎所有的旅游者都知道"草方格"的由来。调查数据显示，83.2%的旅游者愿意自己购买麦草并亲手制作一次草方格，开发"亲手制作草方格"项目对于今天的旅游者来说具有很大的吸引力。保护区将需要扎设或翻修草方格的地方划定出来，并提供麦草和劳动工具，由工作人员教授旅游者制作草方格。

第二种志工旅游产品是"种植胡杨"。胡杨是荒漠地区特有的珍贵森林树种，对稳定荒漠河流地带的生态平衡、防风固沙、调节绿洲气候有重要作用。原来在沙坡头保护区马杨湖、小湖、沙坡头及宫湖黄河边有少量分布，现在保护区正在扩大人工种植面积和种群数量。胡杨具有惊人的抗干旱、御风沙、耐盐碱的能力，用其顽强的生命力征服沙漠恶劣的自然环境，被赞誉为"沙漠英雄树"。胡杨寄托了人类对"永恒"的追求，胡杨巨大的生命力被描述成"三千年"，即活着一千年不死，死后一千年不倒，倒后一千年不烂。所以种植胡杨既可以改善保护区的生态环境，又可以寄托旅游者对"生命力"的希望。商人希望企业蒸蒸日上，情侣希望感情地久天长，朋友希望友谊万古长青，这些情感诉求都可以在胡杨顽强的生命力中找到归宿。保护区可以在适合种植胡杨的地方设立胡杨种植场，并将游客的美好诉求做成一个标签挂在游客种植的胡杨上，并负责胡杨林的日常维护。

另外，还可以亲手"制作沙漏"作为旅游纪念品。沙漏又被称为"沙钟"，是应用颗粒均匀的沙粒从容器中漏出的量来计量时刻的计时工具。沙漏由两个玻璃球和一个狭窄的连接管道组成，通过上面的玻璃球的沙子穿过狭窄的管道流入底部玻璃球所需要的时间来对时间进行测量，在东西方均有用沙漏当作计时工具的历史。虽然沙漏在计时的准确性上无法同现代化的计时仪器相比，但是流动的沙粒却被今天的人们赋予了更多的含义。它提醒着人们面对时间的流逝，要珍惜眼下的爱情、友谊和幸福，珍视曾经美好的时光。如果在旅游的过程中，旅游者可以自己收集沙粒，亲手制作小沙漏，并将沙漏珍藏或送给亲友，这将是一份非常有意义的旅游纪念品。如何将环境保护理念、旅游者的体验参与、沙坡头旅游特色三者有机结合起来，应该是保护区旅游纪念品开发应遵循的原则。目前，沙坡头的旅游纪念品还停留在"食品时代"，而制作沙漏正好符合以上原则的要求。

在志工旅游活动项目设计方面，还可以推出"节假日旅游高峰时段环保志愿者项目""治沙展览馆义务讲解员项目""保护区退耕、退牧宣传志愿者项目""保护区旅游服务接待义务培训项目""保护区生态产业义务培训项目"等。目前，中国环保性质的非政府组织数量持续增多，沙坡头凭借其自然保护区的背景，与这类组织积极开展沙漠志工旅游项目，对于调整旅游产业结构、巩固生态旅游形象、延长旅游成熟期等，都大有益处。

第八章 沙漠旅游地发展潜力评价

在旅游业经济、社会效益越来越重要的背景下，各沙漠地区都对发展旅游产业展现了极大的热情。但是考虑到沙漠地区本身的社会、经济条件，在沙漠地开发沙漠旅游需要大量的基础设施建设和旅游服务设施改造，如果当地还没有进入旅游生命周期的探索阶段，就还需要大量的市场推广经费和旅游人才招募（培训）经费。这些前期经费投入，对于经济相对落后的沙漠地区来说无疑是一笔巨大的开支，一旦旅游产业发展的速度和规模没有达到前期的预想，沙漠地就将背负沉重的经济负担，使其区域经济状况更加恶化。因此，有必要对沙漠旅游地的发展潜力进行评价，判断其是否符合中国沙漠旅游地发展模式特征，这对于判断沙漠旅游地的发展速度和规模以及生命周期的长度都具有重要意义。

第一节 评价区域与评价方法

一 中国主要沙漠旅游地

中国沙漠主要分布在新疆、甘肃、宁夏、青海、内蒙古等省份，详见表 3-1 和表 3-2。与东部发达地区相比，当地建设资金有限、劳动力外流、生态环境较为脆弱。在发展沙漠旅游产业的过程中，从旅游设施建设、旅游景区规划，到制定产业政策、促销旅游产品，都需要当地政府发挥重要作用。第四章在探讨沙漠旅游气候舒适度时，对全国的沙漠旅游地区进行了整理，以各沙漠毗邻行政区为基本研究单位，并按毗邻沙漠和所属省份加以区分；与两个沙漠都毗邻的地区，为防止重复计算，只将其归到其中一个沙漠里。按此标准，在全国确定29个沙漠旅游地区，详见表5-1。本章在探讨沙漠旅游地发展潜力时继续沿用表5-1的统计结果，以便读者能够在同一框架下，对中国各沙漠旅游地发展潜力进行更深层次的思考。

从地理位置上看，这些地区都位于中国"八大沙漠、四大沙地"毗邻区，人口聚集、公路通达，具备发展沙漠旅游的潜力。并且，有些地区的沙漠旅游项目已经发展非常成熟，景点级别较高，在国内外有一定的旅游影响力和景区知名度，中国目前可统计的沙漠旅游资源都位于这些沙漠旅游地中；有些地区的旅游产业发展水平还比较低，正处于景区规划阶段。本章将主要对各沙漠区的发展潜力进行分析，而不是对其发展现状进行评价。

二 旅游地发展潜力评价方法

旅游地发展潜力评价旨在对旅游的发展前景及其生命周期进行展望，而不是对其发展速度进行预测。二者之间存在本质的差异，潜力评价立足于旅游地的基本条件，也就是以旅游地的内部因素作为研究的重点；而发展预测更加重视对宏观环境的把握，也就是宏观因素对旅游地发展的影响。目前，旅游地发展潜力评价主要是着眼于对旅游资源的整体评价，在这方面形成了比较多的研究成果和规范的研究方法。

国外旅游资源评价工作始于20世纪60年代，主要是为旅游规划提供必要支撑。从评价方法上看，大体经历了经验定性评价和数学模型定量评价两个阶段,前者以单因子评价为主,后者以多因子评价为主①,而旅游资源开发潜力评价则是20世纪70年代后期才开始的。无论是旅游资源评价还是旅游地发展潜力评价,都建立在一种认知基础上,即旅游者的旅游意向和旅游行为必须同旅游地的潜力评价指数之间存在一种正比例的关系,也就是说旅游地的评估值越高,旅游者到此地的旅游愿望应该更强烈,到此地旅游的行为应该更可能发生。这就是旅游资源评价的理论基础。一般认为,这种思想来自消费者决策模型,也叫作"菲什拜因—罗森伯格模型",是由罗森伯格(Rosenberg)和菲什拜因(Fishbein)提出的。这种思想也为旅游地潜力评价因子的设定提供了一个思路,即旅游因子的选定一定要围绕"旅游动机"的产生和"旅游行为"发生的可能性两个核心因素展开。

冈恩等在对美国得克萨斯州进行旅游资源规划时,分别从水文、气候、历史(民俗)、交通等9个方面对其资源潜力进行了评价,并通过计算机对这些因子进行计算,画出各发展因子的评价方法,最后划分出不同地区旅游开发的等级②。普里什金运用矩阵分析的方法对澳大利亚西部海滨地区的旅游资源开发潜力进行了评价,旅游吸引力、旅游可进入性、旅游设施、环境质量是其进行评价的四个主要方面③。日本旅游交通社曾经在1971年提出过一种旅游资源评价的标准,是亚洲比较早地进行量化旅游资源评价的国家,其一层量化评价因子有自然资源、人文资源和旅游设施三个方面。目前,随着旅游产业的深入发展,全球范围内对旅游产业的负面影响都进行了广泛的评论,因此在旅游资源评价方面,对环保因素越来越重视了。

中国旅游地评价开始于20世纪80年代,研究成果主要集中于对

---

① 洪剑明、冉东亚:《生态旅游规划设计》,中国林业出版社2006年版,第81—82页。
② Gunn, C. A. and Mcmillen, J. B., *Tourism Development: Assessment of Potential in Texas*, College Station: Texas Agricultural Experiment Station, Texas A & M University, 1979, pp. 146 - 154.
③ Priskin, J., "Assessment of Natural Resources for Nature Based Tourism: The Case of the Central Coast Region of Western Australia", *Tourism Management*, 2001, 22 (6).

旅游资源的评价上，特别是对旅游资源进行的经验评价和美感评价[1]。在旅游资源和旅游地的综合评价方面，主要包括景观质量和条件评价两部分，包括"六字七标准"评价法[2]、"六方面"综合评价法和美感质量评价法[3]、"三三六"（三大价值、三大效益、六大开发条件）评分法[4]、"八度"（规模度、古悠度、珍稀度、奇特度、保存度、审美度、组合度、证明度）评价法[5]。除以上偏定性的分析外，大多数学者也开始使用定量的方法对旅游资源价值进行评价，详见表8－1。从表中统计可以看出：采用定量方法对旅游资源进行潜力评价是目前资源评价的主要方法；层次分析法和专家咨询法是学者确定因子权重的主要方法；旅游资源和开发条件是潜力评价指标中最常选用的因子；评价指标整体上差别不大，缺少针对具体旅游资源（或旅游地）设计的专门因子。这些前人的研究成果，对本章评价模型的构建具有重要的参考价值。

表8－1　　　　　相关旅游资源评价指标及其研究方法

学者及年份	目标层主要评价指标	评价方法
保继刚、楚义芳（1991）	旅游资源质量及规模、区位条件、区位特征	层次分析法
李新运等（1997）	资源价值、旅游效益、开发条件	层次分析法
毛明海等（2002）	景观质量、景观数量、水质、大气质量、客源市场、交通、地区经济条件	层次分析法
张秀卿（2008）	旅游资源质量、资源条件、旅游效益条件、开发利用条件	层次分析法
齐德利等（2004）	可进入性、地方经济能力、接待水平、融资能力、环境质量	层次分析法

---

[1] 俞孔坚：《风景资源评价的主要学派及方法》，《青年风景师（文集）》，1988年，第31—41页；刘继韩：《秦皇岛市旅游资源生理气候评价》，《地理学与国土研究》1989年第1期。
[2] 黄辉实、刘隆论：《论积极发展西双版纳旅游业》，《经济问题探索》1984年第7期。
[3] 方怀龙：《西藏林芝地区生态旅游资源区划与评价研究》，博士学位论文，北京林业大学，2005年。
[4] 陈安泽、卢云亭：《旅游地学概论》，北京大学出版社1991年版，第36—41页。
[5] 卢云亭：《旅游研究与策划》，中国旅游出版社2006年版，第190—197页。

续表

学者及年份	目标层主要评价指标	评价方法
杨学燕、戴瑜靖（2005）	区位特征、旅游资源、开发条件	层次分析法
屈小斌（2001）	旅游资源、区位条件、区域特征	层次分析法
魏长晶等（2006）	风景资源质量、区域环境质量、旅游开发利用条件	层次分析法
汪侠等（2007）	旅游资源价值、旅游资源开发条件、旅游资源开发效益	灰色系统分析法
钟林生等（2009）	区域开发综合条件、资源价值、区域环境	德尔菲法

资料来源：王世金整理，见其博士论文《中国冰川旅游发展潜力综合评价与空间开发战略研究》，第20页。

2003年国家标准《旅游资源分类、调查与评价》（GB/T 189722203）出台，这是中国政府层面旅游资源分类评价的规范性标准，也是各地进行旅游规划、旅游资源统计等旅游管理工作的主要资源评价方法。第二章在对中国沙漠旅游资源进行整体梳理时，也是采用这个"旅游资源分类"标准。该方法对旅游资源的评价也是采用定性与定量相结合的方法。

总体来说，定性评价主要以"描述性"评价为主，优点是比较直观、方便、易操作，缺点是缺少量化分析、结论缺少数据、支撑说服力较差，容易存在过于主观的倾向；定量评价主要以"数据模型"评价为主，其特点是直观、准确、有说服力。因此，定量分析已经成为现代旅游地发展潜力评价的主要方法。为了解决定量分析法科学性、系统性的问题，学者在旅游研究过程中大量使用其他学科的研究方法，如主成分分析法[①]、模糊数学评价法[②]、价值工程法[③]、层次熵分析法[④]、指

[①] 孟生旺：《用主成份分析法进行多指标综合评价应注意的问题》，《统计研究》1992年第4期。

[②] 谢季坚、刘承平：《模糊数学方法及其应用》，华中科技大学出版社2000年版，第1—7页。

[③] 邱云美：《基于价值工程的生态旅游资源评价研究——以浙江省丽水市为例》，《自然资源学报》2009年第12期。

[④] 徐菲菲、杨达源、黄震方：《基于层次熵分析法的湿地生态旅游评价研究——以江苏盐城丹顶鹤湿地自然保护区为例》，《经济地理》2005年第5期。

数表示法[①]等。但是使用最广泛的还是"层次分析法"和"德尔菲法"。本章也将采用这两种方法来构建沙漠旅游地发展潜力评价模型。

层次分析法（Analytic Hierarchy Process，AHP）是将与决策有关的元素分解成目标、准则、方案等层次，在此基础之上进行定性和定量分析的决策方法。该方法是美国运筹学家、匹茨堡大学教授萨蒂于20世纪70年代初在为美国国防部研究"根据各个工业部门对国家福利的贡献大小而进行电力分配"课题时，应用网络系统理论和多目标潜力评价方法，提出的一种层次权重决策分析方法。该方法被学者广泛应用在旅游资源评价、旅游生态承载力研究、旅游地发展潜力评价等旅游研究方面。

德尔菲法是在20世纪40年代由数学家O. 赫尔姆和N. 达尔克首创，经过T. J. 戈尔登和兰德公司进一步发展而成的。德尔菲法也称专家调查法，是一种采用通信方式分别将所需解决的问题单独发送到各个专家手中，征询意见，然后回收汇总全部专家的意见，并整理出综合意见。随后将该综合意见和预测问题再分别反馈给专家，再次征询意见，各专家依据综合意见修改自己原有的意见，然后再汇总。德尔菲法最初产生于科技领域，后来逐渐被应用于社会科学领域进行预测，如军事预测、人口预测、经营和需求预测、教育预测等。经过不断的发展，近些年来此方法主要用来进行评价、决策、管理沟通和规划工作。

三 沙漠旅游地发展潜力评价模型构建思路

为了科学地获得沙漠旅游发展综合潜力评价模型，本章采用了层次分析法和德尔菲法两种定性与定量相结合的方法。其主要目标有两

[①] 覃建雄：《四川旅游资源评价内容、指标及规范初探》，《成都理工学院学报》2002年第1期。

个：一是确定沙漠旅游地发展综合潜力评价因子，二是确定各评价因子的权重。为了实现这一目标，作者采用图8-1的工作流程来展开研究工作。

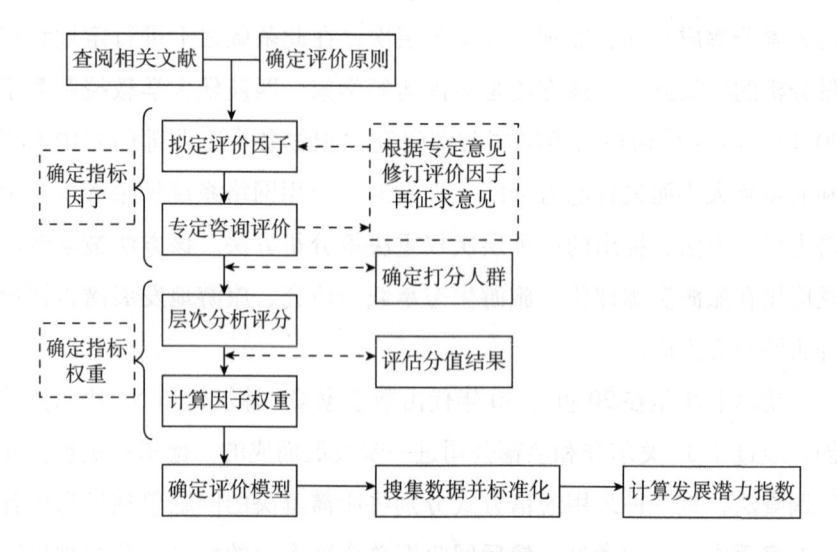

图8-1 沙漠旅游地发展潜力评价过程

通过总结旅游资源评价和旅游地发展潜力评价的相关文献，本章结合沙漠旅游地的具体情况，拟定"沙漠旅游地发展潜力评价指标体系（初稿）"，详见附录4。然后，将拟定的初稿发给专家，请专家对发展潜力评价指标体系中的各因子提出修改意见。将专家意见汇总后，对拟定的评价指标体系进行修改，再将修改后的指标发给专家，听取意见，最终确定沙漠旅游地发展潜力评价指标及各指标支撑因子，详见附录5。选择旅游专业人士，包括旅游研究者、沙漠旅游景区管理人员、旅行社管理人员、导游、沙漠旅游者、旅游局工作人员等，请其填写"沙漠旅游发展潜力评价因子权重调查表"，利用层次分析法计算各因子的权重值，通过检验后，确定最终"沙漠旅游地发展潜力评价指标体系"。

第二节 沙漠旅游地发展潜力评价模型构建

沙漠旅游地发展潜力评价模型由两部分构成：评价指标因子和各因子的权重。本章将重点使用文献法和德尔菲法来确定发展潜力评价指标的层次以及各层次的影响因子。

一 沙漠旅游地发展潜力评价因子设定

(一) 评价因子设定的原则

为保证沙漠旅游发展潜力评价因子设定的科学性，在构建指标体系的过程中必须坚持如下原则。

第一，系统性原则。指标体系要充分考虑旅游地发展的复杂性，指标设计不能仅仅拘泥于对旅游资源的评价，要对旅游地发展的各个方面进行评价，对于可进入性、当地的开发条件等要素都要有明确的考量。因此，在指标设计的时候，既要考虑要素的全面性，又要防止要素之间有重合；既要考虑要素内容的代表性，又要注意要素之间的结构分层；指标数太少评价可能不科学，指标数太多又不好操作，以10—15个为宜。

第二，针对性原则。中国沙漠大多位于西北干旱、半干旱地区，和东部发达地区相比，这些地方大多经济落后、环境恶劣、生态系统脆弱。因此，在指标设定的过程中，不能完全照搬其他旅游地发展评价的指标体系。指标设定要更有针对性，切实反映沙漠地区的实际情况、切实反映沙漠旅游的发展特征。这样形成的指标才更科学、更实用。

第三，稳定性原则。旅游地的社会经济情况每天都在发生变化，在对其进行旅游发展潜力评价的时候一定要选择相对稳定的指标。否则，一方面，指标设定以后若找不到最新的数据资料将无法展开相应评价；另一方面，评价结果做出以后，评价指标已发生明显变化影响结果的准确性与科学性。但是，也要防止指标过于僵化，只有综合反映发展现状和发展趋势，才有利于得出对潜力的准确判断。

第四，可比性原则。发展潜力最终要靠数据表达，潜力的比较也是基于数据完成的。这就要求在指标设定时，既要充分考虑这些因子能否用恰当的数字表达出来，还要考虑是否有别的指标数据更能反映此目标要求。另外，指标统计要明确，数据统计口径要一致，符合国际标准、国际规范和国内统计制度的要求。

第五，定性与定量相结合的原则。潜力评价最终要和旅游者的旅游动机和旅游行为联系起来，而旅游活动的发生动机又是非常复杂的，所以一味强调量化和可比性，可能导致最终的结果失真，例如旅游资源的美学价值是很难通过量化反映的。因此，相应的定性指标也不可少。

（二）发展潜力评价因子的筛选

本章在参考其他旅游资源开发潜力评价指标的基础上建立了"沙漠旅游地发展潜力评价因子（初级指标）"，将指标体系设计为三层，一层因子4项（区位条件潜力、自然环境潜力、旅游资源潜力、社会经济潜力），二层因子9项，三层因子27项，详见表8-2。然后，制作《专家意见征询表》（内容详见附录4），并听取专家对初级框架的意见。

专家的意见比较集中地反映在四个方面：第一，指标设计"太全面"，"全面"到可以作为任何一种类型旅游资源的评价体系，无法反映沙漠旅游地的特点；第二，指标设计没有考虑"稳定性"，市场经济的特点之一就是资本的流动性，旅游接待设施兴建周期很短，一旦一个地区旅游经济发展很快，资本会马上投入那个地区兴建旅游服务接待设施，所以这类因素在旅游发展过程中是很不稳定的，在评价一地的旅游发展水平时可以用，在评价发展潜力时就不合适了，与此情况相类似的还有市场潜力C7部分；第三，有些指标之间有重复，例如当地政府支持鼓励旅游产业发展，很大程度表现在进行旅游促销，如打广告、办旅游节等，这就使指标 D26 和 C7 中的内容有重复；第四，需要定性分析的指标太多，而且很多还是不必要的指标，如旅游资源价值中的各项指标、接待条件中的各项指标，等等，指标太多导致整体框架的层次太多，这对结果的可控性和科学性都有一定影响。

表 8-2 中国沙漠旅游地发展潜力评价指标体系初级框架

总目标层	一层因子（B）	二层因子（C）	三层因子（D）
沙漠旅游发展潜力综合指数 A	区位交通潜力 B1	区域区位 C1	研究区区位条件 D1
			区域交通便捷度 D2
		旅游地交通 C2	区内沙漠通达性 D3
			区内沙漠便利性 D4
	旅游资源潜力 B2	旅游资源禀赋 C3	旅游资源的丰度 D5
			旅游资源的品位度 D6
			景观整合开发因素 D7
		旅游资源价值 C4	沙漠的美观度 D8
			科学考察价值 D9
			历史文化价值 D10
		旅游接待条件 C5	旅游住宿设施 D11
			旅游餐饮特色 D12
			旅行社接待能力 D13
			旅游纪念品丰度 D14
	基础开发潜力 B3	气候舒适度 C6	温湿指数 D15
			风寒指数 D16
			不适游天气 D17
		市场潜力 C7	核心市场推广力 D18
			网站传播度 D19
			传统媒体推荐 D20
	社会经济潜力 B4	经济条件 C8	地区生产总值 D21
			第三产业份额 D22
			第三产业增长率 D23
			当地人口数量 D24

续表

总目标层	一层因子（B）	二层因子（C）	三层因子（D）
沙漠旅游发展潜力综合指数 A	社会经济潜力 B4	社会条件 C9	区域旅游协作潜力 D25
			旅游政策支持度 D26
			区域民族文化 D27

笔者在充分考虑专家意见的基础上，对沙漠旅游地发展潜力评价初级框架进行了大胆的修改。首先，压缩指标数量，将指标之间有重复的和不必要的定性指标删除，如 D9 科学考察价值、D10 历史文化价值、C5 旅游接待条件、C7 市场潜力等；其次，考虑到沙漠景区的特殊性，决定突出气候因素的作用，将 C6 从三级因子提高到二级因子。最后，将精简后的因子层次缩减，由三级减为二级，简化后续计算过程，提高最终评价结果的科学性。将经过修订后的评价指标框架再次提请专家审议，最终形成中国沙漠旅游地发展潜力评价指标体系终级框架，详见表 8-3。

表 8-3　中国沙漠旅游地发展潜力评价指标体系终级框架

总目标层	一层因子（B）	二层因子（C）	因子说明
沙漠旅游发展潜力综合指数 A	可进入性 B1	研究区区位条件 C1	研究区与主要城市间的区位关系
		区域交通便捷度 C2	到达研究区的便捷程度
	旅游资源 B2	旅游资源的品位 C3	研究区高品质旅游景点拥有情况
		景观联合开发因素 C4	可与沙漠旅游资源联合开发的因素
		沙漠的美观度 C5	研究区沙漠的观赏性考量
	气候条件 B3	温湿指数 C6	温度与湿度联合对体感温度的影响
		风寒指数 C7	温度与风速联合对体感温度的影响
		不适游天气 C8	不适游天气对旅游行为的影响
	社区条件 B4	区内经济状况 C9	研究区经济总体水平
		第三产业水平 C10	第三产业在研究区经济的地位
		当地人口数量 C11	研究区整体的服务供给能力
		旅游政策支持度 D12	研究区对旅游业的重视程度

（三）发展潜力评价因子的内涵

新框架与原来的初级框架相比有如下特点：第一，指标层次更加简化，由原来的三层减少为两层；第二，指标因子数量减少，第三层指标由原来的 27 个缩减到 12 个；第三，沙漠因素更突出，在以往的旅游地发展潜力评价体系中，很少将气候条件作为一级指标；第四，可量化因子数量更多，减去了原来众多不可量化且不重要的因子。新的沙漠旅游地发展潜力评价指标体系框架建立在以下四个主要潜力因子基础之上。

（1）沙漠地可进入性评价。可进入性主要是指沙漠旅游地的交通方便程度，是旅游地发展的重要因素。沙漠地区大多处于西北地区，交通基础设施建设薄弱，距中国东部主要客源省份空间距离较远，即使距离区内的省会城市也比较远。交通设施从考察选址、工程立项、施工建设、项目验收，再到最后投入使用，建设周期比较长，所以具有一定的稳定性。为了客观评价沙漠旅游地的发展潜力，本章从区位条件和交通便捷性两个角度对其进行评价，其中区位条件主要是指研究区与主要城市间的区位关系，以公路交通距离作为参考数据；交通便捷度主要指到达研究区交通的方便性，以交通方式的多寡作为判断依据。

（2）沙漠旅游资源评价。旅游资源是旅游产业发展的基础，也是旅游地产生、发展的必要条件。与传统的旅游项目相比，沙漠旅游地的旅游资源都比较独特，在考虑沙漠旅游资源的特征之后，本章从旅游资源的品位、联合开发因素和沙漠美观度三个角度对其进行评价。沙漠旅游资源的品位主要是指研究区内高品质旅游景点的拥有情况，主要指 3A 级以上的旅游资源单体；沙漠景观联合开发因素是指可与沙漠旅游资源进行联合开发的资源数量，如历史遗迹、特种植物、湖泊、民俗风光等；沙漠美观度是指研究区沙漠的观赏性。

（3）沙漠地区气候条件评价。沙漠地区一般干旱少雨、风沙较大、夏季气温很高。加之树体植被较少，修建人工纳凉设施难度较大，这与其他类型旅游有很大的差别。气候条件具有一定的稳定性，人工因素对其影响较小。沙漠旅游活动大多在室外进行，因此气候条件是沙漠旅游地发展潜力评价中一个重要的因素。在以往的研究中,学者经常使用温湿指数和风寒指数作为旅游气候舒适度的评价方法,本章除采用这两个因素外,还考虑高温和大风这两个极端因素对沙漠旅游活动的影响,因此在评价因子中又加入了不适游天气对沙漠旅游活动的影响。

(4) 沙漠旅游地社区条件评价。研究区的社会、经济发展对当地旅游发展可以提供系统的支撑,是旅游地发展潜力的重要构成要素。经济状况好,就有可能在基础设施建设、旅游景区规划、旅游接待设施等方面投入更多的资金。本章选择与研究区经济发展最为密切的四个因素:地区生产总值、第三产业发展情况、当地人口数量和旅游政策,对沙漠旅游地的社区条件发展潜力进行评价。其中,地区生产总值反映区域经济的总体发展水平,第三产业份额反映当地旅游产业的发展水平,人口数量反映研究区整体的服务供给能力,政府的旅游政策表明对发展旅游产业的决心和态度。

二 沙漠旅游地发展潜力评价因子权重

(一) 评价因子权重数据的搜集

本章应用德尔菲法征询沙漠旅游地发展潜力评价指标权重,采用电子邮件的方式进行问卷调研(调查表详见附录5)。共发放问卷50份,最终收回有效问卷42份。为保证结果的客观公正,在调研主体的选择上,尽量考虑不同的沙漠旅游利益相关者。这些专家分别为高校、科研机构从事旅游研究的专家学者、沙漠旅游景区管理人员、旅行社管理人员、导游、沙漠旅游者、旅游局工作人员等,具体比例详见表8-4。

表8-4　　　　　　发展潜力评价因子权重专家结构

	发放份数	有效问卷份数	有效率(%)
旅游研究人员	15	14	93.33

续表

	发放份数	有效问卷份数	有效率（%）
景区管理人员	7	5	71.43
旅游局工作人员	7	6	85.71
旅行社管理人员	7	5	71.43
沙漠旅游者	7	6	85.71
导游	7	6	85.71
合计	50	42	84.00

（二）评价因子权重数据的处理过程

考虑到专家打分时的简便性，在设计"沙漠旅游地发展潜力评价因子权重专家调查表"的时候，本章采用的是标度法，而没有直接让专家在矩阵表中打分。这就需要在计算权重时做必要的转换，下面以 $A-Bn$ 层的数据计算为例，演示本章的计算过程。

第一步，建立 $A-Bn$（$n=1,2,3,4$）矩阵。根据专家的打分情况，确定每名专家的矩阵分数。其中，Bi 是专家为各个 B 层因子指标所打的分数，$X1=B1/B2$，$X2=B1/B3$，$X3=B1/B4$，$X4=B2/B3$，$X5=B2/B4$，$X6=B3/B4$。

A	B1	B2	B3	B4
B1	1	X1	X2	X3
B2	1/X1	1	X4	X5
B3	1/X2	1/X4	1	X6
B4	1/X3	1/X5	1/X6	1

计算完每名专家的 $X1$—$X6$ 数值以后，求42名专家 $X1$—$X6$ 的数学平均值，用平均值建立 $A-Bn$（$n=1,2,3,4$）数字矩阵。

A	B1	B2	B3	B4
B1	1	0.339	0.892	1.157

续表

A	B1	B2	B3	B4
B2	2.950	1	3.393	5.227
B3	1.121	0.295	1	3.25
B4	0.864	0.191	0.308	1

第二步，归一化处理，计算权重 W 值。将上面得到的 $A-Bn$（$n=1,2,3,4$）数字矩阵进行横纵两项归一化处理，计算出各指标的权重值，用 W 表示。

A	B1	B2	B3	B4	W
B1	1	0.339	0.892	1.157	0.156
B2	2.950	1	3.393	5.227	0.536
B3	1.121	0.295	1	3.25	0.209
B4	0.864	0.191	0.308	1	0.100

第三步，对矩阵特征向量进行一致性检验。本章采用一致性比率法进行检验，方法如下。

①计算一致性指标 CI：

$$CI = \frac{\lambda_{max} - n}{n - 1}$$

②查找相应的平均随机一致性指标 RI，具体如下。

阶数 n	1	2	3	4	5	6	7	8	9	10
标度 RI	0	0	0.58	0.90	1.21	1.24	1.32	1.41	1.45	1.49

③计算一致性比例 CR：

$$CR = \frac{CI}{RI}$$

当 $CR < 0.10$ 时，判断矩阵的一致性是可以接受的。

A	$B1$	$B2$	$B3$	$B4$	W	CR
$B1$	1	0.339	0.892	1.157	0.156	
$B2$	2.950	1	3.393	5.227	0.536	0.039
$B3$	1.121	0.295	1	3.250	0.209	
$B4$	0.864	0.191	0.308	1	0.100	

经过判断，上矩阵满足一致性要求，也就是说相对于 A 总指标来说，Bn 各因子的权重为：$B1-0.16$，$B2-0.54$，$B3-0.20$，$B4-0.10$。

（三）各矩阵数据结果

利用如上步骤，对 C 层各指标进行计算，结果如下：

$B1-Cn$（$n=1, 2$）矩阵为：

$B1$	$C1$	$C2$	W	CR
$C1$	1	3.128	0.758	0
$C2$	0.320	1	0.242	

$B2-Cn$（$n=3, 4, 5$）矩阵为：

$B2$	$C3$	$C4$	$C5$	W	CR
$C3$	1	4.231	2.122	0.591	
$C4$	0.236	1	1.197	0.193	0.074
$C5$	0.471	0.835	1	0.215	

$B3-Cn$（$n=6, 7, 8$）矩阵为：

$B3$	$C6$	$C7$	$C8$	W	CR
$C6$	1	0.882	5.673	0.423	
$C7$	1.134	1	7.566	0.506	0.003
$C8$	0.176	0.132	1	0.071	

$B4-Cn$（$n=9, 10, 11, 12$）矩阵为：

$B4$	$C9$	$C10$	$C11$	$C12$	W	CR
$C9$	1	3.492	1.712	1.912	0.422	
$C10$	0.286	1	0.995	1.132	0.175	0.041
$C11$	0.584	1.005	1	2.067	0.245	
$C12$	0.523	0.883	0.484	1	0.159	

三 沙漠旅游地发展潜力评价模型

（一）发展潜力评价体系各要素权重

将上节获得的数据代入表8-3，形成沙漠旅游地旅游发展潜力评价指标体系，详见表8-5。

表8-5 中国沙漠旅游地旅游发展潜力评价指标体系各要素权重

总目标层	一层因子（B）	原权重B层	二层因子（C）	原权重C层	综合权重
沙漠旅游发展潜力综合指数A	可进入性B1	0.16	研究区区位条件C1	0.76	0.12
			区域交通便捷度C2	0.24	0.04
	旅游资源B2	0.54	旅游资源的品位C3	0.59	0.32
			景观联合开发因素C4	0.19	0.10
			沙漠的美观度C5	0.22	0.12
	气候条件B3	0.20	温湿指数C6	0.42	0.09
			风寒指数C7	0.51	0.11
			不适游天气C8	0.07	0.01
	社区条件B4	0.10	区内经济状况C9	0.42	0.04
			第三产业水平C10	0.18	0.02
			当地人口数量C11	0.24	0.02
			旅游政策支持度D12	0.16	0.02

从B层各因素相对于总目标层的权重来看，旅游资源所占比重较大，达到了0.54，如图8-2所示。这说明对于沙漠旅游地发展来说

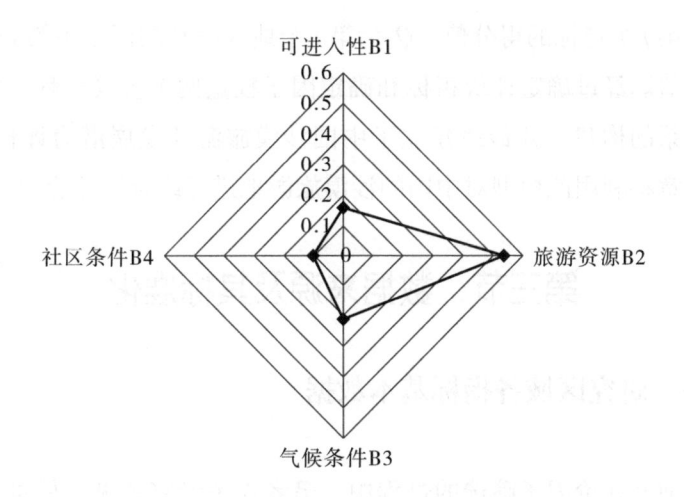

图 8-2　B 层因子权重分布雷达示意

其资源价值及禀赋情况是最重要的，只要资源的品位对旅游者有足够的吸引力，旅游者就愿意为此支付更多的时间成本和经济成本。气候条件次之，占到了 0.2，这说明沙漠旅游活动受自然条件的影响较大，高温、风沙等对沙漠旅游活动都有重要影响。随着汽车保有量不断增加、自驾游日趋流行，这些因素都在弱化交通区位在旅游地发展过程中的作用。社会条件权重最小，仅占到了 0.1，这说明沙漠旅游的发展与大众观光旅游项目的发展有很大差别，自助性旅游会慢慢减少旅游者对当地社会、经济发展的依赖。

（二）沙漠旅游地发展潜力模型

上文确定的沙漠旅游地发展潜力评价体系中，每一个指标都从不同的侧面反映各沙漠地旅游发展的潜力水平，在对沙漠地进行整体评价的时候，还需要将其统一起来。本章采用多目标线性加权函数法，通过对 n 个因素层评价指标进行加权处理，计算中国沙漠旅游的潜力评价指数，进而对其进行客观评定，具体模型如下：

$$A = \sum_{i=1}^{n} X_{ij} \times Q_{ij}$$

其中，A 为沙漠旅游发展综合潜力指数，X_{ij} 为第 i 个地区第 C 层

因素中第 j 个指标的得分值，Q_{ij} 为第 i 个地区第 C 层因素中第 j 个指标的权重值。经过确定评价指标和确定因子权重两个重要过程，完成了评价体系的构建，并最终建立了中国沙漠旅游地发展潜力评价模型。下面本章将利用此模型对中国的沙漠旅游地进行综合性评价。

第三节 数据来源及其标准化

一 研究区域各指标基本数据

在前文评价因子筛选的过程中，笔者参考专家意见，尽量选择可量化指标来构建评价体系，所以本章主要利用的就是各因子的量化数据来对各沙漠地区进行评价。在 12 个 C 层评价指标中，直接数值指标有研究区区位条件 C1、旅游资源的品位 C3、温湿指数 C6、风寒指数 C7、不适游天气 C8、区内经济状况 C9、第三产业水平 C10、当地人口数量 C11 共 8 个指标。研究区区位条件用到达最近省会城市的公路距离表达[1]，这里需要说明的是，由于内蒙古的地域特点，距离沙漠地区最近的省会城市不一定都是呼和浩特；另外，距离和旅游需求之间是负相关关系，因此该指标都记为负值。旅游资源的品位按当地 A 级景区的数量作为参考指标。温湿指数、风寒指数和不适游天气是对气象数据进行加工后的二级数据指标，因此本章会对其进行单独检验运算[2]，不适游天数也为负相关参数，记为负值。区内经济状况用地区生产总值指标表示；第三产业水平用第三产业占地区生产总值的比重来表示；当地人口数量按 2011 年人口普查数字。相关数据可以在当地社会经济发展统计年鉴中获得，当地政府的工作报告也是"社区条件"各因子指标的重要数据来源之一。这些数据单位不同，无法直接

---

[1] 数据来源于《中国公路交通图集》，中国地图出版社，gs（2007）968 号。
[2] 本章所使用的相关气象数据来自中国气象科学数据共享服务网（http://cdc.cma.gov.cn）。

进行运算，需要对数据进行标准化。

间接可量化指标有区域交通便捷度 C2、景观整合开发因素 C4、沙漠的美观度 C5、旅游政策支持度 D12。对于这 5 个指标，本章用 5 分制间接量化，即对区域的情况按 1—5 分进行标注，在标准化后再进行运算。交通便捷度以达到当地的交通方式多寡来衡量；景观整合开发因素以当地可以与沙漠旅游资源联合进行开发的资源类型数量来衡量；沙漠的美观度以沙丘属性来衡量，一般植被较少的流动性沙丘更漂亮；旅游政策支持度以当地是否出台促进旅游产业发展的相关文件为衡量标准。具体指标量化数据来源详见表 8-6。

表 8-6　　　　沙漠旅游地潜力评价指标量化数据来源

总目标层	一层因子（B）	二层因子（C）	指标量化来源
沙漠旅游发展潜力综合指数 A	可进入性 B1	研究区区位条件 C1	研究区与省会城市的距离
		区域交通便捷度 C2	航空、高速公路、铁路、省级公路通达条件
	旅游资源 B2	旅游资源的品位 C3	沙漠旅游 A 级景区的数量
		景观整合开发因素 C4	可与沙漠联合开发的其他资源数量
		沙漠的美观度 C5	沙漠中的沙丘属性
	气候条件 B3	温湿指数 C6	温度与湿度联合影响体感温度
		风寒指数 C7	温度与风速联合影响体感温度
		不适游天气 C8	气候舒适月份的不适游天气天数
	社区条件 B4	区内经济状况 C9	地区生产总值
		第三产业水平 C10	第三产业占地区生产总值的比例
		当地人口数量 C11	以 2011 年人口普查数字为准
		旅游政策支持度 D12	有无中长期旅游规划，政策扶植力度

二　数据标准化方法

由于各指标的数量单位不同，要对其进行数据标准化。过程如下：

首先，对各指标进行 Z-Score 标准化转换，即用每个原始值减去原始值的平均值；其次，除以原始数列的标准差。计算公式如下：

$$Z = \frac{M - \overline{M}}{\sigma}, \text{其中}, \sigma = \sqrt{\frac{1}{N}\sum_{i=1}^{N}(M - \overline{M})^2}$$

式中，Z 是标准化以后的数值，M 是原始数值，$\overline{M}$ 是原始值的平均值，σ 是原始数值组的标准差。进行无量纲处理后，所有指标数据都转化为一组平均值为 0、标准差为 1 的数值。

三 各沙漠旅游地基础数据及标准化数据

首先，根据各沙漠旅游地的交通、旅游资源、经济发展等基本情况，统计发展潜力各评价因子的实际分值，详细资料如表 8-7 所示。然后，再根据上文介绍的方法进行数据标准化，形成表 8-8。

表 8-7　　沙漠旅游地发展潜力评价各因子实际分值

沙漠旅游地		C1	C2	C3	C4	C5	C6	C7	C8	C9	C10	C11	C12
轮台	S1	-460	3	3	3	5.0	43	53	-82.6	51.50	8.6	12.9	5
阿拉尔	S2	-964	3	3	3	5.0	45	55	-67.8	163.00	14.6	29.2	4
民丰	S3	-1034	2	3	3	5.0	47	53	-86.9	4.76	57.0	4.8	5
岳普湖	S4	-1361	2	4	4	5.0	49	55	-63.0	5.34	32.0	17.0	4
阜康	S5	-54	4	3	3	4.0	47	53	-106.9	122.00	19.0	16.2	5
和布克赛尔	S6	-594	3	4	4	3.0	49	45	-62.4	26.10	7.2	6.8	4
哈密	S7	-619	5	3	3	4.0	45	53	-97.7	182.00	13.8	58.4	5
奇台	S8	-124	3	4	4	4.0	47	53	-87.7	72.40	20.0	25.0	4
鄯善	S9	-313	3	4	4	5.0	41	53	-111.3	123.80	27.2	22.3	5
敦煌	S10	-1038	5	5	4	5.0	49	53	-92.7	61.00	53.6	20.0	5
格尔木	S11	-820	4	3	3	3.0	49	45	-71.6	450.00	21.2	30.0	3
额济纳旗	S12	-1155	3	3	4	5.0	49	55	-160.3	45.00	21.0	3.4	5
阿拉善右旗	S13	-506	3	4	4	5.0	49	55	-158.0	33.40	19.0	2.5	5

续表

沙漠旅游地		C1	C2	C3	C4	C5	C6	C7	C8	C9	C10	C11	C12
乌海	S14	-167	4	3	3	4.0	47	53	-151.1	311.20	29.2	50.0	4
磴口	S15	-265	4	3	2	4.0	47	53	-85.8	40.10	21.0	12.3	3
民勤	S16	-336	4	3	2	4.0	49	55	-94.5	32.90	19.8	27.43	4
武威	S17	-227	5	5	4	4.0	47	55	-54.9	296.00	37.0	182.0	5
中卫	S18	-203	5	5	5	5.0	47	55	-38.7	213.00	14.7	109.0	5
阿拉善左旗	S19	-114	4	3	4	5.0	49	55	-104.1	154.80	17.9	15.0	5
杭锦旗	S20	-399	3	3	4	5.0	47	47	-74.9	58.50	40.0	14.6	5
达拉特旗	S21	-191	4	3	3	5.0	45	47	-62.5	403.00	29.9	36.4	3
准格尔旗	S22	-130	4	3	3	5.0	45	53	-71.4	830.00	35.9	36.6	5
鄂托克前旗	S23	-434	4	3	2	2.5	47	51	-99.3	68.10	37.0	7.5	3
乌审旗	S24	-472	4	3	3	2.5	47	45	-111.7	240.00	21.3	13.5	3
榆林	S25	-662	4	4	2	2.5	47	55	-74.2	2337.00	22.2	360.0	3
多伦	S26	-413	3	3	2	2.5	45	45	-121.0	55.70	17.0	11.5	3
翁牛特旗	S27	-616	4	3	2	2.5	45	51	-96.2	104.40	26.6	47.3	5
开鲁	S28	-335	3	3	4	2.5	45	51	-125.6	120.6	26.9	27.3	4
新巴尔虎左旗	S29	-995	3	3	3	2.5	41	47	-92.9	31.5	34.9	6.6	3

表8-8 沙漠旅游地发展潜力评价各因子标准化分值

沙漠旅游地		C1	C2	C3	C4	C5	C6	C7	C8	C9	C10	C11	C12
轮台	S1	0.16	-0.91	-0.61	-0.54	0.94	-1.57	0.29	0.36	-0.40	-1.45	-0.40	0.86
阿拉尔	S2	-1.26	-0.91	-0.61	-0.54	0.94	-0.68	0.86	0.86	-0.15	-0.94	-0.17	-0.33
民丰	S3	-1.46	-2.12	-0.61	-0.54	0.94	0.21	0.29	0.22	-0.51	2.65	-0.52	0.86
岳普湖	S4	-2.38	-2.12	0.86	0.67	0.94	1.11	0.86	1.02	-0.51	0.53	-0.35	-0.33
阜康	S5	1.31	0.29	-0.61	-0.54	-0.02	0.21	0.29	-0.46	-0.24	-0.57	-0.36	0.86
和布克赛尔	S6	-0.22	-0.91	0.86	0.67	-0.97	1.11	-1.97	1.04	-0.46	-1.57	-0.49	-0.33
哈密	S7	-0.29	1.49	-0.61	-0.54	-0.02	-0.68	0.29	-0.15	-0.11	-1.01	0.24	0.86
奇台	S8	1.11	0.29	0.86	0.67	-0.02	0.21	0.29	0.19	-0.35	-0.48	-0.23	-0.33
鄯善	S9	0.58	1.49	0.86	0.67	0.94	-2.46	0.29	-0.60	-0.24	0.13	-0.27	0.86
敦煌	S10	-1.47	1.49	2.32	1.88	0.94	1.11	0.29	0.02	-0.38	2.37	-0.30	0.86
格尔木	S11	-0.85	0.29	-0.61	-0.54	-0.97	1.11	-1.97	0.73	0.50	-0.38	-0.16	-1.52
额济纳旗	S12	-1.80	-0.91	-0.61	0.67	0.94	1.11	0.86	-2.25	-0.42	-0.40	-0.54	0.86
阿拉善右旗	S13	0.03	-0.91	0.86	0.67	0.94	1.11	0.86	-2.18	-0.44	-0.57	-0.55	0.86

续表

沙漠旅游地		C1	C2	C3	C4	C5	C6	C7	C8	C9	C10	C11	C12
乌海	S14	0.99	0.29	-0.61	-0.54	-0.02	0.21	0.29	-1.94	0.19	0.30	0.12	-0.33
碛口	S15	0.71	0.29	-0.61	-1.75	-0.02	0.21	0.29	0.25	-0.43	-0.40	-0.41	-1.52
民勤	S16	0.51	0.29	-0.61	-1.75	-0.02	1.11	0.86	-0.04	-0.44	-0.50	-0.20	-0.33
武威	S17	0.82	1.49	2.32	0.67	-0.02	0.21	0.86	1.30	0.15	0.96	1.97	0.86
中卫	S18	0.89	1.49	2.32	1.88	0.94	0.21	0.86	1.84	-0.04	-0.93	0.95	0.86
阿拉善左旗	S19	1.14	0.29	-0.61	0.67	0.94	1.11	0.86	-0.36	-0.17	-0.66	-0.37	0.86
杭锦旗	S20	0.33	-0.91	-0.61	0.67	0.94	0.21	-1.41	0.62	-0.39	1.21	-0.38	0.86
达拉特旗	S21	0.92	0.29	-0.61	-0.54	0.94	-0.68	0.86	1.04	0.39	0.36	-0.07	-1.52
准格尔旗	S22	1.09	0.29	-0.61	0.67	0.94	-0.68	0.29	0.74	1.36	0.86	-0.07	0.86
鄂托克前旗	S23	0.23	0.29	-0.61	-1.75	-1.45	0.21	-0.27	-0.20	-0.36	0.96	-0.48	-1.52
乌审旗	S24	0.13	0.29	-0.61	-0.54	-1.45	0.21	-1.97	-0.62	0.03	-0.37	-0.39	-1.52
榆林	S25	-0.41	0.29	0.86	-1.75	-1.45	0.21	0.86	0.65	4.78	-0.30	4.47	-1.52
多伦	S26	0.29	0.29	-0.61	0.67	-1.45	-0.68	-1.97	-0.93	-0.39	-0.74	-0.42	0.86
翁牛特旗	S27	-0.28	0.29	-0.61	0.67	-1.45	-0.68	-0.27	-0.10	-0.28	0.08	0.08	0.86
开鲁	S28	0.51	-0.91	-0.61	0.67	-1.45	-0.68	-0.27	-1.09	-0.25	0.10	-0.20	-0.33
新巴尔虎左旗	S29	-1.35	-0.91	-0.61	-0.54	-1.45	-2.46	-1.41	0.02	-0.45	0.78	-0.49	-1.52

第四节 沙漠旅游地发展潜力评价

将上文获得的标准化数据按沙漠旅游地发展潜力评价模型进行计算，得到沙漠旅游地发展综合指数。由于各沙漠区 B 层各因子排名差别较大，本章将进行分别陈述。

一 可进入性因素评价

中国沙漠旅游地的可进入性并不理想，大多数距离省会城市较远，进入旅游地的交通仅限公路。从可进入性的角度看，有两类地区排名比较靠前：一类是进入交通方式较多的地区，如建有机场、通高速、通火车的城市，以宁夏中卫、甘肃武威、敦煌为代表；还有一类是距离省会城市比较近的地区，中国交通网络的建设还是以城市为核心的，距离省会城市较近就无形当中具备了交通区位的优势，以阜康为代表。可进入性指数在 0.1 以上的共有十个地区，都是可进入性较好的地区。可进入性较差的地区主要是新疆和内蒙古的边境地区，如岳普湖、额济纳旗、新巴尔虎左旗等，这些地区远离核心城市，基础设施建设又比较薄弱，可进入性已经成为制约这些地区旅游产业发展的主要因素。除非有垄断性旅游资源，否则旅游产业很难发展起来，详见图 8-3。

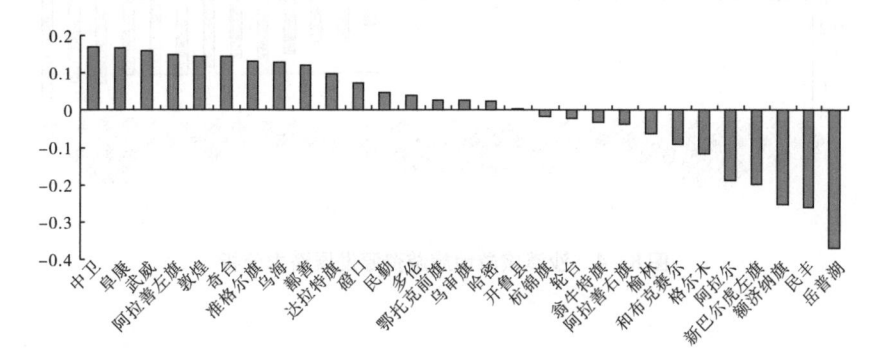

图 8-3 沙漠旅游地可进入性发展潜力分析

二 旅游资源因素评价

从数据上看，中国沙漠旅游资源分布很不平衡，旅游资源潜力指数比较靠前的有两类地区：一类是旅游资源种类非常丰富，沙漠旅游资源只是其众多优势资源一种，各种旅游资源整合后会对旅游者形成一种旅游吸引合力，促使旅游者前往，以敦煌、武威和中卫最为典型。另一类是沙漠旅游资源非常突出，旅游价值很高的地区，这类旅游地仅仅依靠区内最优质的沙漠旅游资源也可以对旅游者产生强烈的旅游吸引力，以鄯善（库木塔格沙漠公园、沙漠植物园）、岳普湖（达瓦昆沙漠旅游风景区）、阿拉善右旗（巴丹吉林沙漠）等为典型代表。前者在旅游产品组合方面更擅长，后者在沙漠旅游专项产品开发方面更擅长。旅游资源指数较低的地区也有两种情况，一种是地处沙地附近，毗邻的沙地植被覆盖较好，因此旅游审美价值较低；另一种是在其附近已经有开发较为成熟的沙漠旅游景点，其处在"遮蔽效应"的阴影下，旅游产业无从发展。具体见图8-4。

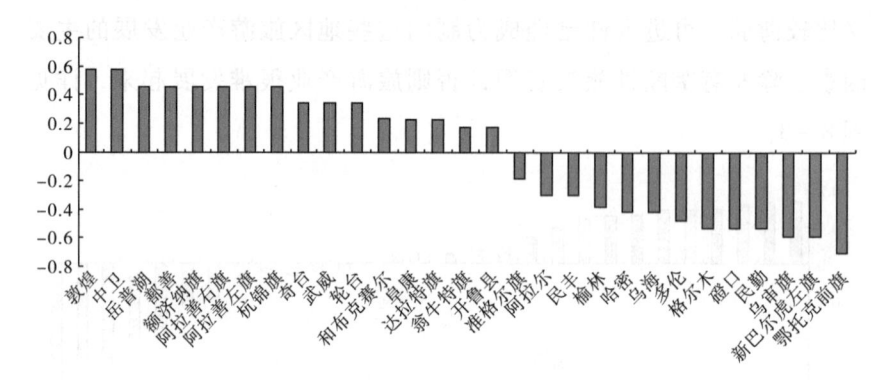

图8-4 沙漠旅游地旅游资源发展潜力分析

三　气候舒适度评价

从气候舒适度的评价来看，5月、6月、9月大多数沙漠区的旅游气候舒适度都比较好；7月和8月部分沙漠区气温较高，但是仍有大部分沙漠区适合开展旅游活动；4月、10月大部分沙漠区处于一般舒适区，少量区域气候条件不舒适；1月、2月、3月、11月、12月各潜力区的旅游气候舒适度都不太好。这也从一定程度上说明了沙漠旅游是一种季节性非常明显的旅游活动。

从评价结果看，岳普湖、中卫、达拉特旗等地排在前列（见图8-5），这些地区每年的舒适旅游月份都比较长，在五个月以上；并且，在旅游舒适月份中的不适游天数也比较少。从旅游开发的角度看，这些地区都建有比较成熟的沙漠旅游景区。

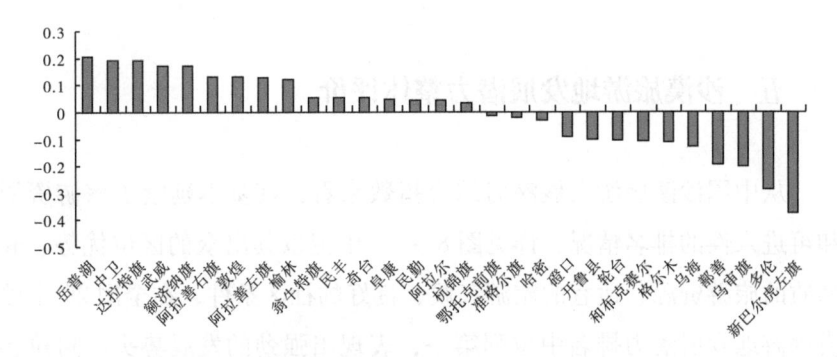

图 8-5　沙漠旅游地气候舒适条件发展潜力分析

四　旅游地社区因素评价

从旅游地社区因素指标来看，各沙漠旅游地发展差别很大，见图8-6。排在前列的主要是两类地区：一类是城市，如武威、中卫、乌海等，除旅游产业外，这些城市的工业基础较好；另一类是资源依托型地区，如准格尔旗、达拉特旗等，都因有丰富的矿产资源而经济发达，所以在社区发展潜力方面很有优势。社区因素的差距很难弥补，这既有一定的历史因素，也与现实的政策有关。但是随着自驾车旅游的发展，社区因素对旅游的影响作用将越来越小，或许经济越不发达的小城镇越能保持历史的风貌，对旅游者的吸引力越大。

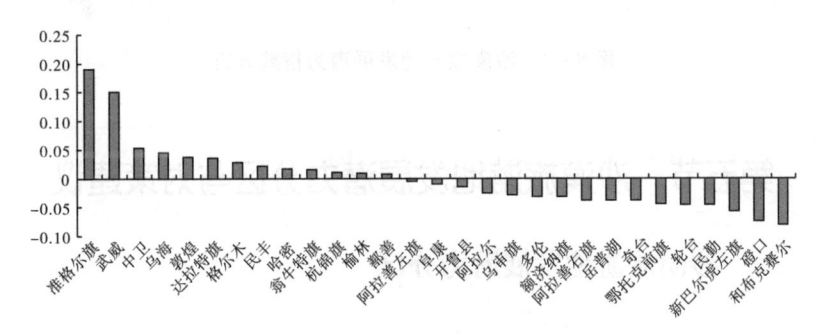

图 8-6　沙漠旅游地社区条件发展潜力分析

五 沙漠旅游地发展潜力整体评价

从中国沙漠旅游发展潜力综合指数来看，其基本延续了旅游资源和可进入性的排名情况，详见图8-7。中卫以其出众的区位优势、高品质的旅游资源、适宜的旅游气候、良好的社区条件，在全国29个沙漠旅游地发展潜力排名中位列第一，表现出强劲的发展势头。阿拉善左旗、武威、敦煌、阿拉善右旗、奇台、阜康、鄯善、额济纳旗、杭锦旗、岳普湖等地在整体排名中也比较靠前，这些地区也是中国沙漠旅游比较有潜力的地区。从目前沙漠旅游地的发展情况看，这些地区也都建有相应的沙漠旅游景点，沙漠旅游产业向着规范化、品牌化的方向不断迈进。这也在一定程度上表明本章所构建的评价体系具有较强的科学性和较好的可信度。

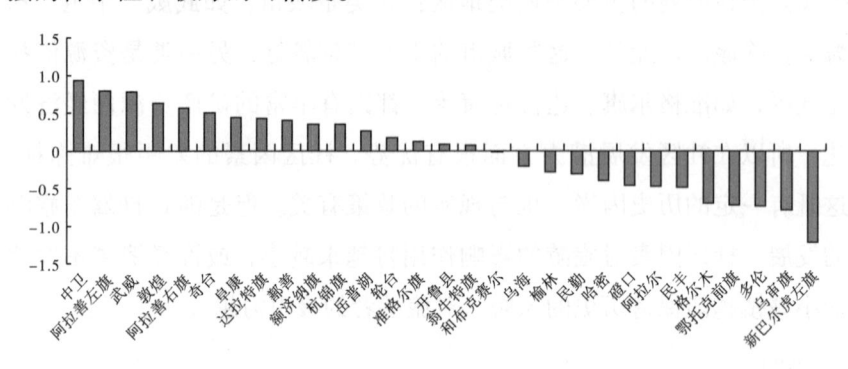

图8-7 沙漠旅游地发展潜力指数分析

第五节 沙漠旅游地发展潜力分区与对策建议

一 沙漠旅游地发展潜力分区

在综合评估中国沙漠旅游地发展潜力的基础上，本章将中国沙漠旅游地发展潜力综合指数划分为3个类型区。从表8-9中可以看出，中国 29 个沙漠旅游地的综合指数在 -1.220 和 0.926 之间，利用统计学分位数方法以 ±0.4 为临界点将指数分为三类，这与采用 SPSS 统计软件系统聚类中的 Q 型聚类法得到的分类结果非常相似。同时，分类结果也与目前的旅游发展情况基本吻合，说明此分类具有一定的合理性。按此分类标准，可将指数大于 0.3 的地区定义为最优潜力发展区，将指数在 -0.3 和 0.3 之间的地区定义为重要潜力发展区，将指数在 -0.3 以下的地区定义为一般潜力发展区。

表 8-9　　　　　　　　中国沙漠旅游地发展潜力综合指数

沙漠区	潜力指数	位序	沙漠区	潜力指数	位序
中卫	0.926	1	翁牛特旗	0.074	16
阿拉善左旗	0.792	2	和布克赛尔	-0.021	17
武威	0.779	3	乌海	-0.211	18
敦煌	0.626	4	榆林	-0.290	19
阿拉善右旗	0.560	5	民勤	-0.313	20
奇台	0.503	6	哈密	-0.405	21
阜康	0.434	7	磴口	-0.457	22
达拉特旗	0.429	8	阿拉尔	-0.474	23
鄯善	0.400	9	民丰	-0.488	24
额济纳旗	0.346	10	格尔木	-0.705	25
杭锦旗	0.343	11	鄂托克前旗	-0.722	26
岳普湖	0.255	12	多伦	-0.746	27
轮台	0.175	13	乌审旗	-0.795	28
准格尔旗	0.124	14	新巴尔虎左旗	-1.22	29
开鲁	0.081	15			

二　各沙漠旅游发展潜力区的开发对策

（一）最优沙漠旅游发展潜力区

最优沙漠旅游发展潜力区的潜力评价指数在 0.400 至 0.926，从排序1至9，依次为中卫、阿拉善左旗、武威、敦煌、阿拉善右旗、奇台、阜康、达拉特旗、鄂善。这些地区往往都具有非常优质的沙漠旅游资源及可与沙漠旅游资源进行联合开发的其他资源，且当地的旅游气候条件也比较适合开展沙漠旅游活动，除阿拉善右旗和额济纳旗外，这些地区大都交通状况良好，相比其他沙漠区有比较好的可进入条件。大部分地区已经开发了沙漠旅游项目，且有一批旅游质量较高的沙漠景区（点），对旅游者有很强的吸引力，在旅游市场有一定的知名度。当地政府也比较重视旅游产业的发展，制定了区域旅游发展规划或发展指导意见，当地居民对旅游者和旅游产业的接受度也比一般的沙漠地区高。因此，这些地区应该是中国最早成为"综合性沙漠旅游目的地"的地区。

综合以上情况，最优沙漠旅游发展潜力区应结合自身资源优势，在保护好当地优质资源的基础上，注重沙漠旅游的深度开发。具体策略包括：

第一，以当地沙漠旅游资源为优先级开发资源，重点放在旅游产品知名度的塑造与品牌的维护上，形成一批有代表性的、高质量的沙漠旅游景区（点）。同时，将沙漠旅游资源与区内其他资源进行联合规划开发，以形成整体旅游吸引力，延长旅游者在沙漠区的停留天数，提高旅游者的人均消费水平，不断增加区内旅游综合收入，使旅游业成为当地的支柱产业。

第二，在沙漠旅游产品开发方面，应进行产品分类与提升（或景区功能分区），既要有可以满足一般大众旅游需求的观光旅游产品（区域），又要有可满足专项深度旅游者需求的专项旅游产品，如探险游、摄影游、沙漠民俗游、科考游等。利用新技术、新材料，在充分调研基础上，适当开发创新型人造景观，丰富沙漠地区旅游产品结构，以此拓宽旅游地的目标人群。

第三，通过培养旅游专业人才、建立旅游行业标准、加强旅游供给监管等方式，努力提升旅游服务质量，这不仅关系到旅游地的整体开发水平，也关系到其在旅游市场中的品牌美誉度。积极吸引旅游建设资本，培育旅游企业上市融资，对旅游企业加强扶植力度，使区内出现一批旅游龙头企业。

第四，在不断提高旅游经济效益的同时，关注旅游行为对脆弱沙漠生态环境的影响，对不可再生旅游资源加强保护，坚持可持续发展。进一步提高当地沙漠旅游的社会效益和生态效益，使沙漠旅游不仅成为一个经济产业，更成为推动沙漠地区社会进步、生态环保的综合性产业。

（二）重要沙漠旅游发展潜力区

重要沙漠旅游发展潜力区的潜力评价指数值在 -0.313 和 0.346 之间，排序从第10位至第20位，依次为额济纳旗、杭锦旗、岳普湖、轮台、准格尔旗、开鲁、翁牛特旗、和布克赛尔、乌海、榆林、民勤。其中，额济纳旗、杭锦旗、岳普湖、轮台、翁牛特旗、和布克赛尔等地也有比较优质的旅游资源，只是在气候舒适度、交通状况及社区条件等方面还有一定的欠缺；准格尔旗、乌海、榆林等地虽然交通状况较好、社区条件也可对旅游产业发展提供必要的支撑，但是其区内的沙漠旅游资源有限。

根据以上情况，重要潜力区的发展可以分为两种情况：

对于沙漠旅游资源丰富的地区，可以进行客源市场细分策略，针对区域内或相邻区内游客，开发一些游乐项目，使沙漠旅游向沙漠主题公园的模式发展，为当地游客提供一个休闲游憩的场所。积极利用沙漠空间，发展近途特色旅游，如农（牧）家乐、拓展游、采摘游、边境游等。

对于空间距离较远的旅游市场进行专项旅游产品开发，将区内最具特色的旅游资源产品化，并积极对外宣传形成特色旅游品牌，如额济纳旗就在其区内胡杨林最美的9月下旬至10月上旬举办胡杨节，利用这种专项旅游吸引区外游客。对于其他条件较好而沙漠旅游资源相对较弱的地区，可以将沙漠旅游资源与其他旅游资源相结合进行联合开发，或结合区内沙漠地的特点兴建一些人工景观，以增加该地的旅游吸引力。

(三) 一般沙漠旅游发展潜力区

一般沙漠旅游发展潜力区的潜力评价指数介于 -0.405 和 -1.220，从排序 21 至 29，依次为哈密、磴口、阿拉尔、民丰、格尔木、鄂托克前旗、多伦、乌审旗、新巴尔虎左旗。这些地区在旅游发展方面还有一些障碍，因此短期内不能急于进行大规模的沙漠旅游开发。对于这些地区，笔者认为应该采取以下措施：第一，可以开发一些小规模的沙漠主题旅游，如沙漠内的古城遗址和沙漠内的特殊民族文化，通过这些小规模的开发基础积极申报国家相关支持项目，以此扩大区内沙漠知名度；第二，积极进行沙漠生态研究，努力改善区内环境，培育、挖掘区内沙漠的资源特色，为将来的旅游开发做生态环境方面的准备；第三，借助国家生态功能区划和西部大开发等战略实施的机遇，积极改善当地的基础设施建设和服务接待设施，提升区域整体发展能力；第四，争取政策优势，积极申报政策性旅游项目，如马会等。

总之，"结合自身优势，发展特色旅游"是我国沙漠旅游区必须坚持的发展之路。

第九章　沙漠旅游地开发思路与模式

第一节　沙漠旅游共生发展模式研究

一　共生理论的内涵

"共生"（Symbiosis）一词最早见于生物学研究领域，由德国真菌生物学家安东·德贝里（Anton de Bary）在1879年提出，其本意是在不同种类的一个或多个更多成员间延伸的物质联系[①]。后经范明特（Feminism）、布克纳（Phototoxic）发展完善，逐步形成了系统的共生理论[②]。20世纪50年代以后，共生理论逐渐渗透到社会学、哲学、经济学等诸多领域，引起了学界的广泛关注。如琼斯（Jones）将共生理论引入社会学领域，用以解释现代社会中人际交往的互动关系[③]。一般意义上的共生是指共生单元之间在一定的共生环境中按某种共生模式形成的关系，协同与合作是共生的本质，通过合作性竞争实现共生单元之间的相互合作、相互促进[④]。

---

① 参见 Douglas, A. E., *Symbiotic Interactions*, Oxford University Press, 1994。
② 参见纪金雄《古村落旅游核心利益相关者共生机制研究——以武夷山下梅村为例》，《华侨大学学报》（社会科学版）2011年第2期。
③ Jones, A. K., "Social Symbiosis: A Gaian Critique of Contemporary Social Theory", *The Ecologist*, 1990 (3).
④ 袁纯清:《共生理论——兼论小型经济》，经济科学出版社1998年版。

近年来，共生理论被引入旅游研究领域，并迅速成为旅游研究中一种重要的理论分析工具。旅游共生是指在一定环境条件下，旅游地区内和区际出于对整个（或局部）市场的预期目标和总体经营目标的意愿而采取的一种合作经营方式[①]，它在本质上是让各个旅游共生单元在旅游市场这一共生界面中共同适应、共同发展、共同进化，寻求双方或多方的共存、共享和互惠共赢，形成一个统一的有机整体，其根本目的是在互惠互利的前提下使各利益相关者的利益最大化。随着国内区域旅游竞合和产业融合的不断发展，越来越多的研究者将共生理论应用到旅游研究中。共生理论开始主要被用来研究区域旅游的竞争与合作，如吴泓和顾朝林运用共生理论研究了淮海经济区的区域旅游竞合问题[②]；王凯[③]、王维艳等[④]研究了跨界景区的旅游资源共生整合机制等。后来，共生理论逐步被运用到具体的旅游业态研究，如徐虹等研究了体育旅游开发的共生模式及其利益协调机制[⑤]。王金伟和王仕君以四川汶川为例，从产业、区域、管理、利益分享、文化和环境六个方面研究了黑色旅游共生发展模式[⑥]。目前，还未有学者将共生理论运用到沙漠旅游研究中。

二 沙漠旅游共生发展模式

根据共生理论，共生系统由共生单元、共生环境和共生模式三部

[①] 钟俊：《共生：旅游发展的新思路》，《重庆师专学报》2001年第3期。

[②] 吴泓、顾朝林：《基于共生理论的区域旅游竞合研究——以淮海经济区为例》，《经济地理》2004年第1期。

[③] 王凯：《旅游开发中的"边界共生"现象及其区域整合机制》，《开发研究》2004年第1期。

[④] 王维艳、林锦屏、沈琼：《跨界民族文化景区核心利益相关者的共生整合机制——以泸沽湖景区为例》，《地理研究》2007年第4期。

[⑤] 徐虹、李筱东、吴珊珊：《基于共生理论的体育旅游开发及其利益协调机制研究》，《旅游论坛》2008年第5期。

[⑥] 王金伟、王仕君：《黑色旅游发展动力机制与共生模式研究——以汶川8.0级地震后的四川为例》，《经济地理》2010年第2期。

分构成。共生单元是指构成共生系统的基本能量交换单位,共生环境是指除共生单位以外的一切影响因素的总和,它们之间的相互作用通常以物质能量和信息的互流来实现①,而共生模式则是共生单元在具备形成共生条件的共生环境中所形成的关系。沙漠旅游的可持续发展有赖于在产业、区域、管理、利益共生、文化和产品方面实现共生。

具体说来,沙漠旅游共生发展模式的内涵包括以下六个方面:

第一,产业共生:"旅游产业+文化产业+其他产业"的产业融合,最大限度发挥沙漠旅游资源的经济价值和社会价值。没有产业的支撑,在市场经济条件下,沙漠旅游很难得到长足的发展。沙漠旅游企业也很难参与正常的市场竞争,无法在市场经济条件下实现企业利润的增长。所以,推进沙漠旅游的发展必须坚持"产业先行",以"产业"带动"事业"。

第二,区域共生:"区域+选址"充分考虑沙漠旅游开发的区位优势,实现区域合作的便利,优化旅游地可进入性,保证客源和消费能力。沙漠旅游开发必须充分考虑区域的生态承载力,不能因为发展旅游产业而破坏沙漠地区脆弱的生态环境。所以,发展沙漠旅游必须坚持区域便利性与区域环境承载力的共生。

第三,管理共生:"政府+企业+社区"三重管理,要发挥企业的市场化运作优势,使其在管理中起主导作用,要发挥政府政策引导、辅助和监督的作用,充分发挥"社区参与"在沙漠旅游开发中的作用。沙漠旅游资源的开发,需要建设大量的公共基础设施,因此必须坚持政府的主导作用。只有在政府的参与下,这些公共基础设施的投资才能得以实现。沙漠旅游产品的开发与经营必须发挥企业的自主作用,坚持旅游企业独立自主经营,才能对消费市场有更加清晰明确的反应,以满足消费者不断变化的旅游需求。社区可以为旅游产业塑造

---

① 姬梅、朱普选、章杰宽:《拉萨旅游产品开发的共生分析》,《经济问题探索》2012年第3期。

更强的旅游文化符号，同时为旅游企业提供更多的就业人口，旅游业又可以反哺社区的发展。因此，加强政府、企业与社区的充分共生，是提高沙漠旅游管理水平和经济效益的重要前提。

第四，利益共生：旅游企业、政府、旅游者、当地社区等利益主体是沙漠旅游开发的参与者和受益者，都应承担相应的责任和义务。沙漠旅游开发使这些利益主体形成一个动态交流和共生的利益网络，从而保证沙漠旅游的可持续发展。多方受益是保证多方参与的前提，能否在发展沙漠旅游的同时让当地政府、旅游企业、社区等相关群体获得利益，是沙漠旅游能否可持续发展的重要保障。此外，沙漠旅游景区大多处于生态环境脆弱的经济欠发达地区。大力发展沙漠旅游产业，一方面可以改变当地的社会经济面貌，另一方面也可以为当地提供广泛的就业机会。这对于当地的脱贫致富、乡村文化建设都具有重要的作用。因此，各利益共同体在发展旅游产业方面具有相同的认识。

第五，文化共生："后现代文化＋目的地文化"。沙漠旅游地区都有其特有的地域文化，这来自当地居民长期的生产生活实践。而沙漠旅游者看待沙漠的视角和对沙漠的感悟，与当地居民则有着明显的差异，其对沙漠旅游的审美则充满着后现代主义的逃离现实的批判色彩。这两种不同的沙漠文化认知需要在沙漠旅游开发的过程中不断融合。从旅游经济的本质来看，这两种文化分属于沙漠旅游产品的生产文化与消费文化。这种文化认识上的差异，既是构成旅游消费行为的文化动因，也会在旅游消费行为发生的过程中出现不断的融合。这两种文化的冲突与对立、交流与融合，在沙漠旅游的开发过程中明显高于红色旅游、民俗旅游等其他主题型旅游产品。因此，在沙漠旅游发展过程中，要尤其注意这种文化层面的共生关系。

第六，产品共生："沙漠旅游产品＋其他旅游产品"。沙漠既是沙漠旅游的核心吸引资源，又是旅游活动开展的场所，因此同时具有了旅游资源与旅游活动空间的双重属性。在沙漠这个空间内，或者在与之毗邻的空间内，一定还存在着其他类型的旅游产品，如乡村旅游、探险旅游、生态旅游、休闲度假旅游、研学旅游等。在开发沙漠旅游的同时，必须注意与这些旅游产品相融合的开发理念。通过产品共生，对消费者形成更强的旅游吸引力，借此弥补沙漠旅游在核心旅游吸引力方面的不足。

三 沙漠旅游共生发展路径

为了更好地探讨沙漠旅游的共生发展模式，本章以宁夏沙坡头景区为例，重点探讨其在促进沙漠旅游共生发展模式方面的产业路径，并在此基础上总结经验，为其他沙漠旅游地的发展提供有益的启示。

第一，促进产业共生发展模式，推动旅游业与其他产业融合发展。产业共生的本质是旅游产业融合，即旅游产业与国民经济其他产业之间或者旅游产业内部不同行业之间通过相互渗透、相互交叉而逐步形成新产业或者改造原有产业的动态发展过程[1]。旅游产业和其他产业天然地存在高度关联性，具有产业融合的优势。我们可以从以下两个层次来分析沙漠旅游产业的共生发展模式。

直接层次是旅游产业内部的共生发展，主要是指沙漠旅游景区与"吃、住、行、游、购、娱"旅游六要素之间的共生发展，如餐饮企业、宾馆住宿业、旅游交通业、旅游购物产业、旅游演艺及娱乐产业。这些产业既为旅游者提供核心旅游产品，同时也是沙漠地区现代服务业的重要组成部分，对于促进沙漠地区的文化发展和居民生活水平提高都具有重要的意义。间接层次是旅游产业与其他产业的共生发展，主要是指沙漠地区其他产业与旅游产业的关联性发展，如旅游产业与农业相结合而产生乡村旅游业。在宁夏沙坡头景区，旅游产业对于带

---

[1] 张辉、秦宇：《中国旅游产业转型年度报告2005：走向开放与联合的中国旅游业》，旅游教育出版社2006年版。

动当地乡村产业振兴发展就发挥了重要的作用。随着沙坡头景区旅游吸引力的增强，在中卫乡村地区涌现出一大批农家乐类型的旅游产品。除此以外，沙漠旅游业还与影视动漫产业、生态环保产业、生物制药产业等产业有着十分密切的联系，可以加强旅游产业与这些产业的联系，促进沙漠旅游的产业共生。例如，在沙漠旅游开发中引入高科技手段，新建声、光、电一体化的模拟演示馆，使游客产生身临其境的感觉，可以增强沙漠旅游产品的体验性与吸引力，也可以使游客更深刻地领略沙漠治理的不易与艰辛，体会今天沙漠环境的来之不易。加强沙漠旅游与动漫产业、影视产业的结合，可以借助动漫产业和影视产业的高传播性，提高沙漠旅游的文化传播度，发挥沙漠旅游在生态环保、文明进步、脱贫致富方面的社会教育功能。

第二，推动产品共生策略，开发融合型沙漠旅游产品，注重产品的体验性。在体验经济条件下，游客已不再满足于大众化的静态观光，而是在旅游活动中寻求娱乐、教育、逃避、审美、移情等深层次的体验。实践表明，单一的沙漠观光旅游产品对消费者的吸引力并不大，而具有体验性的融合型旅游产品却能吸引旅游消费者。沙坡头沙漠旅游的开发不能一直延续单一的沙漠观光型旅游产品开发的老路，应大力推动沙漠旅游与观光旅游、文化旅游、休闲度假旅游、乡村旅游等其他旅游产品的结合。

通过沙漠这个主题，既可以为其他旅游产品提供活动的空间，又可以为其他旅游产品确定特有的旅游符号，逐步形成以沙漠旅游为主题、形式多样的复合型体验旅游产品，满足旅游消费者的体验需求。传统的沙漠旅游还是以大漠观光为主，少数地区还建有治沙博物馆，大多也是观光型的产品。在此基础上，一方面，要坚持博物馆的改造，增强声光电等技术在现代博物馆当中的应用，使游客对沙漠的相关知识有更为深刻的了解；另一方面，要在旅游体验性上加强与其他旅游产品的融合。例如，中卫地区可以根据自己治沙方面的优势，设立一些"草方格"的制作场地，让前来观光旅游的游客亲自制作"草方格"。也可以针对现在比较流行的研学旅游项目,将沙漠打造成学生课余学习的重要载体,围绕沙漠设计一些研学课程,将书本知识与沙漠旅游结合起来,将沙漠旅游基地打造成集学生课余学习、了解中国社会、休闲放松体验、教学亲子互动等多功能于一体的研学旅游基地。

第三,加强沙漠旅游开发的管理,鼓励企业市场化经营、政府加强监管、社区全面参与,整合优势资源,开发优质旅游产品。"政府+企业+社区"的管理模式规定了政府、企业和社区居民在沙漠旅游发展过程中的不同职能。从沙漠旅游发展的实践来看,企业市场化经营、政府监管是沙漠旅游可持续发展的必然趋势。同时,沙漠旅游作为新形势下不断发展的一种文化旅游形式,在规划、发展、经营的过程中更应引入社区参与的理念,保障社区居民的利益诉求。相关政府部门应积极开展沙漠旅游发展的专项规划,为企业开发沙漠旅游资源创造良好的投资环境;企业按照市场经济规律开发体验性沙漠旅游产品,开展沙漠旅游市场营销;沙漠旅游区的社区居民也应成为沙漠旅游开发管理的参与主体,应全面参与沙漠旅游的开发、经营管理、环境保护以及旅游收益分配。针对沙漠地区旅游咨询规划公司匮乏的现状,一方面可以引入北京、上海等旅游发达地区的旅游专业规划力量,对沙漠旅游资源进行委托管理,提高管理水平,培养管理人才;另一方面可以将沙漠地区的优质旅游资源进行整合,成立新型旅游管理公司,对沙漠旅游资源进行统一管理,将先进管理模式在其他沙漠地区进行推广。

第四,深入挖掘沙漠文化内涵,融合地方特色文化,提高沙漠旅游的文化属性。旅游产业发展的内涵是文化的差异性,如何塑造出文化的差异性体验是沙漠旅游进行产品规划开发时必须解决的问题。沙漠是一种特殊的地理环境,在此生活的人们必然形成与其他地区存在差异性的生活方式和生产方式,这既是沙漠旅游文化差异性的理论基础,也是沙漠地区进行文化产品规划的理论依据。因此,沙漠旅游在规划的过程中，必须充分挖掘当地的历史文化，并与当地的少数民族文化传统紧密结合，突出沙漠旅游的文化内涵。在尊重客观历史事实的基础上，准确考证当地居民的生活传统，从吃、住、行、游、购、娱六个方面加强旅游要素的产品开发。沙漠旅游的文化内涵与边疆文化、民族文化、游牧文化、乡土文化、流人文化都有很强的关联性，具有很大的开发潜力和文化共生性。以宁夏沙坡头景区为例，景区的南边是黄河，文化符号众多，黄河边的稻田、羊皮筏子、长城遗址等尽显黄河文化的精髓，景区的北边是内蒙古阿拉善左旗的通湖草原，有行走于沙漠间的骆驼、蒙古包等民族文化符号，这些都为沙漠旅游文化塑造提供了充分的文化空间。

第五，明晰利益主体权责，构建利益共生机制，让沙漠旅游的各利益相关者都能分享到旅游产业发展所带来的价值。政府、旅游企业、目的地居民、游客是沙漠旅游发展的核心利益相关者，这些利益主体必须在承认各方地位平等、权责一致的基础上，通过利益让渡、责任分担、契约等方式，构建沙漠旅游发展的利益表达机制、利益分享机制、利益补偿机制和利益保障机制，确保各核心利益相关者应有的利益得以实现[1]。政府部门应该统一规划、制定相关政策，明确不同利益主体在旅游开发中的权利与义务。在沙漠地区旅游产业发展过程中，可以参考旅游发达地区的经验，探索旅游企业股份制改造、全民持股等先进旅游管理经验，实现旅游利益共享。尤其要监管好旅游企业开发的沙漠旅游产品，使其达到寓教于游、寓教于学和寓教于乐的目的，避免新建旅游项目的世俗化和表演化。同时，帮助目的地居民接受教育培训，提高其就业机会和就业能力，增加经济收益，享受沙漠旅游发展所带来的经济收益和文化收益。充分保障各方获取利益，是沙漠旅游产业得以持续健康发展的前提保障。

---

[1] 纪金雄：《古村落旅游核心利益相关者共生机制研究——以武夷山下梅村为例》，《华侨大学学报》（社会科学版）2011年第2期。

第二节　沙漠旅游地民俗旅游产品开发研究

一　民族文化是中国重要的旅游资源

文化的概念在社会科学研究过程中非常广泛而庞杂，从根本上讲，文化是人类的聪明才智和民族的智慧潜能外化的方式及其成果，是人类向往光明、追求自由、超越自我、实现自身价值的途径及其结晶。[①]文化具有象征性、民族性、时代性、综合整体性、价值多元性的特性。

民族文化是各民族的先民们适应所生息繁衍的自然生态环境的产物，为该民族的大多数成员所普遍接受，共同分享，深层认同，集体维护，世代相传。[①]它是各个民族在特定的地理环境空间中经过历史积淀而形成的具有本民族特征的、物质文化和精神文化的总和。有的学者从旅游者的感知角度来为其下定义，例如潘顺安认为，民族文化是各民族在长期的发展过程中形成的，包括建筑、饮食、服饰、娱乐、节庆等物质文化，也包括传统习惯、礼仪、宗教、公共道德和价值标准等精神文化和制度文化。[②]有的学者从民族文化的构成角度来为其下定义，例如金毅认为，"民族文化是指某一民族所创造的不同形态特质的复合体。民族文化的基本构成包括物质文化、制度文化、精神文化。物质文化，主要指民族文化中的物质创造部分，如工具和饮食、服饰、建筑等，处于民族文化的表层；制度文化是指一个民族共有的习惯性偏好、行为，或一个民族遵循的风俗、制度；精神文化主要包括民族意识、民族性格、文化心理、科学哲学思想、价值观念、伦理道德规范、审美情趣、文化财富与传统、文字、典籍、宗教信仰等，是民族文化的深沉结构"。[③]

[①] 覃德清：《中国文化概论》，广西师范大学出版社2002年版，第5—9页。
[②] 潘顺安：《民族文化与旅游关系探讨》，《广西教育学院学报》2004年第2期。
[③] 金毅：《民族文化旅游开发模式与评介》，《广东技术师范学院学报》2004年第1期。

笔者结合民族文化旅游开发的实践，认为民族文化既包括以景观实体存在的实体民族文化，如民族建筑、村落、遗址遗迹等，也包括为旅游者提供体验的社会氛围文化，如服饰、语言等，还包括以抽象思维创造的精神文化，如宗教、民间文学。

早期关注民族文化旅游的是一些人类学家。1977年，美国人类学家史密斯主编的《主人与客人：旅游人类学》一书的出版，标志着人类学正式介入旅游的社会文化影响研究，"旅游人类学"一词开始得到应用，并成为旅游学的一个门类。此后，西方国家主要是旅游人类学家在研究旅游的民族文化影响。[①] 20世纪80年代，西方学者对旅游的民族文化影响开始持比较理智的态度。这一时期，利奇等旅游人类学家对旅游的民族文化影响研究主要集中在主客之间的文化冲突、碰撞引起的社会文化现象，以及文化的商品化、居民文化心理变化、传统生活的衰退等负面的影响。[②] 20世纪90年代后，民族文化研究成为西方旅游研究的热点，研究的范围得到了扩大，包括概念的讨论、旅游者研究、旅游产品研究、文化遗产旅游研究、旅游影响研究等方面。[③] 可以说，民族文化形式的旅游活动直到今天仍然是国外旅游研究和人类学研究的重要热点内容。

国内学者在进行这一研究的时候，经常使用"民族文化旅游""民族地区旅游""少数民族地区旅游""民族风情旅游""少数民族风情旅游""民族旅游""少数民族旅游""少数民族专项旅游""民族民俗旅游"，以及"民俗旅游""民俗文化旅游""民俗文化村""民俗旅游村寨""民俗特色旅游""区域民俗文化旅游""民俗旅游学""民俗风情旅游""生态博物馆"等概念。这些概念互有重复，有些则含义略有不同，反映了研究者对一些基本概念的使用还存在着一

---

① 张晓萍：《旅游人类学在美国》，《思想战线》2001年第2期。
② 宗晓莲：《西方旅游人类学研究述评》，《民族研究》2001年第3期。
③ 周霄：《民俗旅游的人类学探析》，《湖北民族学院学报》（哲学社会科学版）2002年第5期。

些分歧，尚未达成一致。但总体上看，它们都以某一地区的民族文化为基础，通过某种方式或从某种角度对民族文化形式及内涵加以产品化体现，构成为旅游者提供旅游经历的一种吸引物。① 学者在这方面争论得比较多，但研究重点还是集中在对"旅游行为供给方面"的探讨，因此可进一步将学者的研究划分为民族旅游资源开发、民族旅游产品设计、民族旅游纪念品的设计三方面。鉴于本章的写作目的，笔者就不逐一列举了。

参考大部分旅游研究人员的研究成果，并结合沙漠旅游地的实际情况，笔者认为，"民族文化旅游"这个提法比较合适，其是文化旅游的一个重要组成部分，是以民族的文化形式为旅游吸引物、以参观和体验民族生活为主要形式的旅游活动。

二 巴丹吉林沙漠蒙古族旅游文化的载体

内容总是需要形式来表达，文化的载体就是反映文化内容的固化形式。通常情况下，民族文化包含三个层次：景观实体文化、社会体验文化和抽象思维文化。这就说明不是所有的民族文化都可以转化成"民族文化旅游资源"，那么在探讨阿拉善右旗蒙古族旅游文化载体时，就应该以"是否产生旅游吸引力"和"是否可以开展参观或体验旅游活动"为评价标准。② 由此，可以将阿拉善右旗蒙古族旅游文化的载体固化为以下几个方面。

（一）民居建筑

民居建筑既受生存环境的限制，又受民族价值观的深刻影响，还与一定时期生产能力水平紧密相连。③ 蒙古包是蒙古族的一大创造，

---

① 吴必虎、余青：《中国民族文化旅游开发研究综述》，《民族研究》2000年第4期。
② 张宏瑞：《文脉在文化资源旅游开发中的主导作用》，《资源开发与市场》2004年第2期。
③ 王亚力：《论民族交界地区文化旅游资源的特点、形成及开发——以湘西凤凰为例》，《经济地理》2002年第4期。

也是蒙古民居的重要特点。"包",是"家""屋"的意思。蒙古包有圆柱"墙体"和圆锥"房顶",里边使用面积大,大者可容纳二十多人休息,小者也能容纳十几个人。其架设很简单,一般是在水草适宜的地方,根据包的大小先画一个圆圈,然后沿着画好的圆圈将"哈纳"架好,再架上顶部的"乌尼",将"哈纳"和"乌尼"按圆形衔接在一起绑架好,然后搭上毛毡,用毛绳系牢,便大功告成。包内空气能很好流通,采光也好。冬暖夏凉,遮风挡雨,而且易于装拆搬运,很适合草原生活。现在阿拉善右旗的蒙古包主要用于旅游接待。

在旅游过程中,蒙古包既可以作为被参观的对象,通过参观了解蒙古族的生活方式和生活习惯,了解蒙古族生活水平的提高过程,也可以成为旅游者体验蒙古同胞生活的重要组成部分,游客可以在传统的蒙古包内品尝特色饮食,或选择居住在有民族特色的房间里。这使得蒙古包成了蒙古族旅游文化的重要载体之一。

(二)服饰与饰品

服饰反映着一个民族对美好事物的向往,表达着一个民族最基本的价值观念,同时又反映了一个民族的生活习惯和劳作方式。该旅游区典型民族服饰是蒙古袍,身长宽大、右衽,高领长袖宽腰带,夏天有单、夹袍,冬天有羊皮袍。男子喜欢棕色、深蓝色,女子喜欢橘红、浅绿和粉红,老年人则多着青色和灰色,妇女喜欢帽饰和首饰。首饰、长袍、腰带和靴子是蒙古族服饰的四个主要部分,妇女头上的装饰多用玛瑙、珍珠、金银制成。男子穿长袍和围腰,妇女衣袖上绣有花边图案,上衣高领。妇女喜欢穿三件长短不一的衣服,第一件为贴身衣,袖长至腕,第二件外衣,袖长至肘,第三件为无领对襟坎肩,钉有直排闪光纽扣,格外醒目。蒙古族善于歌舞,民歌分长短调两种。他们最喜欢的舞蹈叫"跳乐",众人围成一圈,一边舞蹈,一边击掌高歌。在舞蹈的过程中,民族服饰显得格外美丽。

蒙古族服饰本身可以作为一种展示的内容,成为参观了解蒙古族生活方式不可或缺的内容。此外,在旅游接待的过程中,民族服饰也是提升旅游者印象、增强其满意度的重要方式。蒙古族的传统饰品充满了蒙古人民对"美"的向往和对幸福生活的愿望，它是最有价值的旅游纪念品。

（三）传统饮食

饮食习惯是一个民族在自身发展与繁衍的过程中与自然地理环境形成的耦合关系的集中表现，一个民族的传统饮食习惯具有鲜明的地域特点和自然特征。蒙古族富有特色的食品很多，例如烤羊、炉烤带皮整羊、手把羊肉、大炸羊、烤羊腿、奶豆腐、蒙古包子、蒙古馅饼等。蒙古族日食三餐，每餐都离不开奶与肉。以奶为原料制成的食品，蒙古语为"查干伊得"，意为圣洁、纯净的食品，即"白食"；以肉类为原料制成的食品，蒙古语为"乌兰伊得"，意为"红食"。除最常见的牛奶外，蒙古族还食用羊奶、马奶、鹿奶和骆驼奶，其中少部分作为鲜奶饮料，大部分加工成奶制品，如酸奶干、奶豆腐、奶皮子、奶油、稀奶油、奶油渣、酪酥、奶粉等十余种，可以在正餐上食用，也是老幼皆宜的零食。蒙古族的肉类主要是牛肉、绵羊肉。羊肉常见的传统食用方法就有全羊宴、嫩皮整羊宴、煺毛整羊宴、烤羊、烤羊心、炒羊肚、羊脑烩菜等七十多种。最具特色的是蒙古族烤全羊和手把羊肉，在蒙古族传统饮食中有重要地位。

由于餐饮特色和地域条件紧密相连，传统的民族饮食本身就是地域文化的重要组成部分。到异地旅游，品尝当地的风味，已经成为旅游活动的主要内容。所以，对传统饮食的开发、保护与传承，已经成为旅游目的地的重要工作之一。旅游者品尝蒙古民族传统饮食，是对蒙古族人民生活的一种体验，可以购买一些方便携带的食品给亲朋好友。传统饮食经过现代化的包装也可以成为独具特色的旅游纪念品。

（四）民族歌舞

歌舞是一个民族的主要艺术形式，它来源于生活，是对生活的抽象表现。同时，歌舞又反映一定的宗教信仰和价值观念，传递着一个民族对"真善美"的理解和对理想生活的期望。蒙古族人民能歌善舞，非常喜爱文娱活动和体育活动。普遍性的文娱活动是马头琴、四弦琴演奏和伴随琴声歌唱、舞蹈。马头琴是蒙古族人民最喜爱的乐器，因琴首雕有马头形象而得名。四弦琴形似二胡，但有四根琴弦，形体比二胡大，声音也比二胡粗犷，演奏方法大体与二胡相同。安代舞是蒙古族的传统民间歌舞，相传产生于郭尔罗斯与内蒙古库伦旗、辽宁蒙古贞。表演者双手各执一巾，由一人领唱，众人相和，边歌边舞。动作朴实奔放，节奏强烈，诙谐风趣，具有浓郁的民族风格。盅碗舞、筷子舞也是蒙古族的传统舞蹈，产生、发展在民间。每逢佳节喜庆，蒙古族群众都要点起篝火，围坐一圈，吃手把肉、喝马奶酒。喝到高兴的时候，女子顶起碗来，以盅节击，围着篝火，翩翩起舞，此为盅碗舞。男子拿起筷子，随着音乐或歌唱的节拍，敲打着身体的各个部位和关节，边敲边跳，此为筷子舞。

歌舞表演往往伴随着喜庆的氛围和美好的祝愿，是开发民族文化旅游产品必不可少的内容。随着时代的发展，蒙古民族舞不断被搬上舞台，经过艺术加工和舞台表现的配合，传统舞技不断发展，花样翻新，以优美的舞姿和娴熟的舞技感染了无数的国内外观众。旅游者不仅可以观看民族歌舞，也可以学跳，参与其中，使旅游项目由"观光型"向"体验参与型"转化。

（五）娱乐活动

娱乐活动是人们在繁忙的生产劳作生活之余的一种放松手段，这些喜闻乐见的群众活动可以传递和弘扬本民族的道德风尚和传统观念。蒙古族的民间娱乐活动很多，最有代表性的就是"那达慕"大会。"那达慕"蒙古语意为"游戏"或"娱乐"，原指蒙古族传统的"男子三竞技"——摔跤、赛马和射箭。随着时代的发展，逐渐演变成今天包括多种文化娱乐内容的盛大庆典活动和物资交流活动。历史上的那达慕不受时间限制，通常在祭祀山水、军队出征、凯旋、帝王登基、正月以及大型庆典等场合举行。阿拉善右旗的"那达慕"大会一般在9月前后召开，一般是视当年牧业的生产情况，小丰收小开，大丰收大开。地点就在阿拉善右旗阿拉腾朝格苏木，主要进行草原系列体育活动，同时召开"国际巴丹吉林沙漠文化旅游节"，活动内容除了传统的"男子三竞技"，还有文艺演出、田径比赛和各类经济文化展览以及订货洽谈、物资交流等。

这些娱乐活动都有一定的历史渊源，旅游者可以通过了解这些娱乐活动来深化对蒙古族人民的理解。另外，这些娱乐活动具有很强的竞技性、观赏性和参与性，又与蒙古族的传统节日和喜庆事件多有结合，所以在开发民族文化旅游的过程中是不可或缺的重要内容。

（六）婚俗礼仪

风俗礼仪是民族文化的重要组成部分，但不是所有的礼仪形式都可以进行旅游开发。进行旅游开发的礼仪形式必须具备"内容充实、气氛适当、思想健康"三个特点。蒙古族的婚俗礼仪正好符合这个特征，它也是蒙古族家庭礼仪最重要的组成部分。过去，婚俗复杂，礼仪繁多，而今随着时代的变迁，逐渐简化，但其内容和程序并无太大的变化。蒙古族青年男女结婚，要选择吉日，男方要送彩礼，女方家要有陪嫁。结婚前一天，男方要把贴有红纸的"羊背子"（食品）和酒送到女方家，既作为礼物，又可让女方家用于招待宾客。结婚这一天，新郎在伴郎的伴随下来女方家迎亲，同时要挑点青菜送新娘家。按习俗，迎亲过程中新郎不能说话，一切由陪郎应酬和周旋，直到把新娘娶回家。到女方家后，新郎被安排独席吃饭，不能自己动手，只能由陪郎夹菜喂新郎吃。当男方把嫁妆挑、抬出门的时候，新郎就可以迎上新娘出门了。新娘梳着少妇的发式，从上到下、从里到外都穿着崭新的衣服。整个婚礼内容丰富多彩，充满欢乐的气氛，在婚礼过程中还有一些歌舞表演，婚礼上人们的服饰和婚礼宴席也极具民族特色。

可以说，蒙古族婚礼是蒙古族各项民族文化的集中体现，对于旅游者有很强的吸引力，并且容易进行旅游开发和线路整合。旅游者可以观看各种礼仪过程，理解、体会各种礼仪形式所反映的文化内涵，也可以参与其中，享受婚姻仪式带来的美好与幸福。

三 阿拉善右旗沙漠地区蒙古族文化游开发的基本策略

沙漠地区蒙古族文化游的开发一方面要树立以市场为导向，以游客需求为导向的目标市场指导思想，大力发展蒙古族文化旅游产品；另一方面要树立对蒙古族文化产品进行社会生态保护的思想，在对蒙古族文化旅游产品的商品化方面进行适度的开发。

第一，以市场为导向，开发特色旅游产品。民族文化旅游产品同其他旅游产品一样，是针对一定的市场需求而设计的。民族文化旅游产品是否符合旅游者的需求，最终将受到市场的检验。民族文化旅游产品的开发应以市场为导向，在进行充分的市场调查与分析后，在了解文化旅游需求的情况下，结合不同旅游者的消费偏好对旅游市场进行细分，并根据市场细分结果，将市场需求与客观条件相结合；应确定产品定位，强化民族文化旅游的不同核心利益，形成产品的特色与差异性，开发不同档次、不同规模、适销对路的民族文化旅游产品。[①]阿拉善右旗民族旅游资源的内在价值和外在载体能否转化为产业效益，市场的导向作用在其中起着至关重要的作用。因此，在民族文化旅游产品的设计和生产中应突出蒙古族的地方特色，加强产品的吸引力和满足力，从本地旅游资源的特点出发，根据旅游市场的发展走势，确定若干旅游主题；围绕主题慎重选择开发项目，分批次、多层次进行开发建设，以突出旅游产品的特色。这样就可以把有限的资金集中用于开发精品项目，避免重复建设。

第二，明确目标市场，强化市场定位。选择目标市场前要进行市场细分。市场细分是准确评价细分市场和选择目标市场的前提，是在调查研究的基础上，依据旅客的旅游需求、购买动机、习惯爱好和消

[①] 陆军、潘善环：《多维视野中的民族旅游开发》，《桂林旅游高等专科学校学报》2003年第5期。

费行为等的差异，按照相应细分变量把蒙古族文化旅游市场的顾客划分为不同的子市场的过程。通过细分蒙古族文化旅游市场，可以使旅游企业发现市场机会，使各项资源得到充分利用和有效配置，从而提高管理的效率和效益水平。现代旅游者的个性化导致旅游需求更加多样，细分更"细"，市场细分难度增大。旅游经营者必须清楚，不是所有的旅游者都是喜欢民族文化旅游产品的；一个成熟的旅游产品也不会以所有的旅游者为目标人群。根据蒙古族文化旅游资源的状况及旅游产业的实践经验，应该对不同的细分市场提供不同的市场定位型旅游产品。

第三，整合旅游资源，增强旅游竞争力。旅游行业的竞争早已摆脱了单个旅游资源的竞争，进入了旅游目的地整体吸引力甚至是区域旅游整体吸引力的竞争。所以，旅游资源开发不能只考虑个体旅游资源的品质，必须以区域和系统的眼光进行衡量，因为任何区域内众多旅游资源都不是孤立存在的，是整个区域旅游资源系统中的子系统或构成要素，与其他旅游资源相互联系、相互依存、相互制约，共同构成区域旅游资源的整体。[①] 单一的民族旅游资源类型或狭小的资源赋存空间并不能培育起真正意义上的大旅游市场。为了实现阿拉善右旗旅游产业的跨越式发展，应注意资源类型整合、地域整合、历史与现实的整合以及与周边地区的竞争与联合。在开发民族文化旅游产品过程中不可一哄而上，要视当地情况开发旅游产品；要对蒙古族文化的内涵进行研究，注意从当地居民的生产生活中汲取精华，充分利用民族文化的载体，设计与当地自然、环境、文化相协调的旅游接待设施；适时将查干湖的自然旅游资源和蒙古族民俗旅游资源联合开发，整合精品线路，突出旅游吸引力，增强阿拉善右旗的旅游吸引力。

第四，注重旅游环境，营造良好的旅游氛围。吃、住、行、游、

---

① 尹贻梅：《对旅游空间竞争与合作的思考》，《桂林旅游高等专科学校学报》2003年第1期。

购、娱是旅游六大要素，旅游者在异地的旅游活动需求也是多方面的，对旅游者的服务除了由旅游部门提供外，还涉及电信、邮政、园林、建筑、银行等多种行业和部门。这就要求在整个社会层面提高各个服务行业的经营水平和开放程度，方便旅游者在阿拉善右旗的旅游活动。为了提高旅游行业以及社会整体服务业的服务水平和管理水平，可以考虑引入多种经济主体，适度弱化政府在旅游行业的投资经营主体地位。[①] 这样一方面可以调动社会各方的积极性，能够敏感地捕捉市场需求信息，另一方面又可以使政府从复杂的市场竞争中解脱出来，将政府的主要精力放在规划、建设、运营等宏观的、通盘的思考上。通过对相关部门进行宏观调控和引导，营建一个和谐美好的旅游和投资大环境，在各行业的配合和支持下，旅游活动可以顺利开展，旅游收入的乘数效应也会进一步增大。政府收入增加以后，又可以进一步改善社会环境和旅游氛围，社会发展就会进入一个良性的循环。

第五，在旅游开发的过程中，对蒙古族文化进行保护。阿拉善右旗蒙古族文化特色鲜明，在开发民族旅游的过程中，应加强对蒙古族文化的保护。首先，无论是历史文物古迹还是民俗风情及民间艺术，政府应组织专家、学者及有关人员有组织、有步骤地开展民俗风情、民族文化旅游资源大普查，以达到更有效的保护。在开发民族文化旅游资源的过程中应处理好保护、开发、利用的辩证关系。防止建设性的破坏和破坏性的建设，许多民俗风情旅游资源一旦遭受破坏，就很难恢复原来的面貌，使原来的珍贵文化资源丧失了原有的价值。其次，政府还应全面考虑旅游开发的总体规划，严格审核旅游开发项目。保护民族风情文化赖以生存的生态系统，商业设施建设和文化设施建设应该互相配套；把旅游景区和产品的开发同蒙古族的民族文化特色相结合，提高民族旅游业的文化含量。当然，政府还可以从财政上支持诸如民间工艺品的生产、加工、挖掘，奖励有特殊技艺、对文化的发

---

① 张晓萍：《西方旅游人类学中的"舞台真实"理论》，《思想战线》2003年第4期。

展做出重大贡献的民间艺人，资助传统艺术团体举办艺术节等，从而使历史和民族文化精粹在万象更新的现代生活中得以生存和发展。

第三节 乡村振兴背景下沙漠旅游地产业调整

一 乡村振兴战略的时代背景与重要意义

实现乡村振兴是世界各国在全球化进程中需解决的重要问题。近年来，中国加速了城镇化进程，但中国仍然是农业大国。根据《第七次全国人口普查公报——城乡人口和流动人口情况》，居住在乡村的人口超过5亿，占总人口的36.11%。城镇居民收入和农村居民收入绝对差异仍然在扩大，而且在教育、医疗、卫生、养老等方面城乡居民差距更为突出，农业、农村、农牧民等一系列乡村振兴问题能否得到解决，关系到中国国家兴衰与社会长治久安。为了解决乡村衰落问题，党的十九大报告首次明确提出乡村振兴战略，为中国解决"三农"问题、实现乡村振兴提供了新理念和指导方向。

乡村振兴战略是党和国家未来发展的"七大战略"之一，并已写进党章，可见其重要性。乡村振兴战略的实施，是解决中国城乡二元结构问题的迫切需求。从城乡收入上看，2020年，全国居民人均可支配收入32189元，其中，城镇居民人均可支配收入43834元，农村居民人均可支配收入17131元，城镇居民收入是农村居民收入的2.56倍[①]；从城乡基础设施和公共服务供给上看，农村基础设施落后，公共产品供给不足，公共服务水平低，没有充分享受现代化发展成果。要使农牧民有稳定的就业和收入、有完备的基础设施、有充足的公共产品、有高水平的公共服务、有丰富的文化娱乐活动，过上体面有尊严的生活，迫切需要乡村振兴。乡村振兴战略的实施，有助于从根本

---

① 《中华人民共和国2020年国民经济和社会发展统计公报》。

上解决"农业、农村、农牧民"问题。改革开放后中国经济社会发展取得了巨大成绩,初步实现了城镇化、工业化、信息化,但农业现代化的"短腿"、农村现代化的"短板"、农牧民收入低的"软肋"仍然存在,制约了中国全面建设小康社会和现代化的进程。乡村振兴战略就是根据中国乡村关系变化趋势,在总结乡村发展规律、借鉴国外农业农村现代化的基础上提出的,目的是从根本上解决中国农业落后、农村衰败、农牧民贫穷的"三农"问题,通过应用科学技术和创新理念等实现农业现代化、农村现代化、农牧民高收入,建成美丽的中国乡村。此外,乡村振兴战略的实施体现了我党心系百姓,以人民为中心,顺应亿万农牧民对美好生活的向往,将广大人民群众利益放在第一位的治国理念;对于弘扬中华优秀传统文化,实现国家长治久安也有重要战略意义。乡村振兴战略的实施是治理乡村问题理论的升华,对于其他国家在处理乡村衰败的问题上具有参考借鉴意义。

二 乡村振兴战略中的沙漠旅游地产业融合

乡村振兴的首要任务是发展农村生产力,农村生产力的提高要靠产业兴旺来实现。对于如何实现产业兴旺,党的十九大报告提出了"促进农村一二三产业融合发展",这为产业兴旺提供了发展方向,实现农村一二三产业的融合发展是顺应国内外产业发展新趋势和遵循农村产业发展规律的必然选择[1]。沙漠旅游地产业发展应转变发展思路,以消费为导向,把产业链、价值链、知识链、供应链等现代产业的组织方式和现代产业的生产方式引入农村生产,协调沙漠旅游地发展与资源利用、环境保护之间的关系,促进沙漠旅游地产业可持续发展。在乡村振兴战略中,如何实现沙漠旅游地一二三产业有效融合,关键

---

[1] 覃朝晖、刘佳丽、刘志颐:《产业融合视角下澳大利亚生态农业发展模式及借鉴》,《世界农业》2016年第8期。

在于确定各产业在价值链中所处的地位。实施乡村振兴战略，一方面要以沙漠旅游地产业为核心和基本依托，另一方面又不能过度依赖于传统产业。具体来说，可以从以下几个方面有效促进沙漠旅游地一二三产业的融合。

加快培育新型农业（或牧业）经营主体。新型农业（或牧业）经营主体培育关键在两个方面，一是要提高涉农、涉牧企业的经营能力，二是要不断增加对沙漠旅游地的人力资本投资。当前，中国涉农、涉牧企业的经营能力不强，主要表现在企业科技研发能力差、创新意识淡薄、企业规模效应不高、价值增值能力不强，这直接影响沙漠旅游地一二三产业的融合进程和效率。企业的核心知识和能力具有非竞争性、难以模仿性，是企业能否经营成功的关键因素，技术创新能力、资本营运能力、组织创新能力是其外在表现形式[1]。提高涉农、涉牧企业的核心知识和能力，需要通过政策上的引导，使涉农、涉牧企业认识到其重要性，顺应产业融合发展的历史趋势，转变原有单纯依靠单一产业的发展理念，积极主动与其他产业进行融合，实施多元化经营发展战略。做好市场调研，掌握市场对融合型产品的需求，然后整合内部资源，推动融合产业进行技术创新，提高涉农、涉牧企业的核心知识和技术创新能力。涉农、涉牧企业知识和能力的提高，将有助于一二三相关产业融合能力的提升以及产业融合价值的实现。

经济增长理论认为人力资本是经济增长的重要因素，也是沙漠旅游地经济增长的主要源泉。农牧民的知识和技能水平与其耕作生产效率存在着正相关的关系[2]，可见农牧民的技能和知识水平在农业生产中的重要地位。农牧民的知识和技能水平形成了人力资本，人力资本与其他生产要素相似，只不过人力资本这种生产要素是无形的，它的

---

[1] 梁伟军：《农业与相关产业融合发展研究》，博士学位论文，华中农业大学，2010年。
[2] ［美］西奥多·W.舒尔茨：《改造传统农业》，梁小民译，商务印书馆2009年版，第170—171页。

获取是需要投入资金的，可通过教育、培训、社会保障等方式获取。增加沙漠旅游地人力资本投资，要以建立不同层次的学校为基础，定期开展农业教育、生产培训等活动以补充、提高农牧民的知识和技能，在社会保障投资中要增加农牧民保健设施投入和医疗、卫生投入，延长农牧民寿命，在其他条件不变的情况下，农牧民寿命越长则人力资本收益率越高。农牧民的知识和技能提高了，必然激发其运用科学技术进行现代化生产的积极性，提高劳动生产率，加快沙漠旅游地各个产业的融合发展，从而创造更多的经济效益。

提高资本回报率，促进农牧业产业融合价值链增值。借鉴工业化生产经营方式经营现代农牧业，通过纵向一体化的生产、加工、销售、服务推动农牧业一二三产业的融合发展，延长农牧业产业价值链，改变过去农牧业在价值链低端的现状，提高农牧业在价值链中的地位，通过发展乡村规模经济、集约经济、创新经济等方式提高资本回报率。对于不同层次的农牧业企业采取差异化的发展战略，对那些农牧业产业中的重点产业或者龙头产业，着眼于农产品深加工、产业现代化、电子商务等方面，进行集群发展，延伸农牧业产业价值链，完善供应链，促进融合价值链增值；规模较小的农村合作社可以通过产业联盟、合同、投资、控股等方式参与农牧业现代化生产，促进其标准化、规范化、规模化发展，实现适度规模经营发展，以降低生产成本、提高经济效益；对于已经培育出的新型农牧业经营主体，发挥其在农牧业一二三产业融合中的带动作用，鼓励和激励有知识、有技能、有素质的专业人才留在农村、发展农村、参与新型农牧业经营，带领更多的农牧民主动融入产业融合的大环境，实现乡村振兴。促进农牧业产业融合价值链增值，核心是抓住产业链的关键环节。发展现代化农牧业，需要与其他产业在资源、要素、技术等方面进行重新配置，以弥补农牧业生产链条中的短板和断点，形成集生产、加工、销售、服务于一体的完整生产链条和价值链条。在构建一体化现代农牧业生产体系和完整生产链条的过程中，要根据不同地区的实际情况确定产业链条中关键环节和融合工作，不能盲目跟从其他地区的成功经验。

促进农牧业与旅游业的融合发展。随着国民经济不断发展，人民的可支配收入不断增加，交通运输技术不断改善，城市环境污染、交通拥堵等问题逐渐显现，人们对乡村生活的向往越来越强烈。近年来，乡村旅游、休闲旅游、"农家乐"、"牧家乐"、"渔家乐"等多种形式的乡村旅游日益受到游客的青睐。这为发挥农牧业的新兴功能、实现农牧业与旅游业的融合发展提供了良好的发展契机。虽然中国各地都进行了农牧业与旅游业的融合，但目前大部分地区农牧业与旅游业的融合水平仍然较低，未来二者融合发展潜力巨大。农牧业与旅游业融合过程的关键在于挖掘地方文化特色，将其打造成核心旅游资源，以旅游业带动农牧业发展，促进旅游业同农牧业主动融合、深层次融合、多角度融合。对此，首先要强化旅游业对农牧业的拉动作用，主要通过增加旅游消费中对农产品消费的比重来实现。在农牧业生产中执行消费导向理念，要根据旅游市场需求进行。以往的乡村旅游往往是体验乡村民俗、民风以及农牧业生产，但旅游结束后很少购买当地农副产品，主要原因在于对乡村旅游产品的开发和宣传不够，未来在农牧业与旅游业的融合发展中，要重点做好乡村旅游产品开发，力争实现乡村游之后"满载而归"。其次，运用新技术，提高创新能力，开发形式多样的乡村旅游产品。目前，乡村旅游形式比较单一，缺少创新性，对于新技术的运用极为不足。未来，在农牧业与旅游业的融合发展中应着眼于新技术的应用，提高创新水平。乡村旅游的产品和形式不再是千篇一律，而是千姿百态，这在一定程度上避免了景区重复性造成的资源浪费，促进乡村旅游业快速发展，并将旅游业产生的经济效益反哺到乡村建设中[①]。再次，做好乡村旅游的营销工作，"酒香不怕巷子深"这一理念在当今瞬息万变的时代不再适用，合理运用当今

---

① 李万莲、许云华、王良举：《基于产业融合的休闲体验型旅游产品创新开发研究——以蚌埠禾泉农庄为例》，《中南林业科技大学学报》（社会科学版）2017年第1期。

人们普遍使用的互联网、微信公众号、微博以及传统媒体如电视、报纸、广播等传播形式进行营销,扩大旅游地知名度。

三 乡村振兴战略中的沙漠旅游地产业集聚效应

乡村振兴战略总方针中的第一句话即是"产业兴旺",可见实现沙漠旅游地发展,产业的发展是第一位的,也是实现乡村振兴的根基。当前,中国在推进沙漠旅游地高质量发展中,面临着沙漠地区产业企业规模小、科技水平不高、创新能力差、产业层次低、市场机制不够健全、产业链条短、产品附加值低等问题。对于如何实现沙漠旅游地高质量发展,越来越多的研究证明,产业集聚是促进产业发展的一剂良药。

新经济地理学对产业集聚进行了一般性分析,认为经济活动中出现某种扰动因素,促使一定区域范围内市场规模扩大,就会出现生产要素集中,供给能力增强,市场规模扩大,产生市场放大效应、价格指数效应和外部性,出现产业自我集聚循环因果累积效应。产业集聚是一种常见的经济现象,是产业的空间组织形式,空间中集聚了企业、中介和市场等相互合作的有机体,与区域居民收入提高、产业结构优化、产业结构提升关系密切,在促进产业发展过程中发挥重要作用,受到了地方政府和研究者的重视。国家乡村振兴战略中大力支持产业兴旺、产业融合,为产业集聚效应的发挥提供了独特有利条件,产业集聚也将通过加快信息、知识、生产要素的流动,发挥降低物流和交易成本等集聚效应,提高产业竞争力和竞争优势,为振兴乡村做出巨大贡献。

推进沙漠旅游地高质量发展应重视产业集聚效应。在产业集聚区内坚持协同一致性原则。在产业集聚区内,产业存量调整和新产业流量注入,都必须密切结合本地区实际情况,既不能冒进,也不能故步自封,应以满足市场需求、产业协同发展和高质量发展为准则。根据产业集聚发展规律,要充分发挥市场的决定性作用,政府应以制定规则和提供公共服务为主,为产业集聚创造良好环境。产业集聚区对外实行差异化原则,产业集聚区内的产品、服务、市场形象及经营理念要与产业集聚区外具有显著差异,要树立产业集聚区的独特风格,使其具有不可替代性,以获得竞争优势。沙漠旅游地应挖掘自身资源优势和文化内涵,着力打造别具一格的产业集聚区,以推动产业集聚区的可持续发展。产业集聚区内应遵循成本领先原则,利用沙漠地区动植物资源稀有、人力资源成本低的优势,降低企业生产成本和人力成本,产业在一定空间范围的集聚有助于缩减交通运输成本,增强产业集聚区的低成本优势。产业集聚区内的生产、加工、销售和服务各个环节都要有创新思维,运用新信息技术等方式使产业集聚区具有创新活力。基于内部协同一致、外部差异化发展、遵循成本领先和不断创新的发展原则,产业集聚区内要集中发展,而不是面面俱到,对于集聚区内主导产业、龙头产业和重点产业应进行集聚化发展,以获取规模经济效应,形成产业集聚优势,推进集聚发展。

发挥产业集聚中的技术发展效应、社会发展效应和产业发展效应。产业集聚带来的技术发展效应的发挥需要协调产业集聚网络的主体关系,主要是农户与企业之间的关系和农户、企业与科研机构之间的关系。产业集聚区内网络联系规模和密切程度与技术需求的传达和反映正相关,协调好集聚区内主体间利益分配关系有助于技术创新的实现。应重点培育产业集聚中的高新技术产业群。优秀人才是建设高新基础产业群的基础,因此需要创造有利于吸引国内外优秀科技人才的工作条件和工作环境。一方面促进产业技术创新环境的形成,另一方面通过技术外溢效应提高当地老百姓的科学技术知识,同时建立健全科技创新机制,鼓励科研单位和院校积极与相关产业进行合作,提供科学技术指导。产业集聚带来的社会发展效应需要充分发挥龙头产业的带动作用,着力在产业集聚区内培育一批带动能力强、创新能力强、竞争能力强的龙头产业。采取当地老百姓与企业合作的方式进行产业集聚，协调好当地百姓与龙头产业之间的利益关系，为当地百姓提供更多的就业岗位，增加经济收入。现实中往往出现绝大多数经济利益都被企业占据的现象，在沙漠旅游地产业集聚发展过程中一定要采取必要的措施避免这一历史问题的再次出现。在政策上，要支持集聚区内老百姓的自主创业，一要加强创业宣传，给予自主创业者优惠政策，如资金上和技术上的支持、税收上的优惠、培训上的支持；二要强化产业集聚区外部环境建设，减少行政壁垒。产业集聚带来的产业发展效应的发挥需要通过提高产业集聚区产品质量，提升产业集聚区的品牌效应，完善产业集聚区的市场体系建设来实现。

四 沙漠地区的旅游产业升级路径探讨

中国沙漠地区的产业处于价值链低端的现实并未发生实质性的改变，但"乡村振兴战略"的提出为沙漠旅游地的产业升级提供了发展机遇。旅游产业升级是实现沙漠旅游地高质量发展的重要举措。如何在乡村振兴战略、全球经济调整、新一轮科技革命和产业革命变革加速的时代背景下，摆脱沙漠地区旅游产业低端的现状，需要转变以往旅游产业升级的方向和路径。借鉴国内外研究和实践经验，本章提出在如下几个方面进行旅游产业升级。

第一，重视旅游产业内部升级，核心是旅游产品质量升级。乡村振兴战略中的产业升级要着重产业内部升级，在产业内部升级到一定发展水平后，再实现产业间的升级。旅游产业内部升级以产品质量提升为核心，没有产品质量的升级，任何其他升级路径都是短暂的。产品质量升级的关键在于自主创新能力的开发与培育，现实中需要花费大量的人力、物力、财力进行自主创新。这对于一些中小企业来说非常困难，但对此不能因为困难重重就选择放弃。可采取先引进先进旅游设计技术和管理经验，后进行吸收和改进的策略。对于一些重点旅游项目和旅游龙头产业，必须坚持质量优先，必要时需要地方政府给予经济和政策上的支持，以实现自主创新和产品升级。

第二，推进沙漠地区与旅游产业相关的基础设施建设。旅游产业的发展对基础设施有很强的依赖度，这里的基础设施不仅包含能源设施、水电设施、交通设施、邮电通信设施等，还包含后勤保障和服务体系。社会主义初级阶段的经济发展水平决定了中国的基础设施主要是优先发展人口密集的城市。沙漠地区远离核心城市、人口相对稀薄、基础设施建设长期落后，这成为制约沙漠地区旅游产业高质量发展的重要短板。但随着中国经济的持续高速增长，特别是乡村振兴战略、西部大开发战略、兴边富民战略等一系列国家重大战略的落地实施，中国边疆地区、沙漠地区的基础设施建设迎来了一个高潮期。借助乡村振兴战略，彻底提高沙漠地区的基础设施建设水平，是下一步沙漠旅游地产业高质量发展的重要保证。

第三，促进沙漠旅游产业信息化发展。互联网技术的发展与普及极大地改变了各行各业经济运行的基本模式，旅游产业已经与互联网技术形成了深度的融合。这既是旅游产业面临的一个创新发展机遇，也是传统旅游行业面临的一个新的挑战。从近些年的产业发展来看，一大批互联网企业凭借其在信息化技术方面的优势，已经大举进军旅游行业，形成了如携程网、去哪儿网、驴妈妈等一大批旅游互联网企业。这对传统的旅游产业形成了极大的冲击。面对这样的发展趋势，旅游产业必须运用大数据、互联网、人工智能技术，构建智能化的"互联网＋"产业系统。推动基于互联网的制造模式和服务模式创新，运用互联网了解用户需求，实现基于消费者需求的智能感知的现代服务业发展模式。互联网对旅游行业的整合已经开始，并且逐渐从中心城市向边远地区推进。沙漠旅游地需要加快自己的信息化公共服务平台建设，在智能旅游的方向上实现弯道超车。

第四，以市场需求为基础，拉动沙漠旅游产业升级。沙漠之所以能成为重要的旅游目的地，消费者的需求导向是其最重要的原因。随着市场经济的发展，市场对资源调配的拉动作用将越来越大。如何发挥市场效应,把新时期旅游消费者对旅游产业和旅游产品的新需求引导到沙漠旅游项目当中来,是沙漠旅游地在推进旅游产业高质量发展过程中必须重新思考的问题。从目前旅游市场的构成看,中国经济的崛起带动了中国旅游高端市场的形成,沙漠旅游的大众化已成为不可逆转的趋势。追求新颖性、刺激性、独特性的旅游体验,已成为今天旅游消费者重要的旅游需求。沙漠对于大多数旅游消费者来说还是比较神秘而陌生的,这十分契合当代年轻人的旅游审美,比较适宜在都市白领中进行专项的沙漠旅游市场开发。沙漠中还有很多未解的科学之谜,对于大多数学生来说也具有很强的科考价值,这一点比较适合新兴的研学旅游市场。只有不断抓住市场需求的变化,设计能够满足市场需求的旅游产品,沙漠旅游地的产业升级之路才能越走越顺。

第五,推动落后旅游产能退出,实行供给侧结构性改革,推进沙漠旅游产业健康发展。旅游产品的生产也像其他商品生产一样,具有很强的不平衡性。传统的旅游产业是从观光型旅游产品发展起来的。旅游者离开自己的惯常居住环境,通过参观游览等活动进行异域文化的观赏。经济水平的不断提高、旅游者审美能力的不断增强,对旅游产品的生产提出了更高的要求。大多数旅游者已经不满足于单纯观光的旅游活动,需要在更深层次的体验中感受异样的生活方式,从而获得心灵上的放松。这就要求旅游产业必须能够淘汰"落后"的产能,逐渐减少观光型旅游产品的供给,增加体验型旅游产品的研发,通过供给侧结构性改革推进沙漠旅游地的健康发展。

推进沙漠旅游地的供给结构性侧改革,首先,要坚持理念创新,将生态环保、绿色发展、产业融合等理念同旅游产业的发展紧密结合,设计新的旅游产品、开发新的旅游项目,满足旅游者的新需求;其次,要坚持技术创新,将光电技术、太阳能技术、虚拟现实技术等与旅游产品的研发结合起来,提高对旅游者的感官刺激;最后,还要坚持服务创新,从服务效率、服务标准、服务能力三个方面持续改进，增强沙漠旅游地的整体服务水平。除此之外，还要加强市场监管，对于旅游市场中的违法乱纪行为要坚决打击，始终将旅游者和旅游企业的权益放在首位，不断清除害群之马，为旅游产业的健康发展保驾护航。

附　　录

附录1　腾格里沙漠旅游风景区游客调查表

尊敬的女士/先生：您好！

　　我们正在对腾格里沙漠旅游风景区进行旅游调研，调查的主要目的是促进该地旅游业的发展。我们会严格保密您所提供的信息！谢谢您的支持！

　　1. 您的基本情况

性别	□男　　□女
年龄（周岁）	□18以下　□18—30　□31—45　□46—60　□60以上
文化程度	□初中及以下　□高中/中专　□大专/本科　□研究生
职业情况	□公务员　□教师　□技术人员　□管理人员　□普通职员　□私营老板　□自由职业　□工人　□农民　□学生　□军人　□退休人员　□其他
收入（元/月）	□3501以下　□3501—5000　□5001—8000　□8000以上
婚姻状况	□单身贵族　□甜蜜热恋　□二人世界　□为人父母

　　2. 您的出游方式

　　您来自（　　　）省，（　　　）市；计划出游（　　　）天。

□参团旅游	参团费用（元/人）	□1001以下	□1001—2000	□2001—3000	□3000以上
□散客自由行	城市间交通	□自驾车	□火车	□长途客车	□飞机
	目的地交通	□自驾车	□出租车	□公共汽车	□旅游包车
	人均预算（元）	□1001以下	□1001—2000	□2001—3000	□3000以上

3. 您是如何获得本景点旅游信息的？（可多选）

□亲友推荐　□电视（广播）广告　□平面媒体广告　□旅游网站　□旅行社推荐　□影视（文学）作品　□科普宣传　□重游至此　□家在本地　□其他途径

4. 你此行的主要目的？（可多选）

□旅游观光　□休闲度假　□探亲访友　□爱好摄影　□生态探险　□考察调研　□参加会议　□公务出差　□陪同亲人　□其他目的

5. 您会重游此地吗？

□会的　　　　□说不准　　　　　□不会

6. 您愿意尝试亲手制作"草方格"吗？

□很愿意　　　□看心情，说不准　　□不愿意

7. 您愿意每年支付多少钱（元）用于中国西部的治沙事业？（注：仅为意愿调查）

□0　□10　□20　□50　□80　□100　□150　□300　□500　□大于500

非常感谢您的配合，祝您旅途愉快！

附录2　巴丹吉林沙漠旅游风景区游客调查表

尊敬的女士/先生：您好！

我们正在对巴丹吉林沙漠旅游风景区进行旅游调研，调查的主要目的是促进该地旅游业的发展。我们会严格保密您所提供的信息！谢谢您的支持！

1. 您的基本情况

性别	☐男 ☐女
年龄（周岁）	☐18 以下 ☐18—30 ☐31—45 ☐46—60 ☐60 以上
文化程度	☐初中及以下 ☐高中/中专 ☐大专/本科 ☐研究生
职业情况	☐公务员 ☐教师 ☐技术人员 ☐管理人员 ☐普通职员 ☐私营老板 ☐自由职业 ☐工人 ☐农民 ☐学生 ☐军人 ☐退休人员 ☐其他
收入（元/月）	☐3501 以下 ☐3501—5000 ☐5001—8000 ☐8000 以上
婚姻状况	☐单身贵族 ☐甜蜜热恋 ☐二人世界 ☐为人父母

2. 您的出游方式

您来自（　　　）省，（　　　）市；计划出游（　　　）天。

☐参团旅游	参团费用（元/人）	☐1001 以下 ☐1001—2000 ☐2001—3000 ☐3001 以上
☐散客自由行	城市间交通	☐自驾车 ☐火车 ☐长途客车 ☐飞机
	目的地交通	☐自驾车 ☐出租车 ☐公共汽车 ☐旅游包车
	人均预算（元）	☐1001 以下 ☐1001—2000 ☐2001—3000 ☐3000 以上

3. 您是如何获得本景点旅游信息的？（可多选）

☐亲友推荐 ☐电视（广播）广告 ☐平面媒体广告 ☐旅游网站 ☐影视（文学）作品 ☐旅行社推荐 ☐科普宣传 ☐重游至此 ☐家在本地 ☐其他途径

4. 你此行的主要目的？（可多选）

☐旅游观光 ☐休闲度假 ☐探亲访友 ☐爱好摄影 ☐生态探险 ☐考察调研 ☐参加会议 ☐公务出差 ☐陪同亲人 ☐其他目的

5. 您会重游此地吗？

☐会的　　　　☐说不准　　　　☐不会

6. 您更愿意住在哪个地方？

☐景区内的宾馆　　☐牧民家（蒙古包）　　☐自己搭帐篷

7. 您愿意每年支付多少钱（元）用于中国西部的治沙事业？（注：

仅为意愿调查）

□0　□10　□20　□50　□80　□100　□150　□300　□500
□大于500

非常感谢您的配合，祝您旅途愉快！

附录3　沙坡头景区旅游利益相关者调查问卷

我们正在进行一项学术性课题的调查工作，这是一份沙坡头景区旅游利益相关者问题的调查问卷，旨在了解沙坡头景区旅游发展过程中所涉及的利益相关者有关问题的现状和各位朋友对旅游参与的看法。我们会严格保密您所提供的信息！感谢您的支持！

1. 背景资料

身份	□旅游者　　　　□旅游从业者　　　□当地居民 □学术专家　　　□公务员　　　　　□媒体工作者
性别	□男　　　　□女
年龄（周岁）	□18以下　□18—30　□31—45　□46—60　□60以上
文化程度	□初中及以下　□高中/中专　□大专/本科　□研究生
收入（元/月）	□3501以下　□3501—5000　□5001—8000　□8000以上

2. 主要利益相关者的界定（可多选）

2.1 您认为谁主动参与景区的建设，关注景区的发展？

□旅游者　□旅游企业　□政府部门　□旅游从业者　□当地社区　□行业协会　□环保机构　□非政府组织　□学术专家　□新闻媒体　□社会公众

2.2 您认为谁在景区旅游发展中绝对不可或缺？

□旅游者　□旅游企业　□政府部门　□旅游从业者　□当地社区　□行业协会　□环保机构　□非政府组织　□学术专家　□新闻媒体　□社会公众

2.3 若谁的利益诉求不能很快得到满足，就会影响景区的正常运营？

□旅游者　□旅游企业　□政府部门　□旅游从业者　□当地社区　□行业协会　□环保机构　□非政府组织　□学术专家　□新闻媒体　□社会公众

2.4 您认为如果景区停业了，谁会比较着急？

□旅游者　□旅游企业　□政府部门　□旅游从业者　□当地社区　□行业协会　□环保机构　□非政府组织　□学术专家　□新闻媒体　□社会公众

2.5 您认为谁会在景区旅游发展过程中获利较大？

□旅游者　□旅游企业　□政府部门　□旅游从业者　□当地社区　□行业协会　□环保机构　□非政府组织　□学术专家　□新闻媒体　□社会公众

2.6 您认为都有谁希望景区永远存在下去？

□旅游者　□旅游企业　□政府部门　□旅游从业者　□当地社区　□行业协会　□环保机构　□非政府组织　□学术专家　□新闻媒体　□社会公众

3. 主要利益相关者利益诉求

请在您认为他们关注的空格里打"√"。

利益相关者 利益观测点	旅游者	旅游企业	政府部门	旅游从业者	当地社区	行业协会	环保机构	非政府组织	学术专家	新闻媒体	社会公众
通过旅游发展获取经济利益											
通过旅游发展生存环境会变得更美											
通过旅游发展社会更文明、更进步											

续表

利益相关者 利益观测点	旅游者	旅游企业	政府部门	旅游从业者	当地社区	行业协会	环保机构	非政府组织	学术专家	新闻媒体	社会公众
通过旅游发展生态环境会更好											
通过旅游发展地区知名度会更高											
通过旅游发展自己事业会更顺利											
通过旅游发展自己的生活水平会更高											
通过旅游发展自己的生活更有意义											
通过旅游发展自己更快乐幸福											

调查日期：

问卷编号：

附录4　沙漠旅游发展潜力评价指标设定专家意见征询表

尊敬的老师/专家：

您好！为了建立科学合理的沙漠旅游开发潜力评价体系，我们拟定用层次分析法对中国沙漠地区的旅游开发潜力进行评价。现需要建立沙漠旅游发展潜力评价指标体系，为了使各指标设定更科学，特向您征询指标设定意见。下表为各指标设定及相关说明，请您在觉得不合适的设定指标后打"×"，并对各层指标结构发表意见。非常感谢您能在百忙中抽空给予我的帮助和指导。祝您身体健康，工作顺利！

中国沙漠旅游开发潜力评价指标体系基本框架

总指标层	一层因子	二层因子	三层因子	设计意图	意见
沙漠旅游发展潜力综合指数	区位交通潜力	区域区位	区位距离条件	研究区与主要城市间的区位关系	□
			区域交通便捷程度	到达研究区的便捷程度	□
		旅游地交通	沙漠的通达性	沙漠距离区内交通集散地的快捷度	□
			沙漠的便利性	沙漠与人口聚集区的交通方便度	□
	旅游资源潜力	旅游资源禀赋	旅游资源的丰度	研究区内旅游资源的丰富程度	□
			旅游资源的品位	研究区内高品质旅游景点拥有情况	□
			整合开发因子	可与沙漠旅游资源联合开发的因素	□
		旅游资源价值	沙漠的美观度	研究区域沙漠的美观程度	□
			科学考察价值	研究区域沙漠的科学研究价值	□
			生态环保价值	研究区生态环境保护方面的价值	□
			历史文化价值	区域内的历史文化旅游资源	□
		旅游接待条件	旅游住宿设施	反映当地住宿的接待能力	□
			旅游餐饮特色	反映当地食品特色	□
			旅行社接待能力	反映当地旅游团队接待能力	□
			旅游纪念品丰度	反映当地旅游特色纪念品	□
	基础开发潜力	环境条件	旅游地适游期	研究区旅游气候舒适条件	□
			不适游天气	研究恶劣天气对沙漠活动的影响	□
			动植物种类多样性	研究区动植物种类丰富程度	□
			水源供给情况	研究当地水源供给情况	□
		市场潜力	核心市场推广	研究区内旅游产品推广度	□
			区域知名度	研究区旅游市场知名度分析	□
			网站传播度	旅游网站对沙漠资源的推介度	□
			旅游媒体关注度	主流媒体对研究区沙漠旅游关注度	□
	社会经济潜力	经济条件	地区GDP总值	研究区域经济总体水平	□
			第三产业份额	第三产业在研究区经济的地位	□
			地区投资总额	反映研究区的建设情况	□
			第三产业增长率	反映第三产业的发展速度	□
		社会条件	当地人口数量	研究区域整体的服务能力	□
			区域民族文化	反映研究区文化的多样性	□
			旅游政策	研究区对旅游业的重视程度	□
			区域旅游合作	反映与周边旅游景区的配合程度	□
			区域就业指标	反映研究区旅游人力资源供给情况	□

附录5　沙漠旅游地发展潜力评价因子权重专家调查表

尊敬的老师/专家：

您好！感谢您在第一轮"沙漠旅游发展潜力评价因子设计专家意见征询表"调查过程中对我的帮助。在权衡各位专家的意见和建议后，我对各层次评价因子作了一些修改。本次问卷调查的主要目的是：请您就我设计的各层评价因子的相对重要性进行赋值。下表中1—9表示影响因素重要性程度的标度，1为最弱，9为最强。请您在表1各影响因素的重要性程度标度值中打"√"或"涂红"选择。需要特别注意的是，每个分值表明的是与同层其他因素相比较的相对重要性。表2为对各因子含义的解释说明。

非常感谢您能在百忙中抽空给予我的帮助和指导。祝您身体健康，工作顺利！

表1　沙漠旅游地发展潜力评价因子权重赋值表

	B1 – B4 因子对沙漠旅游发展潜力综合指数（A）的影响程度									
	影响因子				标度					
B1	可进入性	1	2	3	4	5	6	7	8	9
B2	旅游资源	1	2	3	4	5	6	7	8	9
B3	气候条件	1	2	3	4	5	6	7	8	9
B4	社区条件	1	2	3	4	5	6	7	8	9
	C1 – C2 因子对沙漠旅游可进入性因子（B1）的影响程度									
	影响因子				标度					
C1	区位交通条件	1	2	3	4	5	6	7	8	9
C2	交通便利性	1	2	3	4	5	6	7	8	9
	C3 – C5 因子对沙漠旅游资源因子（B2）的影响程度									
	影响因子				标度					

续表

C3	旅游资源的品位	1	2	3	4	5	6	7	8	9
C4	景观整合开发因素	1	2	3	4	5	6	7	8	9
C5	沙漠的美观度	1	2	3	4	5	6	7	8	9

C6 – C8 因子对沙漠旅游气候条件因子（B3）的影响程度

影响因子		标度								
C6	温湿指数	1	2	3	4	5	6	7	8	9
C7	风寒指数	1	2	3	4	5	6	7	8	9
C8	不适游天气	1	2	3	4	5	6	7	8	9

C9 – C12 因子对沙漠地社区条件因子（B4）的影响程度

影响因子		标度								
C9	地区 GDP 总值	1	2	3	4	5	6	7	8	9
C10	第三产业份额	1	2	3	4	5	6	7	8	9
C11	当地人口数量	1	2	3	4	5	6	7	8	9
C12	旅游政策支持度	1	2	3	4	5	6	7	8	9

表2　　　　中国沙漠旅游开发潜力评价因子说明

总目标层	一层因子（B）	二层因子（C）	因子说明
沙漠旅游发展潜力综合指数 A	可进入性 B1	研究区区位条件 C1	研究区与主要城市间的区位关系
		区域交通便捷度 C2	到达研究区的便捷程度
	旅游资源 B2	旅游资源的品位 C3	研究区内高品质旅游景点拥有情况
		景观联合开发因素 C4	可与沙漠旅游资源联合开发的因素
		沙漠的美观度 C5	研究区域沙漠的观赏性考量
	气候条件 B3	温湿指数 C6	温度与湿度联合对体感温度的影响
		风寒指数 C7	温度与风速联合对体感温度的影响
		不适游天气 C8	不适游天气对旅游行为的影响
	社区条件 B4	地区 GDP 总值 C9	研究区域经济总体水平
		第三产业份额 C10	第三产业在研究区经济的地位
		当地人口数量 C11	研究区域整体的服务供给能力
		旅游政策支持度 D12	研究区对旅游业的重视程度

您的其他意见：

专家姓名：

工作单位：

填表时间：

参考文献

一 著作类

保继刚、楚义芳：《旅游地理学》（第三版），高等教育出版社2012年版。

陈安泽、卢云亭：《旅游地学概论》，北京大学出版社1991年版。

洪剑明、冉东亚：《生态旅游规划设计》，中国林业出版社2006年版。

金鉴明：《自然保护区概论》，中国环境科学出版社1991年版。

刘海洋：《旅游经济学》，中国地质大学出版社2012年版。

卢云亭：《旅游研究与策划》，中国旅游出版社2006年版。

马世威、马玉明、姚洪林：《沙漠学》，内蒙古人民出版社1998年版。

覃德清：《中国文化概论》，广西师范大学出版社2002年版。

吴正：《中国沙漠及其治理》，科学出版社2009年版。

[美] 西奥多·W. 舒尔茨：《改造传统农业》，梁小民译，商务印书馆2006年版。

谢季坚、刘承平：《模糊数学方法及其应用》，华中科技大学出版社2000年版。

杨春宇：《旅游地发展研究新论：旅游地复杂系统演化理论·方法·应用》，科学出版社2010年版。

杨桂华、钟林生、明庆忠：《生态旅游》，高等教育出版社2000

年版。

袁纯清：《共生理论——兼论小型经济》，经济科学出版社 1998 年版。

张辉、秦宇：《中国旅游产业转型年度报告 2005：走向开放与联合的中国旅游业》，旅游教育出版社 2006 年版。

钟德才：《中国沙海动态演化》，甘肃文化出版社 1998 年版。

二 论文类

保继刚、彭华：《旅游地开发研究——以丹霞山阳元石景区为例》，《地理科学》1995 年第 1 期。

曹伟宏、何元庆、李宗省：《丽江旅游气候舒适度与年内客流量变化相关性分析》，《地理科学》2012 年第 12 期。

陈丽、米文宝：《宁夏沙漠旅游开发研究》，《咸阳师范学院学报》2008 年第 4 期。

程子彪、蒲小梅：《沙坡头旅游区旅游环境容量的动态测评》，《内蒙古农业大学学报》（社会科学版）2011 年第 6 期。

邓明艳：《成都国际旅游市场旅游流特征的分析》，《经济地理》2000 年第 6 期。

付超、王淑兰：《我国沙漠旅游资源开发初探》，《昆明大学学报》2007 年第 2 期。

高海连：《沙漠资源的旅游开发》，《资源与产业》2006 年第 6 期。

高科：《志愿者旅游：概念、类型与动力机制》，《旅游论坛》2010 年第 2 期。

何雨、王玲：《内蒙古沙漠旅游资源及其开发研究》，《干旱区资源与环境》2007 年第 2 期。

黄辉实、刘隆论：《论积极发展西双版纳旅游业》，《经济问题探索》1984 年第 7 期。

黄昆：《利益相关者共同参与的景区环境管理模式研究》，《湖北社会科学》2003 年第 9 期。

黄亮、陆林、丁雨莲：《少数民族村寨的旅游发展模式研究——以西双版纳傣族园为例》，《旅游学刊》2006 年第 5 期。

黄耀丽、魏兴琥、李凡：《我国北方沙漠旅游资源开发问题探讨》，《中国沙漠》2006 年第 5 期。

姬梅、朱普选、章杰宽：《拉萨旅游产品开发的共生分析》，《经济问题探索》2012 年第 3 期。

纪金雄：《古村落旅游核心利益相关者共生机制研究——以武夷山下梅村为例》，《华侨大学学报》（社会科学版）2011 年第 2 期。

金毅：《民族文化旅游开发模式与评介》，《广东技术师范学院学报》2004 年第 1 期。

康媛媛：《新疆沙漠旅游及其开发研究》，《丝绸之路》2009 年第 12 期。

康媛媛、丰婷：《寻根旅游城市的市场竞争态分析——以四大寻根旅游城市为例》，《北方经济》2009 年第 19 期。

赖勤：《公益旅游若干问题研究探讨》，《学术论坛》2010 年第 4 期。

李创新、马耀峰、张佑印：《中国旅游热点城市入境客流与收入时空动态演化与错位——重力模型的实证》，《经济地理》2010 年第 8 期。

李翠林：《基于旅游动机分析的新疆沙漠旅游产品开发》，《商场现代化》2006 年第 20 期。

李明伟、梁国华：《我国西北旅游资源的自然、文化生态状况与保护》，《甘肃社会科学》2001 年第 2 期。

李睿、应菊英、章珠娥：《溶洞型旅游地生命周期特点的定量研究——以浙江瑶琳洞为例》，《经济地理》2004 年第 5 期。

李万莲、许云华、王良举：《基于产业融合的休闲体验型旅游产品创新开发研究——以蚌埠禾泉农庄为例》，《中南林业科技大学学报》（社会科学版）2017 年第 1 期。

李先锋、石培基、马晟坤:《我国沙漠旅游发展特点及对策》,《地域研究与开发》2007 年第 4 期。

刘德云:《高尔夫旅游发展模式研究》,《旅游学刊》2007 年第 12 期。

刘海洋、王乃昂、叶宜好、张洵赫:《我国沙漠旅游景区客流时空特征与影响因素——以鸣沙山、沙坡头、巴丹吉林为例》,《经济地理》2013 年第 3 期。

刘海洋、吴月、王乃昂:《中国沙漠旅游气候舒适度评价》,《资源科学》2013 年第 4 期。

刘继韩:《秦皇岛市旅游资源生理气候评价》,《地理学与国土研究》1989 年第 1 期。

刘清春、王铮、许世远:《中国城市旅游气候舒适性分析》,《资源科学》2007 年第 1 期。

卢松、陆林、王莉:《古村落旅游客流时间分布特征及其影响因素研究——以世界文化遗产西递、宏村为例》,《地理科学》2004 年第 2 期。

陆军、潘善环:《多维视野中的民族旅游开发》,《桂林旅游高等专科学校学报》2003 年第 5 期。

陆林:《山岳型旅游地生命周期研究——安徽黄山、九华山实证分析》,《地理科学》1997 年第 1 期。

陆林、宣国富、章锦河:《海滨型与山岳型旅游地客流季节性比较——以三亚、北海、普陀山、黄山、九华山为例》,《地理学报》2002 年第 6 期。

马丽君、孙根年、马耀峰:《气候舒适度对热点城市入境游客时空变化的影响》,《旅游学刊》2011 年第 1 期。

马丽君、孙根年、谢越法:《50 年来东部典型城市旅游气候舒适度变化分析》,《资源科学》2010 年第 10 期。

孟生旺:《用主成份分析法进行多指标综合评价应注意的问题》,《统计研究》1992 年第 4 期。

米文宝、廖力君:《宁夏沙漠旅游的初步研究》,《经济地理》2005

年第 3 期。

明镜、王金伟:《国外志愿者旅游研究综述》,《北京第二外国语学院学报》2010 年第 5 期。

潘秋玲:《新疆荒漠旅游的开发前景与导向分析》,《干旱区地理》2000 年第 1 期。

潘顺安:《民族文化与旅游关系探讨》,《广西教育学院学报》2004 年第 2 期。

钱学森:《创建农业型的知识密集产业——农业、林业、草业、海业和沙业》,《农业现代化研究》1984 年第 5 期。

钱正安、宋敏红、李万元:《近 50 年来中国北方沙尘暴的分布及变化趋势分析》,《中国沙漠》2002 年第 2 期。

邱云美:《基于价值工程的生态旅游资源评价研究——以浙江省丽水市为例》,《自然资源学报》2009 年第 12 期。

饶华清:《澳大利亚旅游志愿者组织对我国旅游业的启示》,《重庆科技学院学报》(社会科学版)2010 年第 6 期。

舒伯阳、周杨:《影视事件驱动型旅游目的地发展模式研究》,《江西财经大学学报》2007 年第 4 期。

孙根年、马丽君:《西安旅游气候舒适度与客流量年内变化相关性分析》,《旅游学刊》2007 年第 7 期。

覃朝晖、刘佳丽、刘志颐:《产业融合视角下澳大利亚生态农业发展模式及借鉴》,《世界农业》2016 年第 8 期。

覃建雄:《四川旅游资源评价内容、指标及规范初探》,《成都理工学院学报》2002 年第 1 期。

陶伟、倪明:《中西方旅游需求预测对比研究:理论基础与模型》,《旅游学刊》2010 年第 8 期。

汪德根等:《山岳型旅游地国内客流时空特性——以黄山、九华山为例》,《山地学报》2004 年第 5 期。

王鸿谅:《不满收益分成低婺源景区村民围堵景点大门》,《三联生活周刊》2011年9月2日。

王金伟、王仕君:《黑色旅游发展动力机制与共生模式研究——以汶川8.0级地震后的四川为例》,《经济地理》2010年第2期。

王凯:《旅游开发中的"边界共生"现象及其区域整合机制》,《开发研究》2004年第1期。

王联兵、刘小鹏:《宁夏沙湖旅游地生命周期分析与发展预测研究》,《干旱区地理》2010年第3期。

王维艳、林锦屏、沈琼:《跨界民族文化景区核心利益相关者的共生整合机制——以泸沽湖景区为例》,《地理研究》2007年第4期。

王文瑞、伍光和:《中国北方沙漠旅游地开发适宜性研究》,《干旱区资源与环境》2010年第1期。

王兴中:《中国旅游资源开发模式与旅游区域可持续发展理念》,《地理科学》1997年第3期。

王亚力:《论民族交界地区文化旅游资源的特点、形成及开发——以湘西凤凰为例》,《经济地理》2002年第4期。

王延彬、乔学忠:《文化遗产型旅游目的地的发展模式研究》,《经济研究导刊》2009年第7期。

乌兰夫:《向沙漠要财富使沙漠为人类造福——乌兰夫副总理在内蒙古和西北六省区治沙规划会议上的讲话摘要》,《内蒙古林业》1959年第3期。

吴必虎、唐俊雅、黄安民:《中国城市居民旅游目的地选择行为研究》,《地理学报》1997年第2期。

吴必虎、余青:《中国民族文化旅游开发研究综述》,《民族研究》2000年第4期。

吴泓、顾朝林:《基于共生理论的区域旅游竞合研究——以淮海经济区为例》,《经济地理》2004年第1期。

吴晋峰、郭峰、王鑫:《库姆塔格沙漠风沙地貌遗产的旅游开发》,《中国沙漠》2012年第4期。

吴普、席建超、葛全胜：《中国旅游气候学研究综述》，《地理科学进展》2010年第2期。

吴艳茹、周瑞平：《鄂尔多斯沙漠公园开发的基本思路》，《内蒙古师范大学学报》（哲学社会科学版）2005年第2期。

谢婷、杨兆萍：《塔克拉玛干沙漠旅游资源开发构思》，《干旱区研究》2003年第3期。

谢彦君：《旅游地生命周期的控制与调整》，《旅游学刊》1995年第2期。

熊剑峰、明庆忠：《公益旅游：内涵、价值及体验本质》，《旅游论坛》2011年第4期。

徐菲菲、杨达源、黄震方：《基于层次熵分析法的湿地生态旅游评价研究——以江苏盐城丹顶鹤湿地自然保护区为例》，《经济地理》2005年第5期。

徐虹、李筱东、吴珊珊：《基于共生理论的体育旅游开发及其利益协调机制研究》，《旅游论坛》2008年第5期。

阎友兵：《旅游地生命周期理论辨析》，《旅游学刊》2001年第6期。

杨森林：《"旅游产品生命周期论"质疑》，《旅游学刊》1996年第1期。

杨兴柱、顾朝林、王群：《城市旅游客流空间体系研究——以南京市为例》，《经济地理》2011年第5期。

杨秀春、朱晓华、严平：《中国沙漠化地区生态旅游开发研究》，《中国沙漠》2003年第6期。

杨引弟、李九全：《沙漠型旅游区——银肯响沙湾景区生命周期分析》，《资源开发与市场》2008年第4期。

尹晓颖、朱竑、甘萌雨：《红色旅游产品特点和发展模式研究》，《人文地理》2005年第2期。

尹贻梅：《对旅游空间竞争与合作的思考》，《桂林旅游高等专科学校学报》2003年第1期。

尹郑刚：《沙漠旅游地生命周期演变研究——以巴丹吉林沙漠为例》，《经济地理》2011年第6期。

尹郑刚：《我国沙漠旅游研究的现状与展望》，《内蒙古社会科学》（汉文版）2010年第5期。

俞孔坚：《风景资源评价的主要学派及方法》，载《青年风景师（文集）》，1988年。

张宏瑞：《文脉在文化资源旅游开发中的主导作用》，《资源开发与市场》2004年第2期。

张捷、都金康、周寅康：《自然观光旅游地客源市场的空间结构研究——以九寨沟及比较风景区为例》，《地理学报》1999年第4期。

张鹏翔：《利益之争让黄河石林"很受伤"》，《兰州晨报》2011年10月13日第A16版。

张伟、吴必虎：《利益主体（Stakeholder）理论在区域旅游规划中的应用——以四川省乐山市为例》，《旅游学刊》2002年第4期。

张晓萍：《旅游人类学在美国》，《思想战线》2001年第2期。

张晓萍：《西方旅游人类学中的"舞台真实"理论》，《思想战线》2003年第4期。

张中华、李九全：《内蒙古乌兰布和沙漠旅游资源开发研究》，《资源开发与市场》2007年第7期。

赵多平、陶红：《典型旅游景区循环经济评价指标体系构建研究——以宁夏沙湖与沙坡头旅游景区为例》，《中国沙漠》2011年第6期。

赵兴华：《诠释沙产业》，《中国林业产业》2005年第6期。

郑坚强、李森、黄耀丽：《沙漠旅游资源利用在西部开发中的意义及策略研究》，《地域研究与开发》2003年第1期。

郑坚强、李森、黄耀丽：《我国沙漠旅游资源及其开发利用的研究》，《商业研究》2002年第17期。

周丽君、杨青山：《长白山旅游地生命周期的判定及调控措施研究》，《东北师大学报》（自然科学版）2010年第2期。

周玲强、林巧：《湖泊旅游开发模式与21世纪发展趋势研究》，《经济地理》2003年第1期。

周霄：《民俗旅游的人类学探析》，《湖北民族学院学报》（哲学社会科学版）2002年第5期。

朱竑、戴光全：《经济驱动型城市的旅游发展模式研究——以广东省东莞市为例》，《旅游学刊》2005年第2期。

宗晓莲：《西方旅游人类学研究述评》，《民族研究》2001年第3期。

宗圆圆：《公益旅游动机、体验与影响研究述评》，《旅游科学》2012年第3期。

宗圆圆：《欧美的公益旅游研究》，《四川师范大学学报》（社会科学版）2010年第1期。

邹统钎：《中国乡村旅游发展模式研究——成都农家乐与北京民俗村的比较与对策分析》，《旅游学刊》2005年第3期。